拍拍小店运营宝典

刘徽 著

电子工业出版社
Publishing House of Electronics Industry
北京•BEIJING

内容简介

《拍拍小店运营宝典》是一本系统阐释拍拍小店和微商运营方面的书籍，本书包括微店相关概念、拍拍小店开店实操、拍拍小店运营战略、拍拍小店战术四个方面的内容。

本书内容覆盖了整个拍拍小店的运作和运营知识，以及实战的具体操作方法，还包括丰富的微商运营思路。本书以专业的视觉全方位解读微商、微店等移动电商给传统产业带来的变革，适合微商人员、网络营销人员、移动互联网营销人员及企业人员阅读。

图书在版编目（CIP）数据

拍拍小店运营宝典 / 刘徽著. —北京：电子工业出版社，2015.8

ISBN 978-7-121-26518-1

Ⅰ.①拍… Ⅱ.①刘… Ⅲ.①网络营销 Ⅳ.①F713.36

中国版本图书馆 CIP 数据核字（2015）第 147256 号

策划编辑：林瑞和
责任编辑：徐津平
特约编辑：赵树刚
印　　刷：北京中新伟业印刷有限公司
装　　订：北京中新伟业印刷有限公司
出版发行：电子工业出版社
　　　　　北京市海淀区万寿路 173 信箱　　　邮编：100036
开　　本：787×980　1/16　　印张：16　　字数：410 千字
版　　次：2015 年 8 月第 1 版
印　　次：2015 年 8 月第 1 次印刷
定　　价：49.00 元

凡所购买电子工业出版社图书有缺损问题，请向购买书店调换。若书店售缺，请与本社发行部联系，联系及邮购电话：（010）88254888。

质量投诉请发邮件至 zlts@phei.com.cn，盗版侵权举报请发邮件到 dbqq@phei.com.cn。

服务热线：（010）88258888。

前　言

一个微商营销实践者的自白

【写在前面】

从 2009 年开始研究互联网，到 2011 年开始写作第一部作品《你的网站赚钱吗——写给 4 000 万中小企业的网络营销工具书》，到现在已经从事互联网行业 6 年了。在这 6 年中，我也相继完成了《实战网络营销宝典：网站赚钱谋略大全》、《30 分钟玩转视频营销》、《移动互联网营销宝典》、《大品牌：互联网营销下的品牌运营策略》书籍，本书是我的第 6 部作品。

在我所出版的每本书的读者介绍下面，都有我的二维码。自从公布了我的二维码之后，每天都有无数读友加我，我不喜欢称他们为读者，而是将他们称为“读友”；因为他们像我的亲朋好友一样支持我、信任我，在微信上跟我探讨互联网的神秘世界。完全可以说，他们是我不断写作、不断提醒自己要出“干货”作品的动力之一。

不得不说，移动互联网时代真的是一个很好的时代，让我们每个人都释放出了以前所没有释放出的能量。如今每一个微博、微信、电台、播客都能发出自己的声音，让我们每时每刻都觉得自己是一个有价值的人。我个人是如此，从事商业运作的企业和运营人员也是如此。当我们发现只要我们把产品做好，把用户体验做好，明白其实营销没那么难这一道理之后，很多有梦想的年轻人开始借助微商进行创业。

我是一名大学教师，也是一位企业培训讲师，同时也是很多家传统企业的互联网营销顾问，我的工作就是让传统企业进行互联网转型。在这个过程中，我确实帮助十多家企业有效地实现了互联网转型，其中有几家已经取得了非常不错的业绩。对于传统企业的互联网转型，我有自己的观点：

- **传统产业转型互联网的路只有一条，那就是依托“产业互联网”加速器；**
- **加速器的任务只有一个，那就是为企业打造自行组织的互联网商业生态系统；**
- **打造互联网生态系统的第一前提是认知互联网商业背后的规律；**
- **认知互联网商业规律的目的是应用互联网思维来重新定义你和你的产业；**
- **驾驭互联网思维的核心方法只有一个，那就是学以致用、融会贯通、独创一派。**

这也是我为什么决定自己创造一个品牌，做“佛之缘”高档佛珠饰品的一个原因。我希望有一天，我不仅仅能够帮助别的企业成功，而且我自己做的实体企业也能得到成功，我相信到那时，我会有更多的“干货”内容分享给大家。

【正文概述】

说了这么多，才发现这篇文章是我给自己的书写的自序。我写前面的内容，并不是想为自己做广告，而是我发现很多读者不爱看书的序；而恰恰相反的是，我看很多书的时候都很喜欢看作者的序，因为那里有他自己真实的想法、观点、初衷。有时候看懂了这些你再去理解他的内容也许会事半功倍。所以我建议大家以后购买书的时候，多看看序言。

我曾在大学教学的时候，对我的学生说过一句话：学习大概分为 5 个阶段，看得懂、理解透、学以致用、融会贯通及自创一派。所以各位读友：

- **如果你看完本书，掌握了一些微店和微商的技巧，说明你看懂了；**
- **如果你看完本书，发现自己以前用过的很多方法根本不是微商营销，说明你理解透了；**
- **如果你看完本书，觉得我说得不错，然后一一采纳我的观点，说明你学以致用了；**
- **如果你看完本书，觉得我说的观点有些对有些错，然后结合自身的经验，形成新的微商营销体系，说明你已经融会贯通了；**
- **如果你看完本书，觉得我说的都是错的，而你有比这更好的理解，那我要恭喜你，你已经离营销真相更进了一步，自创一派了。**

从 2006 年开始，我就有了写作的习惯，那个时候写博客并给各大网站写专栏，但一直没想过出书；却从此就养成了一个很好的习惯，每天无论自己再怎么忙，都要在深夜的时候抽出一个小时来写一两千字的文章。后来因为一个机缘巧合，在 2012 年我出版了我的第一部作品，很多读友都通过各种信息工具给我留言，说他们通过我的作品学到了很多知识。

正是这些鼓励，让我从此之后非常乐意出书，而刚好电子工业出版社的编辑林瑞和在第一次合作的时候，让我感到很舒服，并且给了我很多帮助，包括这本关于微店和微商方面的书籍，也是林瑞和编辑给我提的建议，我们可以说是一拍即合。

【本书框架】

前些天，我利用空闲时间去书店逛了逛。去了书店有一种感觉，有关微信营销、移动互联网方面的书籍可以说是“烂大街”了。那么作为一个作者，在面对同样题材的时候，我想要考虑的就是我能不能写出更有价值的内容来，因为忽悠的事情我也做不出来，无论是从营销人的角度，还是从教师的角度我都有最基本的底线：做个有业界良心的营销人。

当然我也努力希望自己成为一个出“干货”的作者，对于本书，我认为最大的价值不是我运作过的或其他人的成功案例，而是还原了一个营销实践者的思考，不仅仅简单地告诉大家如何添加好友，而是将微引流、微沟通、微促销这“三微”结合起来，将策略和技巧结合起来。

当然，当你在看本书目录的时候，你会发现微商营销部分结构还是非常系统的，基本上包括 4 个部分：微商概念、微商实战、微商战略、微商战术。其中：

“微商概念”包括第 1 章微商概况，本章重点梳理微商的相关知识，介绍微商的常见平台，了解微商的商业运营模式。

“微商实战”包括第 2 章至第 4 章，分别介绍了拍拍小店注册与安装、拍拍小店装修与产品上传、拍拍小店的订单服务和售后管理等方面的知识。

“微商战略”包括第 5 章和第 6 章，是从移动互联网的商业法则，以及微店产品运营策略两个方面进行阐述。

“微商战术”包括第 7 章至第 10 章，主要是从微引流、微沟通、微促销，以及微关系 4 个方面进行阐述。

【读者对象】

绝大部分的营销管理者和运营人员最欠缺的不是某些技巧，而是系统运营思路，这正是本书的价值。所以在本书中，我是从微商运营人的角度出发，从营销的角度去思考，在这本书里面有很多营销的影子。因此适合本书的阅读者包括但不仅限于：

- 微商运营人、微商爱好者，以及微商企业管理人员；
- 移动互联网研究人员、移动电商爱好者，以及移动互联网营销人员；
- 想通过微商进行创业或商业运作的个人、团队和企业；

- 网络营销人员；
- 网络管理人员；
- 企业管理人员；
- 高等院校网络营销及电子商务专业的学生。

当然，除上面这些人员之外，只要你对移动互联网感兴趣，或者想了解移动互联网营销，或者准备着手移动互联网营销运营的人，都可以选择这本书，我也相信这本书会给你很多启发。

最后送大家一句话：营销是我们应对不确定世界的不确定方法，它从不属于任何以往的既定程式，过去有效的，将来未必奏效。营销永远需要不断变化、突破常规，它属于颠覆和创新，从本质上属于“未来”与“未知”。

【致谢】

本书能够得以出版首先要感谢电子工业出版社的林瑞和编辑，正是因为去年跟他的一拍即合和一次长时间的交流，他的鼓励与帮助，以及他在图书策划方面的深厚功底，才使得我顺利地完成了这本书的创作。参与本书编写的人员有刘春、张汉洪、王明铭、关则富、莫业龙、赖燕婷、周超群、程子轩和李尚唐，感谢他们在我的创作过程中源源不断地为我提供资料和想法，在此一并表示感谢。

同时，我也要感谢我所服务的企业：广州凤经纬工贸有限公司、广州简格高隔间（品牌：鲁班墙）、广州业德贸易有限公司（品牌：健康送食品）、广州顺伊商务有限公司、宁波东锐激光有限公司、广东西科智能科技有限公司、广州百翼文化有限公司（品牌：KooBoos面膜）、广州礼品网、广州服装辅料门户网、中国惠民商城、状元坊饰品、MedAir 空气净化器、欧曼尚品服饰、娃哈哈集团、广粮集团等；因为无论是在研究还是在创作方面，都需要花费很多时间和精力去完成，我在服务他们的时候，更多的是他们配合我的时间安排，感谢他们对我的支持。

最后，我要感谢我在广东机电职业技术学院的领导、老师和我的学生，以及我的读友和支持者，感谢他们一直以来对我的支持。除此之外，我还要特别感谢我的家人，自从我成立工作室之后，将更多的时间花在工作、研究和写作方面，很少有时间陪家人，谢谢他们对我的理解、支持和照顾。

刘　徽
2015 年 7 月于广州

目　录

第 1 章

微店概况

在刚刚过去的2014年，除捧红了“O2O”一词之外，“微商”也可以堪称当红炸子鸡。自从微信崛起以来，微电商也随之兴起，相信各位读者应该在你们的微信朋友圈里，看到过各种面膜、护肤品的销售广告。

1.1 微店时代已经来临

互联网预言帝凯文·凯利（KK）曾如此描述：未来世界会不断地从科层制中去中心化，分享和移动化将是趋势，创新将来自前沿和边缘。只要还有一些中心化的东西存在，我们就可以讨论如何将其去中心化。

去中心化逐步渗透到我们生活中的各个领域，纵观2014年，媒体、金融、租车、售房、快递、电商都在不断地上演去中心化。分享经济、共享经济、信任经济正是去中心化的具体表现。而就目前的形式来说，去中心化渗透到电商行业的表现即是去中心化电商，我们也称之为人人电商。

纵观电子商务的发展历程，我简单的梳理一下，大致经历了以下3个时期：

- 电商1.0时代：即丛林时代。属于混乱期，早期淘宝、ebay、拍拍各自为战。
- 电商2.0时代：即“猫狗大战”时代。以阿里、京东为首的“猫狗大战”，传统电商格局基本已经确定。
- 电商3.0时代：即人人电商时代。以人为中心的人人电商，也是一个微商的时代。在电商3.0时代，用户更相信口碑而不是广告。商品只要有足够的亮点，就能受到欢迎。

尽管目前微店作为一个新兴产业，还没有形成一定的规模，但我相信微商在未来一定是电商的主要发展方式之一；主要理由是亿万移动互联网用户粉丝将成为它的潜在客户，为它解决客源问题，同时实现了以人为中心的人人电商。此外，微店的商业模式也非常多样化。

首先，微店可以是C2C模式。只要你注册一个微信，拥有朋友圈，再从商家那里拿到货，便可直接在朋友圈内进行宣传，利用粉丝关系进行销售，这种发展模式是目前最普遍的现象。例如，面膜、护肤产品海外代购等。

其次，微店可以是B2C模式。该模式下商家通过微店直接面向消费者销售产品和服务。相比C2C模式，B2C模式多了一层服务保证。例如，京东微店、中兴微品会等。

最后，微店也可以是O2O模式，其中就有不少传统零售企业做微电商的案例。在PC电商时代，拥有复杂的线下销售体系曾被认为是一种负担；但是O2O改变了这种现状，拥有线下实体店的企业是目前最被看好、最适合 O2O 转型的体系，可结合线上线下统一运营。例如，天虹商场就让全体员工都在手机上开店卖天虹的商品——“天虹微品”APP。全体员工可根据需要在自己开设的 APP“网店”编辑商品，再利用微信、微博、QQ 等社交工具将商品分享至自己的社交圈；天虹商场形成了“天虹微信、天虹微店、天虹微品”的全渠道移动端口布局。

1.2　常见的微商平台

小米的雷军说：要顺势而为，在风口上猪也能飞起来。是的，如果是在 2005 年之前，你就千万不要错过淘宝，因为那个时候的淘宝是可以赚钱的；2005 年之后，再开淘宝店赚钱就很难了。据说淘宝目前只有 3%的店铺能够赢利，其余 97%的店铺基本上都成为炮灰。而现在对于各位朋友来说，千万不要错过微店，因为它将是未来移动电商兴起的一个标志。

微店正在兴起的一个标志就是已经有了很多的微店平台，对于我们来说，选择一个好的微店平台无疑是非常重要的。去哪儿开微店？这是我们在进行微店营销时首先要面对的一个问题。我初步地看了看，目前的微店平台主要包括拍拍小店、京东微店、口袋购物、有赞、微盟、okwei.com 的微店、口袋通、开旺铺、中兴微品会、微易购、微信生意宝、微商城、微信小店等。前面我们说过，选择一个好的微店平台是非常重要的，下面我将根据这些微店的优势重点介绍 8 个常见的、有潜力的微店平台。

1.2.1　拍拍小店

在京东和腾讯的合作初期，腾讯并没有开发拍拍小店，而是重点发展京东微店，直到 2014 年年末的时候，腾讯才单独重点开发拍拍小店。可以说拍拍小店（wd.paipai.com）（如图 1-1 所示）在众多微店平台中算是起步很晚的，但由于它有腾讯这样的平台背景，起步虽晚却根本影响不了其接下来的发展。

相比于其他微店很难复制分销模式，拍拍小店甚至在这方面具有绝对的优势，甚至将分销模式作为拍拍小店的重点。同时，相比于其他微店，拍拍申请微信支付是没有扣点的，还可以帮助没有营业执照的商家申请服务号。没办法，谁叫腾讯是拍拍小店的“亲爹”呢，自然在很多方面会给予支持，这也是我强烈推荐拍拍小店的原因之一。

图 1-1 拍拍小店

1.2.2 京东微店

目前京东和腾讯已经达成战略联盟，京东微店（wei.wanggou.com）（如图 1-2 所示）与腾讯合作开通微信入口，因此京东微店可以说是除腾讯旗下的子产品拍拍小店之外，具有其他微店不能相比的优势，被称为“国家队微店”。在我看来：如果你是京东商家，肯定应将京东微店作为第一选择，虽然现在微信入口转换率不高，但是京东一定会在此深挖用户需求；同时京东在 CRM 方面资源丰富，对商家帮助非常大，现在京东微店上的很多产品在微信手法上都取得了非常喜人的成绩。

图 1-2 京东微店

京东微店的典型客户包括有购、七格格、森马、特步、达芙妮、罗蒙、韩衣都舍、柒牌等（如图 1-3 所示）。

图 1-3　京东微店部分客户案例

1.2.3　有赞

如果你是企业，可选择的微店平台就会相对多一些，比如微易购、微信生意宝、微商城等，不过这些好像都是要收费的。我个人比较推荐企业使用有赞（youzan.com）（如图 1-4 所示）。有赞即以前的口袋通（koudaitong.com），是由杭州起码科技有限公司研发的产品，是一个在微信上搭建微信商城的平台，它不仅帮助商家搭建一个移动端的店铺，还帮助商家管理各个平台上的粉丝，提供丰富的营销应用和活动插件。可以说，有赞是对微店运用理解较为透彻的一个平台。而且有赞还免费，不过有一些限制，首先要是正规商家，其次你的微信公众号必须是服务号（而非公众号），这对一般人来说是一个很高的门槛。

图 1-4　有赞

相比于口袋通而言，有赞还上线了有赞服务商、有赞分销、有赞联盟 3 个平台。有赞服务商主要提供账号代办、店铺搭建、店铺运营应用开发等第三方服务；有赞分销则支持供应商在平台上寻找分销商，同时中小卖家也能解决自己的货源问题；有赞联盟则是一个按成交计费的流量获取平台，帮助卖家获取流量和订单。

有赞的典型客户包括阿芙精油、罗辑思维、膜法世家、御泥坊、百草味、太平鸟、骆驼等知名电商（如图 1-5 所示）。

图 1-5　有赞的部分商家客户

1.2.4　口袋购物微店

口袋购物（koudai.com）可以说是起步比较早的一个微店，先是拿到雷军的投资，后来又得到腾讯的注资与支持。到目前为止，口袋购物是成交量和交易额最高的微店平台，因此无论从哪个角度看，口袋购物都笼罩着光环。

口袋购物（如图 1-6 所示）最大的优势是帮助品牌商（厂商）、分销商、顾客搭建起相对健康和活跃的生态链，品牌商积极寻找分销商，分销商也选择优秀的品牌商（厂商），对于品牌商或者厂家而言，主要的方向是搭建自己在移动端的分销渠道，让想开店的年轻妈妈、学生、年轻白领，或在某些方面有影响力的人能够很方便地代理产品并在自己的小圈子里开店。虽然圈子受众有限，但是社交黏性非常强，尤其对复购频率高、有社交属性的产品非常适合。

图 1-6　口袋购物

1.2.5　淘宝微店

淘宝微店（weidian.cc）又简称为微店（如图 1-7 所示），是继阿里巴巴、淘宝之后的又一个最先进的电子商务平台。它能把卖家们的淘宝店架设到微信公众平台上，只需要进行简单的绑定，就可以让你的微信公众号具备商品搜索、自动回复、自定义回复等奇妙的功能。不仅如此，微店还提供了强大的后台管理功能，如商品分类、上下架、置顶热门、数据统计等功能，可让你对店铺情况有更加全方位的了解和掌握。对于已经具有淘宝店铺的商家来说，选择淘宝微店是一个非常不错的选择。

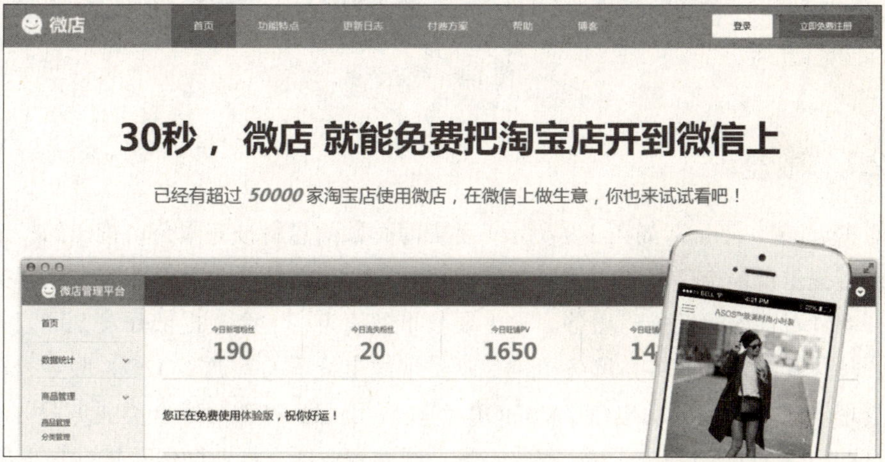

图 1-7　淘宝微店

1.2.6 微店网

微店网（www.okwei.com）的模式也不错，主要解决了货源难的问题。微店网（如图 1-8 所示）主要有两个群体在使用：一个是供应商；另一个是微店主。供应商在微店网上提供货源、物流和售后服务，而微店主负责推广。也就是说，如果你在微电网注册了一个微店，就拥有了所有入驻微店的供应商提供的产品销售权（拍拍小店和京东微店部分商家也可以，我们将在下一章重点介绍）；只要消费者进入你的微店产生购买，你就可以获得推广佣金。但是它也有两大问题：一是它有传销嫌疑；二是它无法很好地控制货源，不能保证都是正品（这一点拍拍小店和京东微店控制得很好），价格也没有优势。但对于微商店主来说，无须资金成本，无须寻找货源，不用自己处理物流和售后，也算是一个不错的兼职平台。

图 1-8 微店网

1.2.7 微盟

微盟（weimob.com）（如图 1-9 所示）是上海晖硕信息科技有限公司推出的一个针对微信公众账号提供营销推广服务的第三方平台，其主要功能是针对微信商家公众号提供与众不同的、有针对性的营销推广服务。它主要基于微信为广大企业提供开发、运营、培训、推广等一体化解决方案服务，服务范围包括实现线上线下的互通（O2O）服务、社会化客户关系管理（SCRM）、移动电商（VSHOP）、轻应用（LAPP）等综合类业务服务。微盟致力于为行业提供全方位的微信运营解决方案，帮助企业树立行业微信营销标杆形象。

图 1-9　微盟

微盟也有很多知名品牌入驻，如中国联通、蒙牛、立白、钻石小鸟、美的、万科、宝马、万达、美的等（如图 1-10 所示）。

图 1-10　微盟部分商家用户

1.2.8　中兴微品会

中兴微品会（vpclub.cn）是由中兴通讯股份有限公司子公司深圳微品致远信息科技有限公司注册并运营的，其开始主要销售中兴通讯的产品。对于每一个在中兴微品会（如图 1-11 所示）注册的微商家来说，可以通过中兴微品会销售任何一款中兴通讯的产品，然后由中兴通讯负责发货进行售后服务等，你也可以把中兴通讯的产品有选择地添加到自己的微店。添加方法也超级简单，中兴通讯把所有商品都列出来了，你可以选择其中的一部分，然后单击“添加”按钮，被选择的产品就会呈现在你的微店里。你每卖出一件，就会有一定的佣金提成。

目前中兴微品会除销售中兴通讯的产品之外，还拓展了其他产品和品类系列。我之所以在这里单独介绍中兴微品会，主要是觉得这种模式对于很多品牌电商（包括品牌渠道商）来说，都是一个不错的选择。

图 1-11　中兴微品会

总的来说，随着移动互联网及手机应用微信的崛起，一个高度繁荣的微商生态正在移动电商领域悄然兴起；而作为承载微商的平台——微店，正迎来集中出击上线的浪潮，大有泛滥之势。据不完全统计，目前国内各类型微店超过 100 多家，而且不断地有新的微店诞生，微店几乎已经成为各大电商玩家的标配。尽管目前微店数量繁多，而且非常混杂，但就其分类来说，大致可以分为两类：一类为 B2C 模式，如京东微店，直接通过商家对接消费者；另一类微店多面向个体，类似于 C2C 模式。其中以 C2C 类模式的玩家居多。

此外，到目前为止，整个微店还处于竞争争斗战之中，处于非常鼎盛的时期，但洗牌已经慢慢接近。就整个格局来说微店已经形成了三大阵营。

第一阵营：以平台类型为主，如拍拍小店、京东微店、口袋购物、有赞、淘宝微店、微信小店等。

第二阵营：主打服务，如微盟、京拍档、各大电商平台自己推出的微店（主要服务于开放平台，一方面立足自身的购物 APP 主打中心化移动电商，一方面借助微店形成去中心化移动电商的布局）。

第三阵营：主要是一些个人推出的，提供一种建立微商城的工具，属于小打小闹。

在我看来，未来大平台上的微店，要么有钱，要么有流量，会形成集中挤出效应；而众多中小型玩家可以走垂直化路线，主要为商家提供个性化细分服务，如医药类微店、房产类微店等，可以赚点小钱，但做不大；其余的终将被淘汰出局。而对于要入驻微店的商家来说，购物流量的导入和信用体系的保障决定了未来阿里系、腾讯系、京东系能够有所成就。也就是说，目前主要考虑拍拍小店、京东微店、淘宝微店和口袋购物微店即可，它们之间的各自优势如表 1-1 所示。

表 1-1 四大主要微店优势分析

微店平台	资源优势	支付方式
拍拍小店	腾讯资源，可借微信实现流量导入	微信支付、财付通等
京东微店	与京东商城系统全面打通，有来自微信、手机 QQ 和自身购物入口的流量红利	微信支付、财付通等
淘宝微店	有阿里资源支持，原有商家可实现大量资源和流量导入	支付宝等
口袋购物微店	移动电商发力较早，圈住了大量商家；获得腾讯巨额注资，资金充足；自身有移动 APP 矩阵式产品	微信支付、财付通等

当然你也可以根据自身的情况，选择更多的其他类型的微店。但就目前来说，拍拍小店、京东微店、淘宝微店、有赞、口袋购物、微盟是目前最主流的 6 个微店平台，其中口袋购物、拍拍小店、京东微店是腾讯的嫡系部队，拥有一定的政策支持优势。

1.3 六大微店商业模式

在进行微店运营之前，我想提醒各位读者朋友要记住一句话：客户拓展开发只是基础，而真正能实现微店商业价值的还是其电商运营模式。关于商业模式，我曾在讲课时说过这样一段话：世界上最本质的商业模式只有 3 种，分别是：

- 客户模式：以客户为中心，通过产品及服务的销售来赚钱；
- 资源模式：通过资源整合与交换来赚钱；
- 资本模式：用钱来赚钱，通过投资、融资活动来赚钱。

无论你从事何种行业，你的商业模式都离不开以上 3 种，当然为了更好地将微商的商业模式研究透彻，我把微店的电商运营模式进行细分，大致将其归纳为以下 6 种类型。

1.3.1 微店自营模式

简单地说，微店自营模式就是自己卖产品，多劳多得。这种形式以淘宝迁移过来的卖家颇多，它们有一定的经营经验，熟知朋友圈的运营技巧，在淘宝上也积累了一定的客户人群，借助微信平台只是多了一个推广渠道；建立自己的公众号，时常与好友们分享自己的销售经验，偶尔打打广告，发发福利，与微友们建立关系。

➘ 典型案例： 禾葡兰化妆品

禾葡兰没有一个代理商，所有业绩全部靠直营；主要有 3 个部门：网络推广部、销售顾问部、产品部。网络推广部的工作就是每天通过免费以及付费的方式获得 1 万～3 万个年轻女性粉丝。销售顾问部招聘 200 多位美女，每人配备 IPAD，把推广部加满粉的账号拿过来开始运营朋友圈。业务员都是以独立的、真实的美容顾问身份在销售，每个新账号第一个月只许分享不能销售。产品部负责人是原资生堂的产品负责人，具备很大优势。

1.3.2 微店批发模式

微店批发模式是指通过微店平台从事大宗商品交易的一种商业活动。它通常有两种情况：第一，企业将商品批量销售给其他商业企业用作转卖；第二，商业企业将用作再加工的生产资料供应给生产企业。微店批发业务跟传统批发一样，一般也由批发企业来经营，每次批售的商品数量较大，并按批发价格出售。商品的批发价格低于零售价格，即存在着批零差价，其差额由零售企业所耗费的流通费用、税金和利润构成。

➘ 典型案例： 红斗牛（童装）

红斗牛从做童装尾货微商开始创业，团队只有 2～3 人，精准微信粉丝有 1 000 多人，采取朋友圈货品刷屏的方法营销。由于积累的粉丝都是极为精准的客户，而且货品质量好，每天如果不发广告及新产品图片，粉丝还不答应。客户下单，直接发货，走批发模式，自己不压货。创始人本人做了十年的童装，对于货源等十分熟悉，该模式的成功是其利用自己做批发、做零售行业十来年经验积累的结果。

1.3.3 微商代理、分销模式

就目前来说，微商代理模式是企业进行微电商的重要一环。从一个产品的角度来说，只要发展 3 000 个微商代理，就可以坐等丰收了。从现在的情况来看，找到一个微商比找到一个精准顾客容易多了；而且一个顾客给产品带来的利润远不及一个微商代理给产品带来的利润高，因为微商一旦成为代理，手上就要囤积一定数量的货。据说某些品牌一级代理，每个月要求的拿货总价需要达到 10 万元以上。

而微商也会认为，我已经不是帮别人卖东西了，我是自己创业自己卖货，卖自己的货，加上价格可以自己来定，利润也很可观，所以，比做什么都拼命。每天宣传这个产品，按照最低要求来说，每天让这个品牌被 100 个人知道，其中可能就会有 3 个人感兴趣；也有可能会产生一部分下级代理，每一个代理都会囤货，这就好比传销模式，当然良性健康的微商在进行代理的时候是不允许代理层级太长的。

目前微店代理分销，还有另外一种方式，即微商主可以不用囤货，只需要将你所代理的企业主微店的产品“代理”到你的微店；当你将所分销的产品每销售一件时，商家就会给你一定的佣金，发货和售后都由品牌企业承担，这种模式我们已经在前面说过。

➘ **典型案例：**广州美初日化有限公司

美初仅仅只靠一款 99 元的洗发水，通过微信做到 7 000 万元的销量。它利用自己积累的资源，招募空姐等超级美女作为总代理发展分销，产品（无须　油，但洗完头发后会有　油的效果）凭借单一卖点以及品质保证形成不错的口碑，在超级美女微商（超级美女本身就具备号召力，且产品的目标群体也是这一类人群）总代的微信圈内形成传播，从而获得可观的销量。

1.3.4 淘宝客户资源转微店模式

目前，微商已经成为一个不可或缺的渠道入口。对于已经在淘宝上经营很久，并且在淘宝上有了一定影响力和粉丝圈的商家来说，未来可以根据更为精准的用户购物习惯，开通相应的微店，将淘宝上的客户资源转移到微店上，让精准客户更为方便地购物。

➘ **典型案例：**宁海陌韵菲电子商务有限公司

在微信上建立个人品牌，将原来在淘宝店铺上的客户资源转化为微信的客户资源并进行经营维护，遵循微信中的关系成交理论卖货。由于产品质量比较可靠以及客户关系维持不错，陌韵菲开始做微信的第一个月销量就达到了 10 万元。

1.3.5 传统店铺 O2O 微商模式

我曾在上品折扣微信体验店体验了一番。用户的整个购物过程是：用户进店以后，可通过手机号验证，使用该店的免费 Wi-Fi，通过 Wi-Fi 接入即可流畅地进行购物体验；每个商品都有专门的可以直接支付的二维码，用户通过微信的“扫一扫”功能，即可进入到订单系统；在支付环节，用户需要通过银行卡（包括信用卡）来绑定微信支付，扫码后的支付需要使用微信支付功能来支付；整个支付活动完成后，即可让售货员取货。

用户仅需一部智能手机即可参与到这种新的购物形态中来，不仅节约时间，而且，今后你只要拿出手机，就能随时了解你喜欢的店铺上了什么新货，看上了就能直接下单，再也不用一趟趟地往市场跑了。

典型案例：味多美

味多美与拍拍达成合作。合作方式有两种：首先，味多美会在拍拍小店建立一个旗舰店，旗下 300 多家门店将参与优惠券的发放，在微店中可以获取直接抵用现金的优惠券；其次，用户通过“摇一摇”功能，直接搜索到附近的门店，通过这种方式促进线下门店的销售。

1.3.6 微商服务模式

微店营销模式活了，相应的配套服务也会应运而生，比如相关的培训、教材、软件等，这些都是为微店服务的，自然也深受广大群众的欢迎，如微店相关软件。买了软件能否赚钱，这就要看你目前操作的项目能否与软件相结合了，因为这需要时间的积累，玩的是大量的数据库营销，你要是玩的小，几乎没什么用处；可以肯定软件的效果确实是真的，但是怎么赚钱，怎么赢利，目前还需要探索。当然前面我们说过的微信广告也属于微商服务模式的一种。

典型案例：微盟上海晖硕信息科技有限公司

微盟是国内微商开店的第一大服务商，主要的目标是做吃喝玩乐零售店以及生活服务类的微商。微盟以一个 SDP 的分销系统专门做微商服务。如今微商很火，针对微商的需求也越来越大，微盟也是从这个角度切入的。

第 2 章

拍拍小店注册与安装

在上一章我们已经说过，尽管目前国内各种微店平台有 100 多个，但最有实力的无外乎拍拍小店、京东微店、淘宝微店、有赞、口袋购物微店等。因为各大微店的使用和运营模式大致差不多，而拍拍小店作为腾讯的“嫡子”，自然有其他微店所没有的便利优势；所以在本书中，我们都将围绕拍拍小店进行阐述。

图 2-1 拍拍小店 LOGO

拍拍小店（如图 2-1 所示）注册很简单，只要有一个能上网的智能手机就行，手机号码加平板电脑也可以。卖家需要下载并安装拍拍小店 APP（免费的），买家不需要。每个微店相当于一个网页，都有相对应的网址，买家是通过网址在手机上购物的。安装拍拍小店的流程大致分为以下几步。

2.1 安装拍拍小店

下载拍拍小店 APP 的步骤如下。

（1）打开网址“http://wd.paipai.com”进入拍拍小店首页（如图 2-2 所示），安卓系统手机单击“下载 Android 客户端”（如图 2-3 所示），苹果等 iOS 系统手机单击“下载 iOS 客户端”（如图 2-4 所示）。

图 2-2 拍拍小店官方网址

图 2-3　拍拍小店 Android 二维码

图 2-4　拍拍小店 iOS 版二维码

（2）用微信“扫一扫”扫描右边的二维码（如图 2-5 所示），当然你可以直接单击“立即下载”然后再转移到手机上，但那样比较麻烦，个人建议最好使用微信“扫一扫”。

图 2-5　微信扫拍拍小店二维码

（3）进入下载页面（如图 2-6 所示），选择下载。值得注意的是，拍拍小店下载有两种方式：普通下载和应用宝高速下载。因为拍拍小店软件文件比较小，个人觉得两种方式都可以，看你自己的喜好。

（4）下载完毕后，单击下载完成的网址，进入安装页面（如图 2-7 所示）进行安装。

（5）安装完成后，单击“完成”按钮（如图 2-8 所示）则完成了整个下载的工作。打开你的手机页面，你就可以看到微店的图标了（如图 2-9 所示）。

图 2-6　选择“下载拍拍小店”

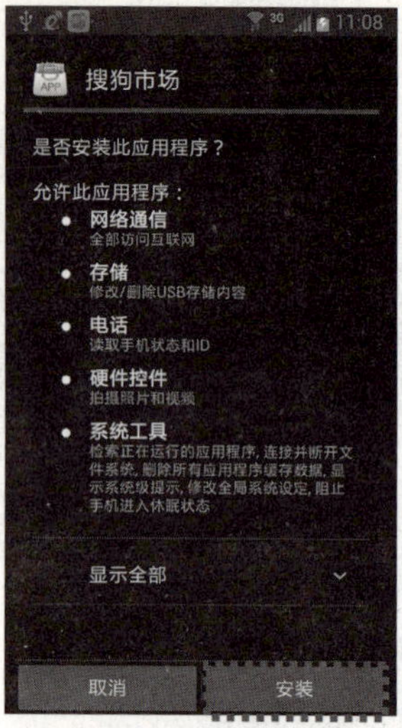

图 2-7　安装页面

图 2-8　下载完成

图 2-9　手机页面上的拍拍小店图标

2.2　拍拍小店注册

（1）单击手机页面上的“拍拍小店”图标（如图 2-9 所示），进入“登录”页面（如图

2-10 所示)。有两种登录方式，可以选择 QQ 账号登录（QQ 账号和密码是你已经具备的 QQ 账号和密码)，也可以微信登录。其中如果你的手机已经登录微信了，直接单击“确认登录”按钮即可（如图 2-11 所示)。当然如果你没有 QQ 和微信，那么你需要先注册 QQ 号和微信号，至于如何注册，这里就不介绍了。

图 2-10　拍拍小店登录

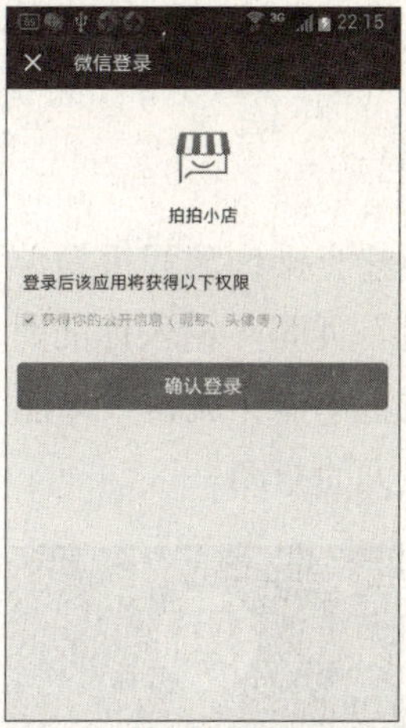

图 2-11　微信直接登录拍拍小店

（2）在你单击“确认登录”按钮之后，接下来就进入到开店流程，可以创建店铺了。输入你的微店名称，单击“创建店铺”按钮，整个拍拍小店开店就完成了（如图 2-12 所示)；接下来就可以经营自己的拍拍小店了（如图 2-13 所示)，并且我们可以看到拍拍小店支持微信支付、手 Q 支付、财付通 3 种支付方式。

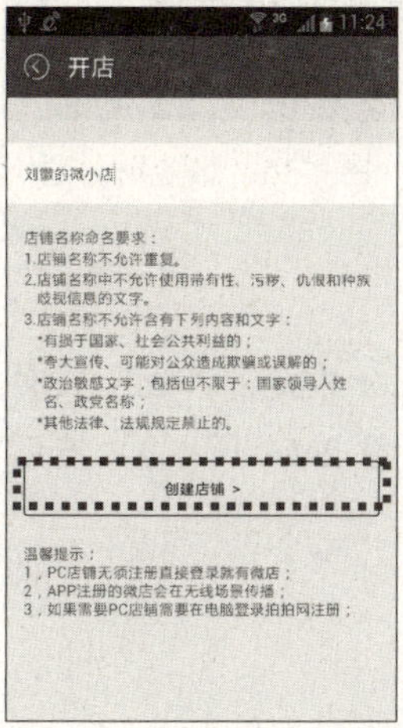

图 2-12　创建拍拍小店

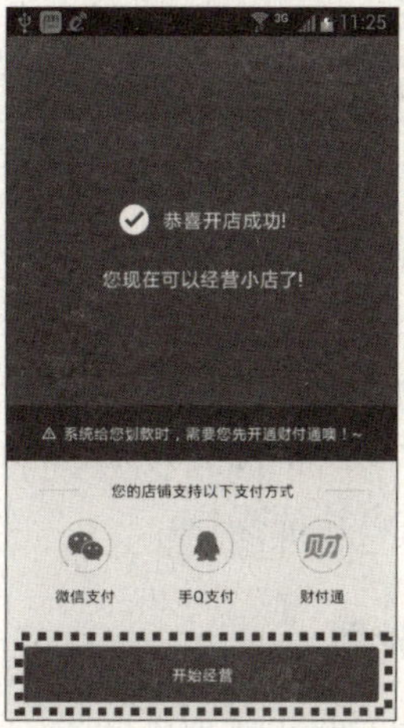

图 2-13　拍拍小店注册完成

2.3 微店认证

单击“开始经营”按钮（如图 2-13 所示），进入你的拍拍小店首页，你就可以开始着手对你的拍拍小店进行经营了。当然你也可以先进行认证。整个认证信息包括绑定财付通、实名认证和诚信保障计划（如图 2-14 所示）。

1．绑定财付通

绑定财付通的整个操作流程很简单。单击拍拍小店首页上的“财付通”未开通按钮，进入“绑定财付通”页面，输入你的财付通账号（QQ 账号）和身份证号码，单击“确认绑定”按钮即完成整个操作流程（如图 2-15 所示）。需要注意的是，必须要开通财付通，这对以后提款有很大的帮助。

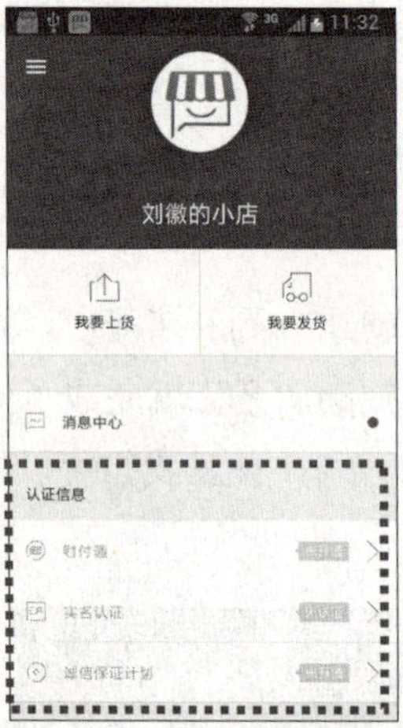

图 2-14　拍拍小店首页

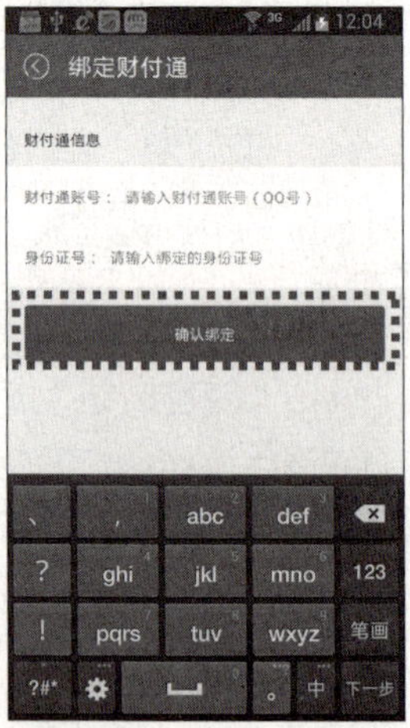

图 2-15　绑定财付通

2．实名认证

单击拍拍小店首页上的“实名认证”按钮，进入“实名认证”页面，输入你的真实姓名、真实身份证号以及手持身份证正面的照片（如图 2-16 所示），然后单击“开始认证”按钮即完成整个实名认证操作。

3．诚信保证计划

拍拍小店“诚信保证计划”跟淘宝消费者保障协议类似，能够为拍友在拍拍网购物提供全面保证。申请加入“诚信保证计划”的店铺，需缴纳诚信保证金（一般为 1 000 元），拍拍网为这些店铺提供诚信担保。具体操作如下：

（1）在 PC 端（如电脑、笔记本）登录拍拍网（www.paipai.com），进入拍拍首页；登录拍拍账户（账户和密码与 QQ 账户密码一致），单击“个人中心”按钮（如图 2-17 所示）进入个人中心页面。

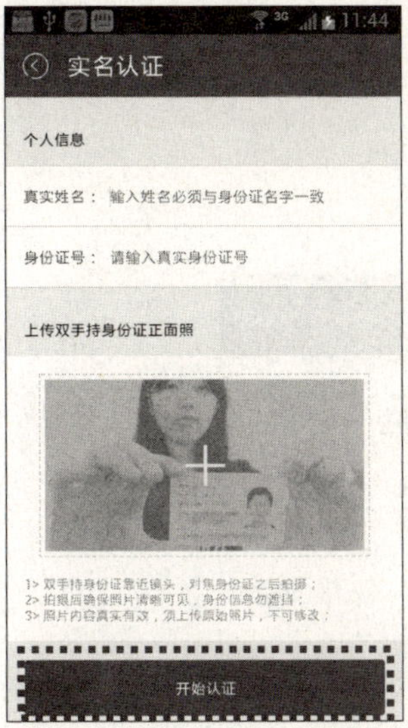

图 2-16　拍拍小店实名认证

图 2-17　进入拍拍“个人中心”

（2）在个人中心页面选择“开微店诚保”按钮（如图 2-18 所示），选择“诚信保证计划”，申请开通并交纳保证金即可。

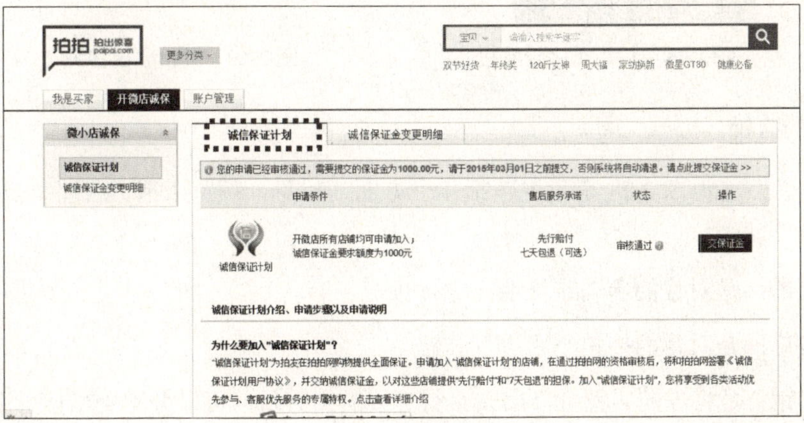

图 2-18　交纳保证金

2.4 拍拍小店相关功能介绍

要想装修和运营好拍拍小店，我们还需要对拍拍小店的各种功能进行了解。具体操作方法为：单击拍拍小店左上角的≡按钮，进入拍拍小店的相关导航栏页面（如图 2-19 所示）。这些导航分别是：首页、我的店铺、商品管理、订单管理、收款管理、营销工具、数据统计、我要分销、我要推广、系统设置、新手帮助等。

1. 首页

单击“首页”按钮，进入拍拍小店首页（如图 2-20 所示）。

图 2-19 拍拍小店导航栏

图 2-20 拍拍小店首页

2. 我的店铺

“我的店铺”（如图 2-21 所示）包括 4 个方面的信息：预览店铺、店铺装修、分享店铺和个人信息。其中：

预览店铺：是对你的店铺装修情况进行预览。

店铺装修：是对你的拍拍小店进行装修。

分享店铺：是将你的店铺分享出去获得更多客流，目前可以分享到微信、微信朋友圈、QQ 好友、QQ 空间、新浪微博、短信，以及复制链接地址以供其他用处。

个人信息：是指你的拍拍小店的基本信息，包括账户（每个拍拍小店都会分发一个独立的账户）、联系方式（手机号）、实名认证、提款方式（财付通账号）。

3．商品管理

利用“商品管理”导航栏（如图 2-22 所示）可对拍拍小店的商品进行基本管理，主要包括添加商品、在架商品、下架商品、编辑、下架、分享等。其中：

添加：是指添加新的商品。

在架商品：罗列目前已经上架的商品。

下架商品：是指已经下架的商品。

编辑：是对某上架商品重新编辑。

下架：是对某上架商品下架处理。

分享：是将某上架商品分享出去以获得更多客流，和分享店铺一样，可以分享到微信、微信朋友圈、QQ 好友、QQ 空间、新浪微博、短信，以及复制链接地址以供其他用处。

图 2-21　“我的店铺”页面

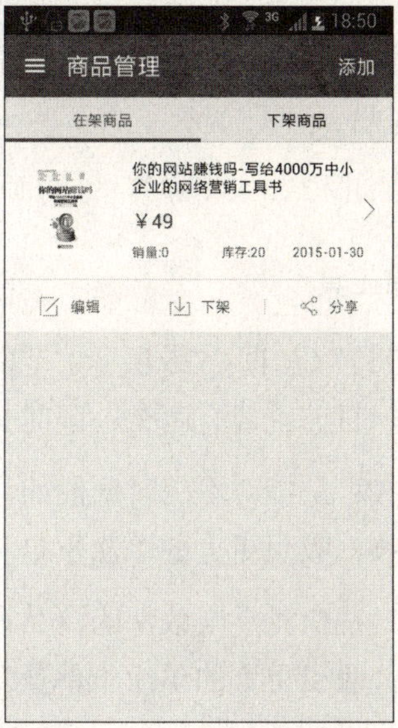

图 2-22　“商品管理”页面

4．订单管理

“订单管理”导航栏（如图 2-23 所示）主要包括 7 个方面：待发货、待付款、已完成、已取消、已发货、待打款和待退款。关于这几个方面的相关知识，我们将在后面的“订单管理”中重点介绍。

5. 收款管理

“收款管理”（如图 2-24 所示）是指对拍拍小店最近收支情况的流水信息进行整理。

图 2-23 “订单管理”页面

图 2-24 “收款管理”页面

6. 营销工具

“营销工具”（如图 2-25 所示）是指对店铺进行相关促销活动的工具，目前主要有两个：限时折扣和阶梯价。

限时折扣：是指对不同时间段的商品设置折扣价格，形成阶梯形折扣，吸引更大的单次下单量。

阶梯价：是指对不同数量的商品设置不同的价格，形成阶梯形折扣，吸引更大的单次下单量。

这两个部分的相关应用，我们将在本书的第 3 章中作具体介绍。

图 2-25 “营销工具”页面

7. 数据统计

数据统计是每个电商运营人员必须每天关注的指标，是对过去一段时间电商平台运营情况的整体体现。拍拍小店的“数据统计”主要包括流量统计和销售统计。其中流量统计（如图 2-26 所示）包括访客数、浏览量、浏览商品数、人均浏览量、购买转化率和下单转化率 6 个方面；销售统计（如图 2-27 所示）包括成交金额、成交人数、客单价、下单金额、下单笔数、成交笔数 6 个方面。

图 2-26　流量统计

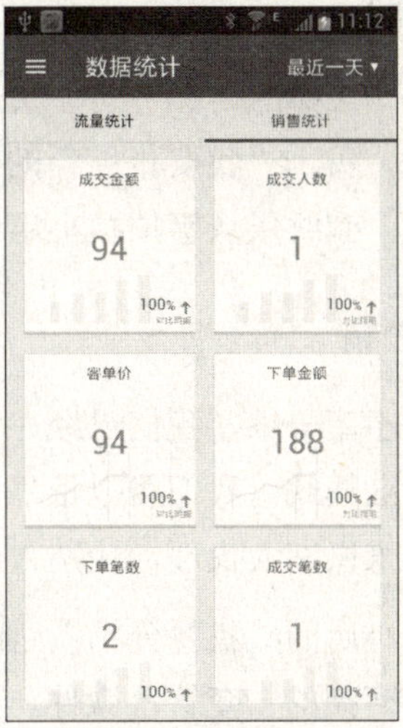

图 2-27　销量统计

访客数：是指在指定时间内来访你拍拍小店的人数。

浏览量：是指在指定时间内来访你拍拍小店的人群总体访问页面数。

浏览商品数：是指在指定时间内来访你拍拍小店的人群总体访问商品页面数。

人均浏览量：是指在指定时间内人均浏览页面数。

购买转化率：是指在指定时间内最终成功购买产品人数占访客人数的比率。

下单转化率：是指在指定时间内对产品下单人数（包括未支付货款的人）占访客人数的比率。

成交金额：是指在指定时间内已经成交的商品金额。

成交人数：是指在指定时间内已经成交的客户数量。

客单价：是指在指定时间内平均每个成交客户的成交商品金额，公式为：

客单价=成交金额/成交人数

下单金额：是指在指定时间内客户下单的商品金额（包括未付款的金额）。

下单笔数：是指在指定时间内客户下单的商品笔数（包括未付款的笔数）。

成交笔数：是指在指定时间内已经成交的商品笔数。

目前拍拍小店的“数据统计”工具可以统计出最近 3 天、最近 5 天、本周、本月的相关数据。而关于这方面的具体分析知识，我们将在后面的内容中具体介绍。

8. 我要推广

“我要推广”（如图 2-28 所示）是指将自己的产品或店铺进行推广的一种产品软件，截至本书完成时，关于“我要推广”的产品还没有出现，但我相信，很快拍拍小店就会完善这方面的信息。到时候从事拍拍小店的读者们注意留意一下。

9. 我要分销

关于拍拍小店分销，我们已经在第 1 章做了重点阐释，这是目前微店商业模式中较为常用的一种商业模式。我们可以依靠代理分销别人的商品从而获取提成；当然也可以将自家的商品拿出来供别人代理，让别人帮助你销售，你则要给予别人一定的销售佣金。

目前拍拍小店的“我要分销”（如图 2-29 所示）是指对我的拍拍小店分销产品或别人代理分销我的商品的一套管理软件，主要包括我要找货、我的分销、我的供应商和我的佣金 4 个方面。

图 2-28 “我要推广”页面

图 2-29 “我要分销”页面

我要找货：主要寻找愿意在拍拍小店上分销的商品。

我的分销：是指目前我所分销的别人商品的相关情况。

我的供应商：是指为我提供商品的供应商的情况。

我的佣金：是指通过你自己的努力，将所代理的商品销售成功，所获得的佣金情况。

10. 系统设置

拍拍小店“系统设置”（如图 2-30 所示）是指对拍拍小店的相关系统的介绍和设置，主要包括新信息通知、分享设置、新手帮助、意见反馈、一键搬家、系统升级、关于拍拍小店、求评价、推荐好友开店，以及退出当前用户等方面。

新信息通知：是指当有新客户联系你、下单、支付的时候及时进行通知。

分享设置：是指当你将拍拍小店或商品分享出去的时候，所统一附带的推荐语言（如图 2-31 所示）。

图 2-30　“系统设置”页面

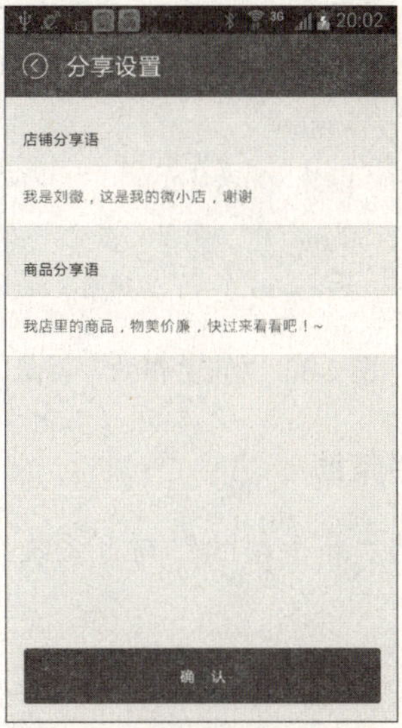

图 2-31　“分享设置”页面

新手帮助：帮助拍拍小店新手解决他们开店过程中的常见问题（如图 2-32 所示）。

意见反馈：在这里，你可以对拍拍小店提出个人意见（如图 2-33 所示）。

一键搬家：该工具主要用于实现快速将淘宝店铺的商品搬至拍拍小店。

系统升级：对拍拍小店进行升级，更新为最新版。

关于拍拍小店：拍拍小店的相关情况介绍。

求评价：要求客户对你的产品进行评价。

推荐好友开店：将拍拍小店网址推荐出去，让好友下载开店。跟分享店铺一样，可以分享到微信、微信朋友圈、QQ 好友、QQ 空间、新浪微博、短信，以及复制链接地址以供其他用处。

退出当前用户：退出拍拍小店。

图 2-32 “新手帮助”页面

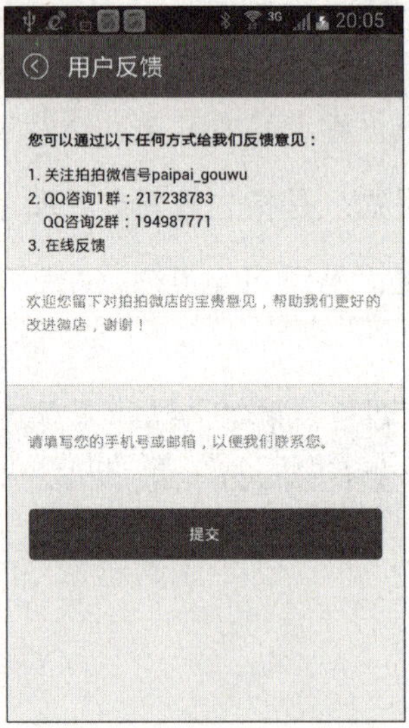

图 2-33 “意见反馈”页面

11. 新手帮助

导航栏的“新手帮助”与“系统设置”里面的“新手帮助”为同一内容，这里就不重复阐述了。

第 3 章

拍拍小店装修与产品上传

在前面我们已经对微店功能有了比较全面的认识，接下来我们就可以对拍拍小店进行装修和上传产品了。上传产品和装修并没有前后之分，也就是说你既可以先装修再上传产品，也可以先上传产品再装修。

3.1 拍拍小店的装修

在这里需要提出的是，拍拍小店几乎所有的设置，卖家都是可以随时更换的，不像微信公众号，一旦给自己的微信公众号定了名称，就无法更改了。因此，微店的相关设置一时没想好也没关系，以后可以随时更改。

具体操作方法前面已经说过，单击“我的店铺”按钮，进入“我的店铺”页面，单击“店铺装修”按钮进入店铺装修页面（如图 3-1 所示）就可以对整个店铺进行装修和信息完善。

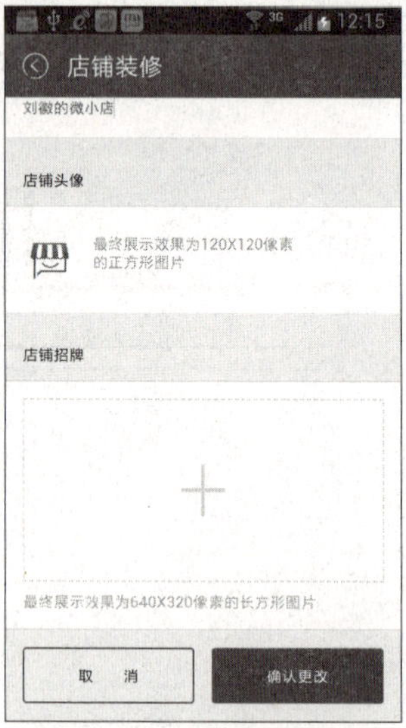

图 3-1 “店铺装修”页面

整个店铺装修包括 3 个方面：店铺名称、店铺头像和店铺招牌。

3.1.1 店铺名称

店铺名称是指你的拍拍小店的名称，这已经在前面说过了，对于店铺名称的命名，我个人认为有两种命名的方法。第一种方法是在店铺名称里直接包含你的名字（或昵称），因为微店的买家基本上都是你的朋友，是你所认识的人，所以在你的微店名称中包含你的名字（或昵称）会比较好，这样别人也会因为信任你而信任你的微店及微店里面的产品。如我的微店就叫“刘徽的微小店”，这样既亲切又很有个性。第二种方法当然是可以把你的店铺名称（主要是商品名称）和所销售的产品结合起来。如我自己经营了一个佛珠品牌叫作“佛之缘”，那么我为我的佛珠品牌独立建设了一个微店，名字就叫“佛之缘官方佛珠微店”。值得注意的是，跟淘宝店铺取名一样，拍拍小店店铺名称出现“官方”、“旗舰”等不符合规范的字眼是不能通过的。

至于如何给微店取名，各位读者仁者见仁，智者见智，可以根据自己的想法进行取名，微店的名称可以随时更改。

3.1.2　店铺头像

单击店铺头像下面的白色条框，然后选择“从相册选择一张图片”或“拍摄一张图片”（如图 3-2 所示），并对所选取的图像进行自动截取，你的店铺的头像就会变成你所选择的图标。店铺头像图标最终展示效果为 120 像素×120 像素的正方形。对于店铺头像的建议，必须跟店铺名称相匹配，最好是真实的头像或者是商品品牌的商标，这样会显得更加亲切、真实、可信；当然也可以用有创意的图片，但个人建议最好不要用一些稀奇古怪的图片。

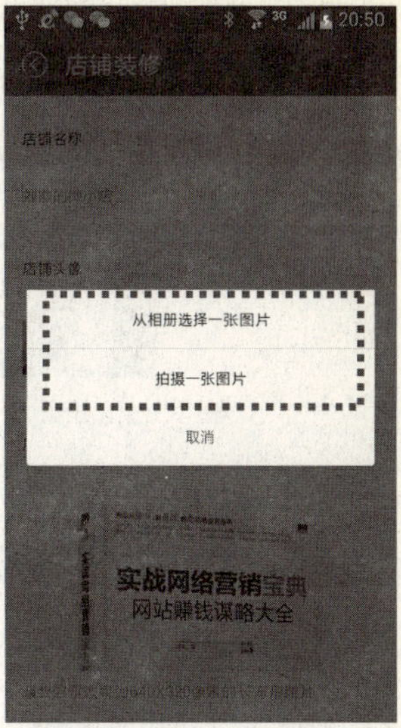

图 3-2　店铺头像

3.1.3　店铺招牌

店铺招牌可以说是拍拍小店的广告形象牌。和设置店铺头像一样，单击店铺招牌下面的白色条框，然后选择“从相册选择一张图片”或“拍摄一张图片”（如图 3-2 所示），并对所选取的图像进行自动截取，你的店铺招牌就会变成你所选择的图像。店铺招牌图像最终展示效果为 640 像素×320 像素的长方形。

值得注意的是，店铺招牌是展示微店特色的一个地方，因此我们必须将这个设置做得非常有吸引力和展现力。

当我们完成上述 3 个流程之后，单击“确认修改”按钮整个店铺装修就完成了。你可以单击“预览店铺”按钮观看微店修改后的样子（如图 3-3 所示）。

当然上述操作是用手机进行简单的装修，如果你想让你的微店更加漂亮，那么你就必须选择用电脑（PC 端）来进行装修。具体操作步骤为：登录拍拍小店管理后台（http://wd.paipai.com）（如图 3-4 所示），登录账号密码（与你的 QQ 号和密码一致），进入拍拍小店管理后台（如图 3-5 所示）；在拍拍小店管理后台的左侧我们可以看到首页、店铺装修、活动页面管理、交易管理、营销管理、微店数据、公众账号等导航栏。由于其很多功能都与拍拍小店手机版相同，我们就不再一一介绍了，这里重点介绍店铺装修。

图 3-3　微店装修预览图

图 3-4　拍拍小店后台管理首页

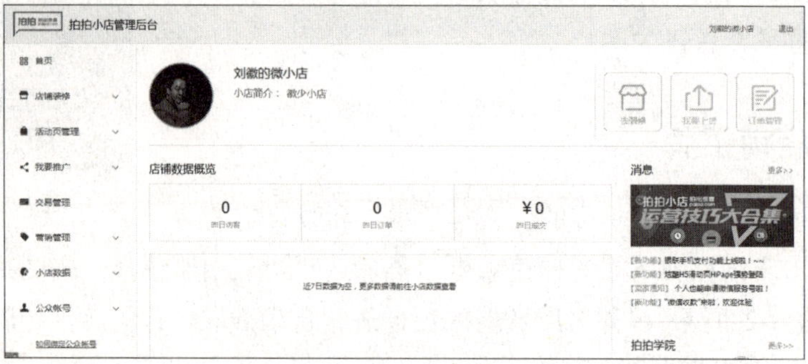

图 3-5　拍拍小店后台管理页面

1. 首页装修

单击“店铺装修”按钮我们可以看到在它的下面有店铺首页装修、店铺分享语管理、商详分享语管理、店铺门店管理等 4 个板块（如图 3-6 所示）。单击首页装修，将出现“店铺首页装修”页面，单击右上角的“编辑”按钮，在系统的左侧设置内容（如图 3-7 所示），设置完成后单击“保持”按钮即可查看编辑后的效果。

图 3-6　拍拍小店店铺装修页面

图 3-7　拍拍小店首页装修页面

在页面中，拍拍小店提供了一些默认的模板供微店主们选择（如图 3-8 所示），页面右侧会有一个预览供你预览你所选择的模板效果。而拍拍小店店主对模板的编辑工作，操作也很简单，只需要单击预览里面的“编辑”按钮即可拉出相应的“编辑页面”（如图 3-9 所示）。

图 3-8　微店预览页面

图 3-9　编辑页面

自定义模板是可编辑模块最多的模板，包括商品推荐、轮播广告、通栏广告、两栏广告、文本、文字链接、分类导航、网站导航及优惠券 9 个模块；所有的模板背后都是“图片/文字+链接”或“纯文字/图片”的上传，按照操作提示即可完成，但需要注意区分不同区域的图片尺寸。

- 图片格式：均为 JPG、PNG。
- 店招图片：图片尺寸为 640 像素×320 像素，不大于 200KB。
- 轮播广告：图片高度 320 像素、480 像素、640 像素（3 选 1）。
- 通栏广告：图片尺寸为 600 像素×290 像素，不大于 100KB。

- 两栏广告：图片尺寸为 290 像素×290 像素，不大于 100KB。
- 分类导航：图片高度为 135 像素，高度 135 像素～300 像素，不大于 100KB。
- 多张图片高度须一致。

首页装修就是这么简单，当然如果你想要把你的微店做得高端大气上档次一点，拍拍小店会提供一些模板给你，你可以自行选择下载。具体操作步骤是：单击首页装修页面的“装修模板下载”按钮（如图 3-10 所示），页面将进入“拍拍小店装修”论坛，在论坛里面有一些常见的模板下载链接（如图 3-11 所示）可供你选择。

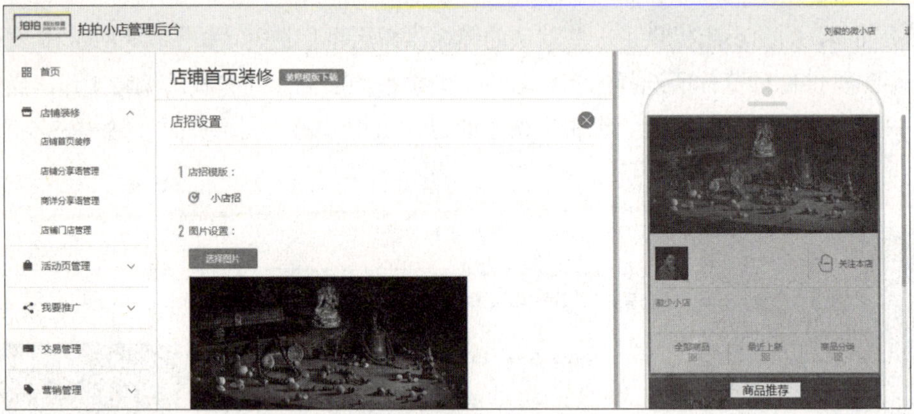

图 3-10 店铺首页装修页面

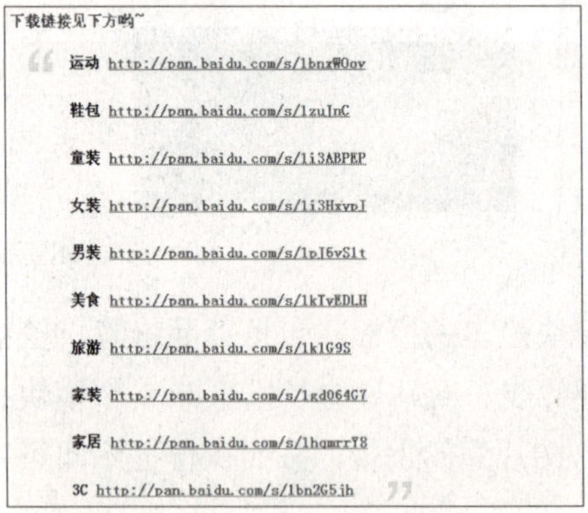

下载链接见下方哟~

运动 http://pan.baidu.com/s/1bnxW0ov

鞋包 http://pan.baidu.com/s/1zuInC

童装 http://pan.baidu.com/s/1i3ABPEP

女装 http://pan.baidu.com/s/1i3HxvpJ

男装 http://pan.baidu.com/s/1pJ6vS1t

美食 http://pan.baidu.com/s/1kTvEDLH

旅游 http://pan.baidu.com/s/1k1G9S

家装 http://pan.baidu.com/s/1gd064G7

家居 http://pan.baidu.com/s/1hqmrrY8

3C http://pan.baidu.com/s/1bn2G5jh

图 3-11 常见微店拍拍装修页面模板

2. 设置分享语

所谓分享语，是指当大家很喜欢你的店铺时，想分享到朋友圈或分享给其他朋友所分享出去的内容。一个好的分享语是指当一个人分享了你的店铺，别人看到后有想单击的欲望，从而产生一传十、十传百的传播效果，最终会为你的店铺增加客流量。

既然分享语这么重要，那应该如何设置分享语呢？

打开拍拍小店管理后台，单击“店铺装修”按钮进入“店铺分享语管理”页面（如图 3-12 所示），按指示填写即可。

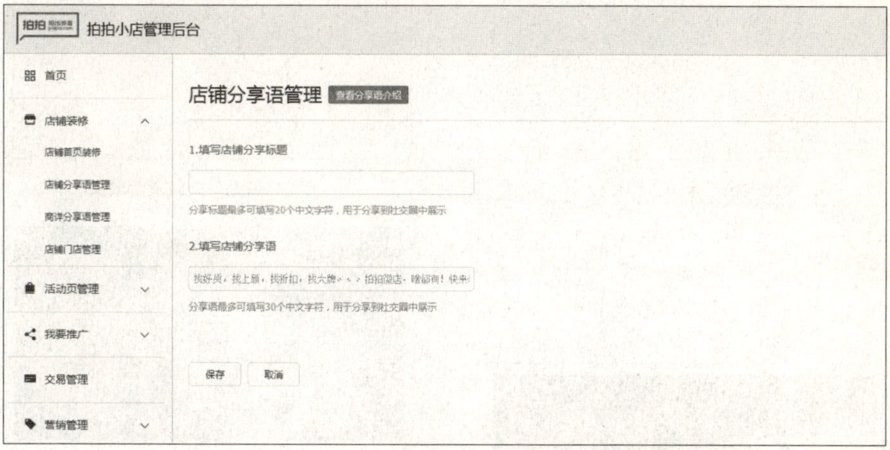

图 3-12　店铺分享语设置页面

当然，如果你想分享某一特定商品，拍拍小店也为您提供了这一功能，即“商详分享语管理”。具体操作跟店铺分享语管理设置一样：打开拍拍小店管理后台，单击“店铺装修”按钮进入“商详分享语管理”页面（如图 3-13 所示），按指示填写即可（如图 3-14 所示）。

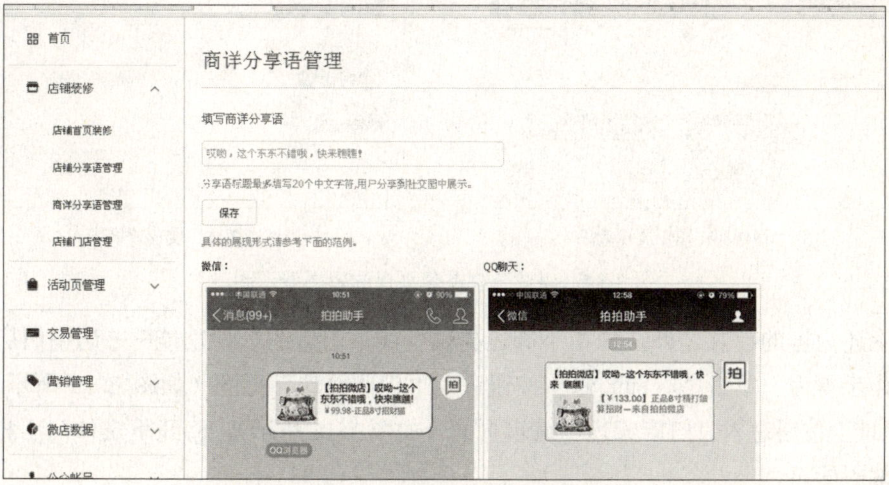

图 3-13　商详分享语管理页面

"微信聊天"记录展示效果

"QQ 聊天"记录展示效果

"微信朋友圈"展示效果

"新浪微博"展示效果

图 3-14 商详分享在各平台的效果展示图

除上述内容的设置之外，拍拍小店还提供了线下门店的管理功能——店铺门店管理。具体操作步骤为：单击"店铺装修"按钮进入"门店管理"页面（如图 3-15 所示），单击"添加地址"按钮进入"门店管理"编辑页面（如图 3-16 所示），将线下实体门店相关信息按要求编辑即可。

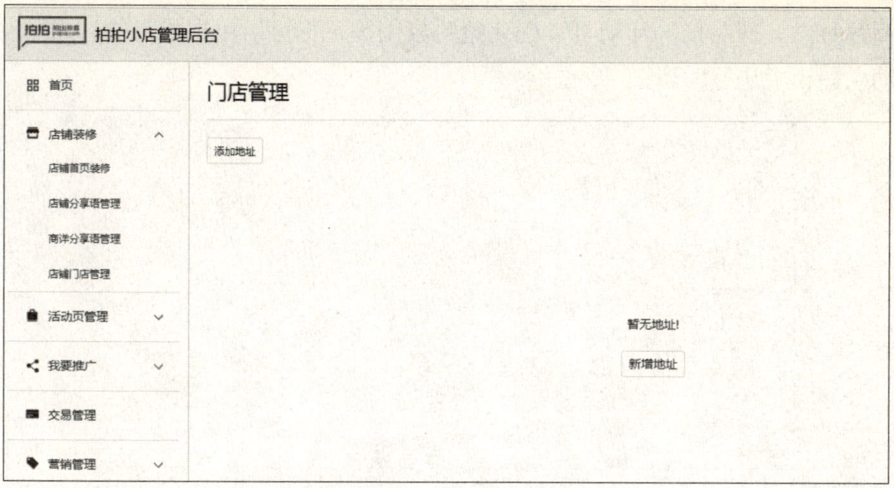

图 3-15 “门店管理”页面

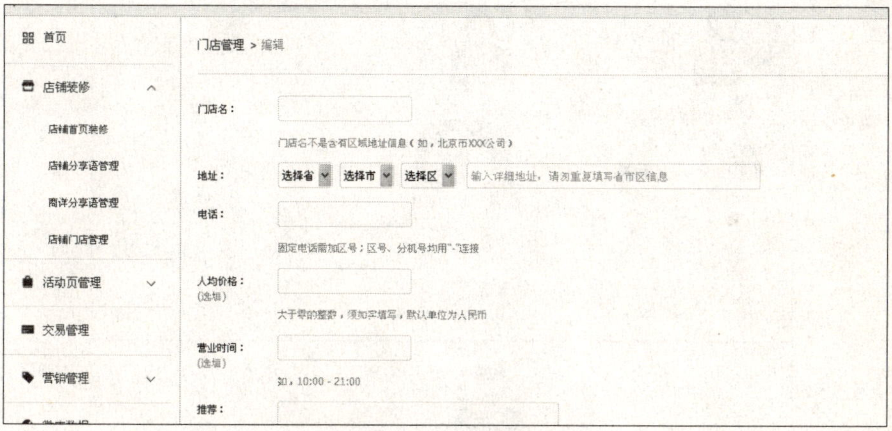

图 3-16 编辑门店管理信息

3. 活动页装修

在产品电商运营过程中，活动促销是电商们不可缺少的一个营销手段，为此拍拍小店专门设置了一些活动页面供微商主们选择。当店铺要举行活动时，我们应该如何装修拍拍小店的活动页面呢，具体操作流程如下：

打开拍拍小店管理后台，单击“活动页管理”按钮进入“新建活动页”页面（如图 3-17 所示）。在“新建活动页”页面，可以看到拍拍小店提供了主题模板、资讯模板、秒杀模板、自定义模板及 H5 动画模板等几种模板（如图 3-18 所示）。每个模板都标示了适合的活动主题，如主题模板适用于根据某一特定主题（如上新、节日）组织的商品活动页，秒杀模板适用于商品秒杀、商品抢购活动页，强化抢购氛围等，你可以根据自己的需求选择一个合适的活动主题模板进行编辑。

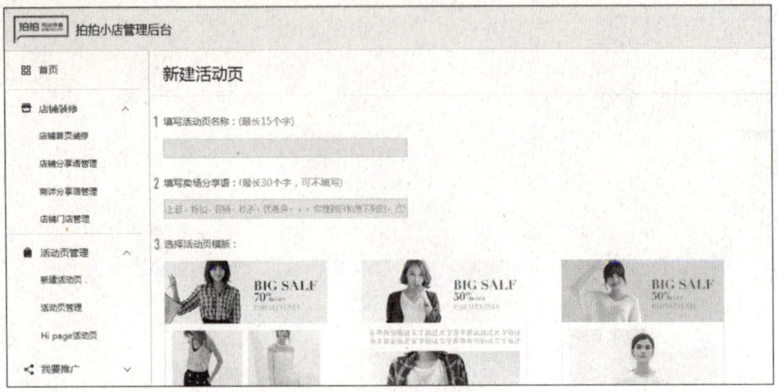

图 3-17 新建活动页面

图 3-18 常见的几种“活动模板”

具体操作流程很简单：填写好“活动页名称”、“卖场分享语”，选择你所需要的模板，单击“保存”按钮（如图 3-19 所示），直接进入“活动页管理”页面（如图 3-20 所示），然后单击“活动页管理”页面中的“编辑”按钮，就可以对活动页进行编辑装修了（如图 3-21 所示）。

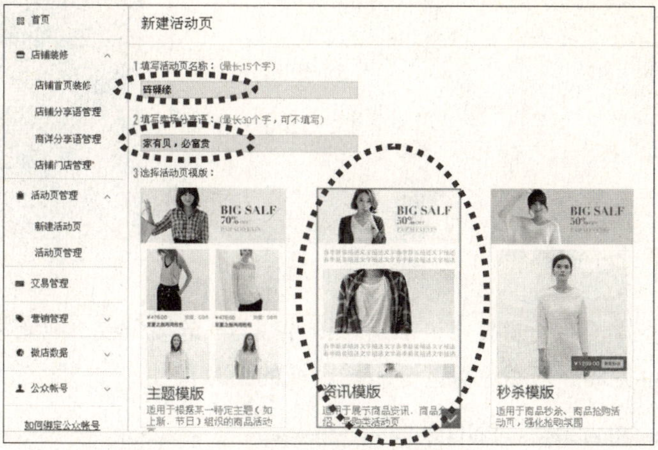

图 3-19　新建活动页

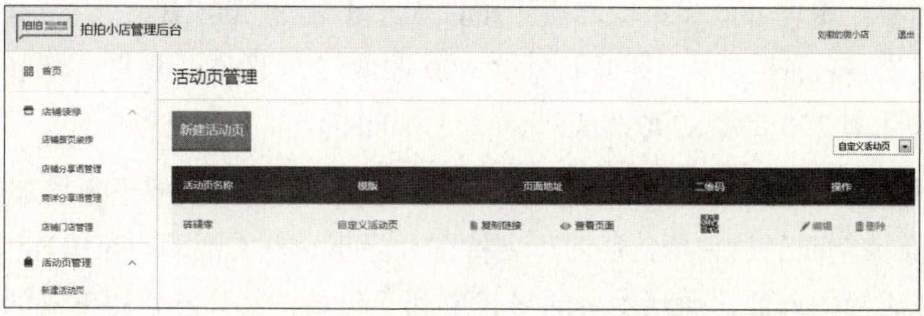

图 3-20　活动页管理

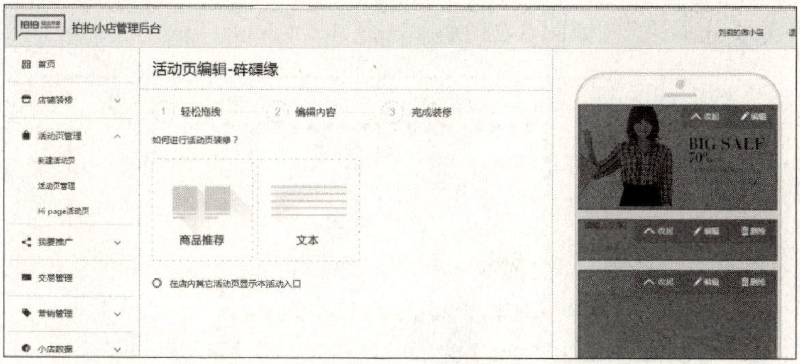

图 3-21　活动页装修

活动页面的装修非常简单，只要根据我们的需求把“商品推荐”、“文本”及“图片”拖曳到右边的预览区，然后进行编辑就可以了（如图 3-22 所示）。

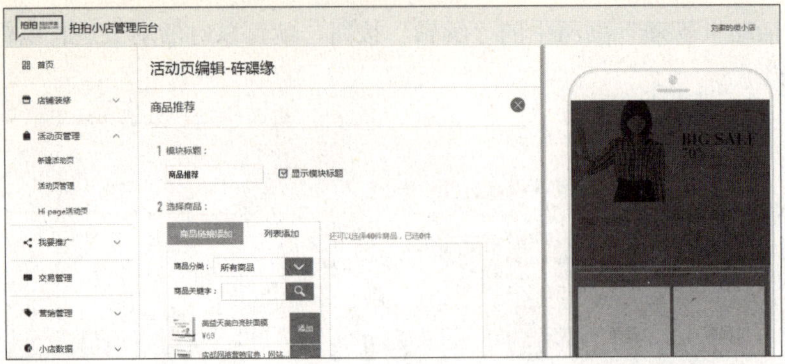

图 3-22 活动页编辑

与首页装修一样，活动页装修也都是“图片/文字+链接”或“纯文字/图片”的上传，按照操作提示即可完成。但需注意区分不同区域的图片尺寸。

- 图片格式：均为 JPG、PNG。
- Banner 模板：图片尺寸为 640 像素×320 像素，不大于 100KB。
- 图片模板：宽度 600 像素，高度不限，大小不超过 300KB。
- 自定义卖场：通栏广告，图片尺寸为 600 像素×290 像素，不大于 100KB；两栏广告，图片尺寸为 290 像素×290 像素，不大于 100KB。

另外值得注意的是，除一些常规模板之外，拍拍小店活动模板里新增加了“H5 动画模板”，现已对商家全面开放使用；目前可支持图片上下、左右滑动，在图片上配置链接，且图片上有进入店铺的入口，此活动页的形式更利于传播。具体操作跟常规活动页一样。

登录拍拍小店后台（添加微店后台链接）→活动页管理→新建活动页，填写好“活动页名称”和“卖场分享语”（如图 3-23 所示）。

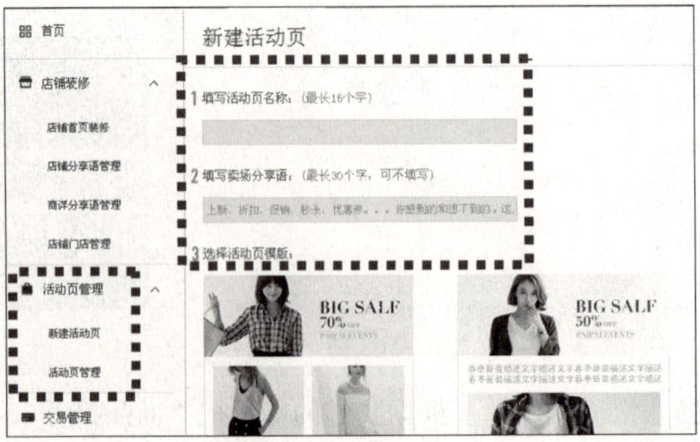

图 3-23 新建活动页

勾选 H5 动画模板→保存（如图 3-24 所示）。

图 3-24　选择 H5 动画模板

单击“活动页管理”中的活动主题的“编辑”按钮（如图 3-25 所示）。

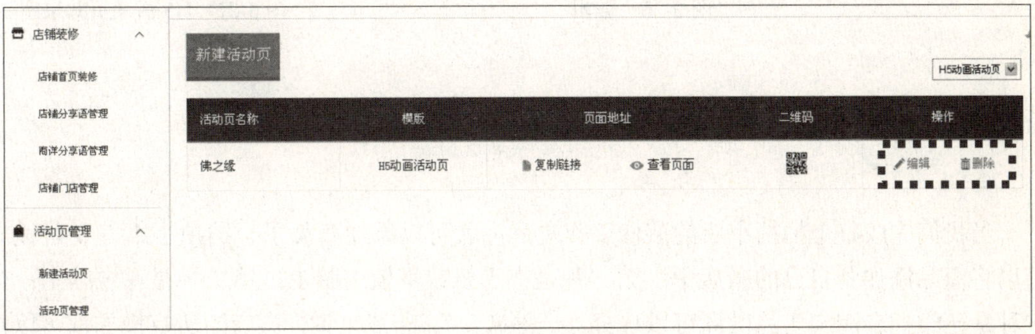

图 3-25　活动主题编辑

编辑 H5 动画模板→保存→设置完成（如图 3-26 所示）。

H5 动画模板的制作是比较简单的，但是从营销的角度来考虑，笔者提供了以下 3 个方面的小建议：

（1）图片上的链接可以放某个单品、分类、活动的链接，图片与链接内容相匹配即可（如图 3-27 所示）。

（2）图片上的增加按钮、去抢购等文案可引导用户进入点击。

（3）在最后一张图上，增加查看全部商品等文案，可引导用户进入店铺主页。

图 3-26　编辑

图 3-27　H5 活动页效果图

3.2 上传商品到拍拍小店

当我们完成整个拍拍小店的装修工作之后，就可以添加商品了。拍拍小店有 3 种途径可以将商品添加到自己的微店中：第一种是在手机或平板电脑上；第二种是在电脑上；第三种是已经拥有淘宝店的微商可以选择“一键搬家”。一般来说，微店的所有操作都可以在手机上进行，但个人认为最好还是在电脑上进行操作；因为在电脑上操作更方便，尤其是在商品多、需要对商品进行分类的情况下，使用电脑的优势就更加明显了。

3.2.1 手机端拍拍小店添加产品

前面已经说过，拍拍小店的所有操作都能在手机上实现，而且通过手机端拍拍小店上传产品是非常简单的。主要流程包括：

（1）通过拍拍小店工具导航栏（如图 3-28 所示），单击“商品管理”按钮，进入“商品管理”页面（如图 3-29 所示）。

（2）单击“商品管理”页面右上角的“添加”按钮，进入“商品添加”页面（如图 3-30

所示）；按照要求填写相关信息，单击“立即上架”按钮即可完成整个商品的上传流程。

图 3-28　拍拍小店工具导航栏

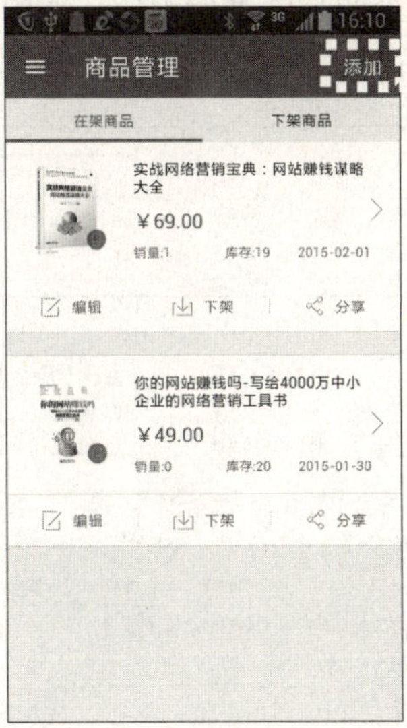

图 3-29　“商品管理”页面

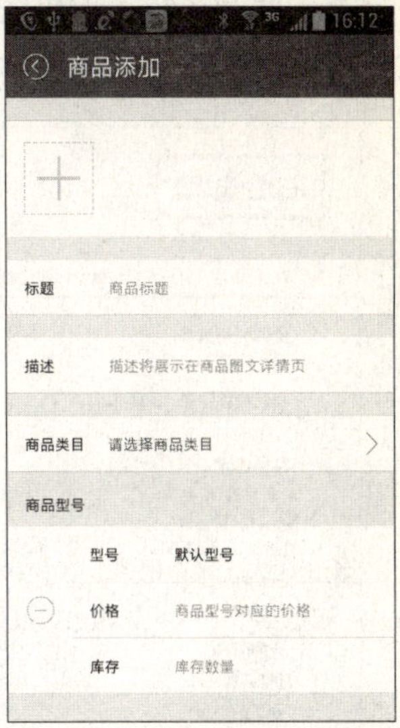

图 3-30　“商品添加”页面

3.2.2　PC 端（电脑）微店后台管理上传商品

通过电脑上传产品的具体操作步骤如下：

（1）打开“拍拍小店管理后台”页面，单击“交易管理”按钮，进入“交易管理”页面（如图 3-31 所示）。

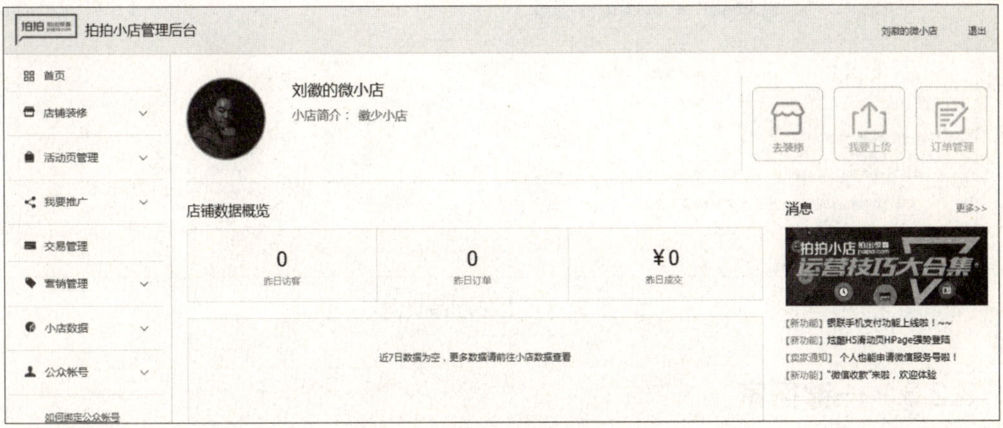

图 3-31　拍拍小店管理后台页面

（2）单击“发布新商品”按钮进入产品发布页面（如图 3-32 所示），根据要求填写商品分类、商品详情，即可完成整个产品的上传工作（如图 3-33 所示），整个流程跟淘宝店铺上传产品流程一样，操作非常简单。

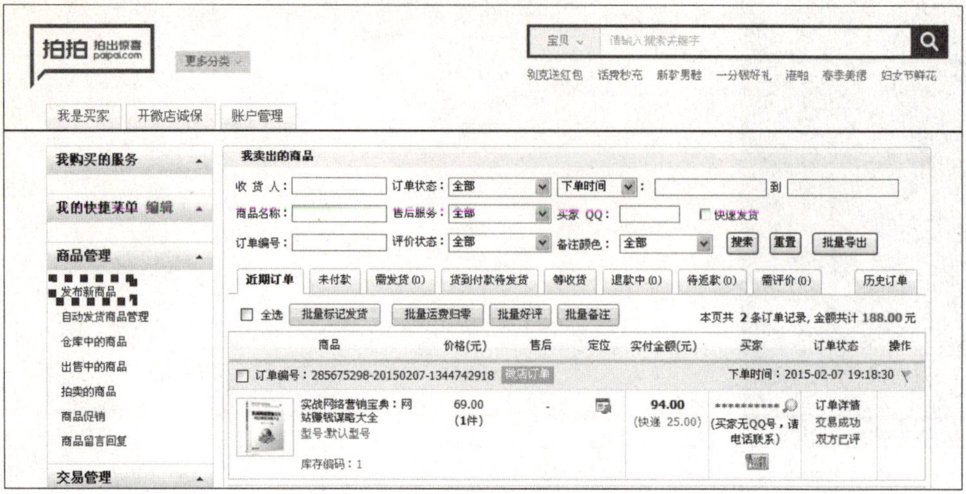

图 3-32　交易管理页面

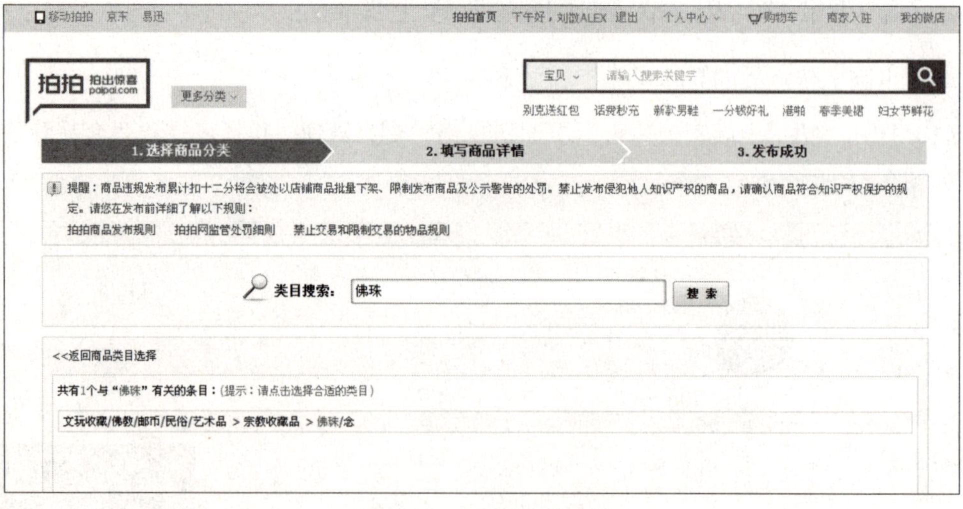

图 3-33　上传产品页面

3.2.3　一键搬家

除了上面所说的上传产品的方式，拍拍小店还有一个功能就是“一键搬家”，即通过“一键搬家”使商家将自己在其他平台（目前主要是淘宝店）的商品信息快速地复制到拍拍小店 APP 中，从而降低商家上传商品的时间成本。具体操作流程如下：

（1）进入拍拍小店 APP，单击“一键搬家”按钮（如图 3-34 所示）。当然也可以先单击“设置”按钮，进入“设置”页面，再单击“系统设置”按钮（如图 3-35 所示），选择“一键搬家”功能（如图 3-36 所示）。“一键搬家”为商家提供了两种“搬家”方式：一种是全店搬家；另一种是单品搬家。

图 3-34　一键搬家

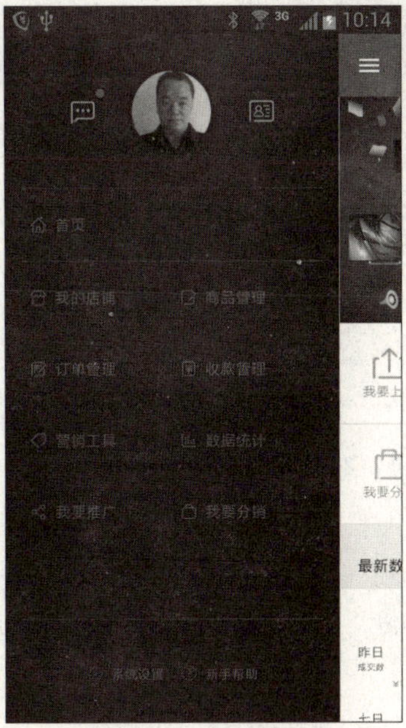

图 3-35　系统设置

图 3-36　选择“一键搬家”功能

- **全店搬家**：指用户对淘宝店铺的所有商品进行搬家。
- **单品搬家**：指用户对淘宝店铺的某一款商品进行搬家。在单品搬家中，为避免商品重复，搬家功能不支持重复搬家，即已搬家商品不能多次重复搬家。

此外，需要注意的是，在本书写作完成的时候，拍拍小店“一键搬家”主要是支持淘宝店铺的搬家，至于以后会不会增加其他新渠道，请大家及时留意拍拍小店相关新功能的发布。为了方便阐述，我们以“单品搬家”为例。

（2）阅读商品发布协议，并“确认授权”（如图 3-37 所示），进入“一键搬家助手”页面（如图 3-38 所示）。

图 3-37　确认授权

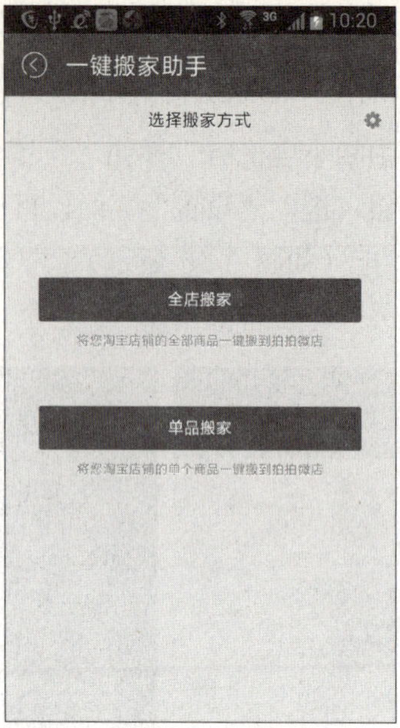

图 3-38　“一键搬家助手”页面

（3）打开用户自己的淘宝店，在“卖家中心”任意选择一件已经上传的商品（如图 3-39 所示）进行编辑；将指定代码（如图 3-40 所示）放在淘宝店铺的宝贝标题中（如图 3-41 所示），单击“确认”按钮，就会进入重新编辑后的商品页面；然后将对应的商品 ID 填写到下方“输入商品 ID，准备搬家”中，单击“开始搬家”按钮即可完成整个工作流程（如图 3-42 至图 3-45 所示）。

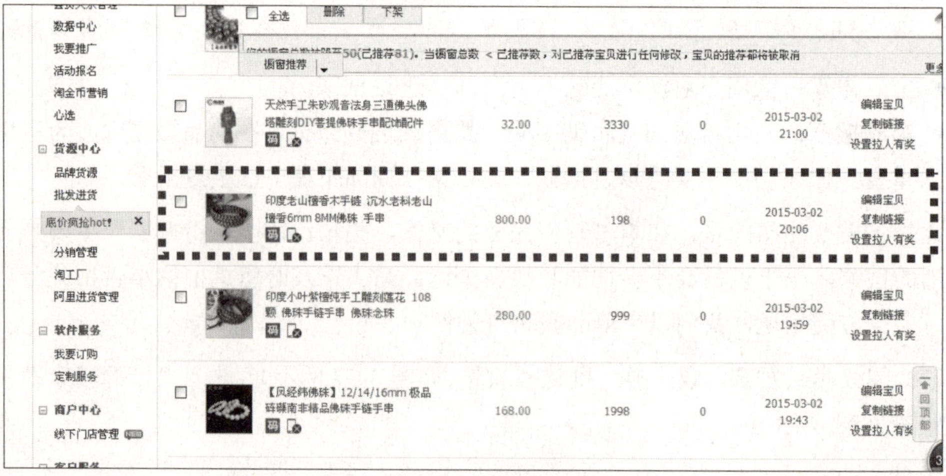

图 3-39　淘宝店“卖家中心”

“全店搬家”的操作流程和“单品搬家”一样，用户需要将指定代码放在自己的淘宝店铺中的任意一个宝贝标题中，然后将该商品所对应的商品 ID 填写到下方的“输入商品 ID，准备搬家”中，单击“开始搬家”按钮，等待一些时间就会把店铺中的所有商品搬家到拍拍小店 APP 中。

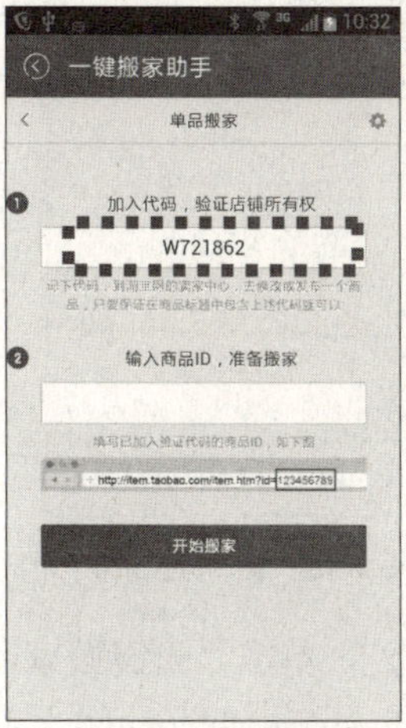

图 3-40　拍拍小店指定代码

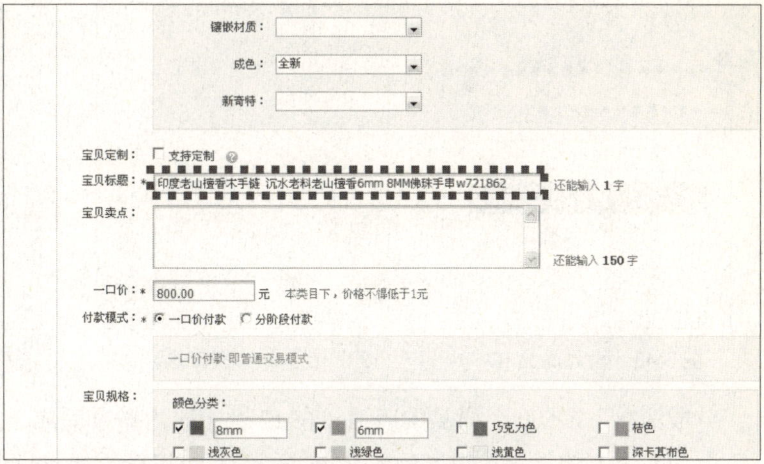

图 3-41　将指定代码放入宝贝标题中

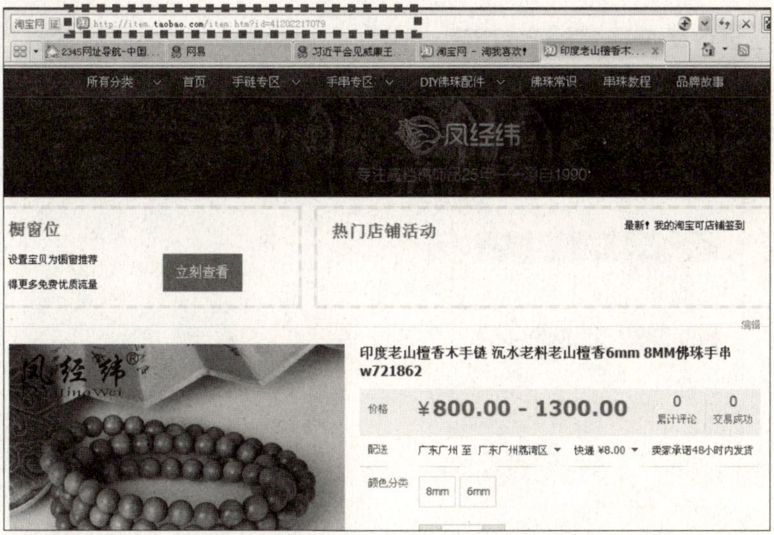

图 3-42　淘宝重新编辑后的商品页面

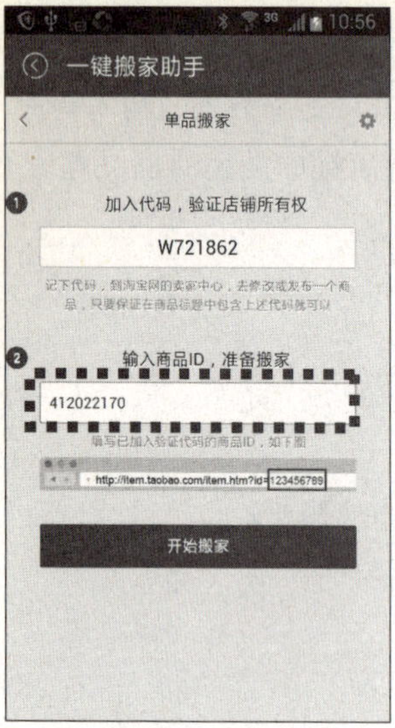

图 3-43　输入商品 ID 号

图 3-44　搬家进程

图 3-45　搬家完成

一般情况下，500 个商品的店铺会在 12 个小时内搬家完成。另外，单击“一键搬家助手”页面右上方的设置按钮（如图 3-46 所示），可以查看搬家进度和相关问题（如图 3-47 所示）。

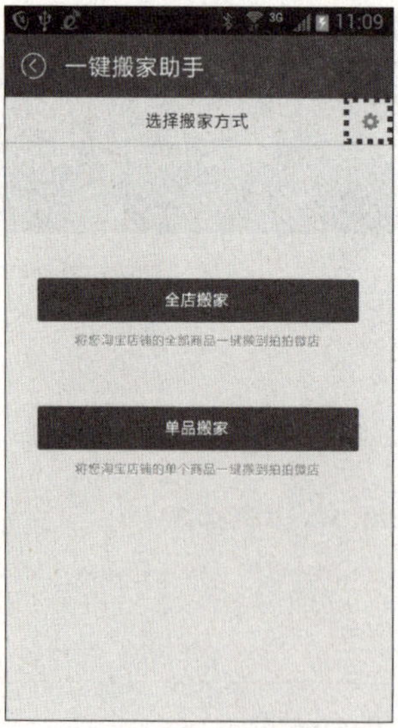

图 3-46 “设置”按钮

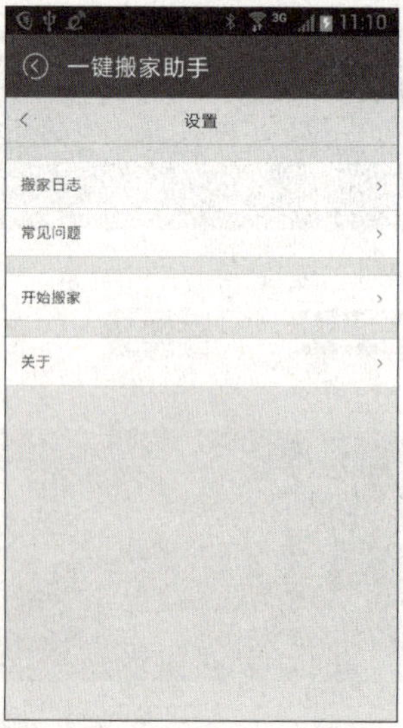

图 3-47 “一键搬家”设置页面

3.3　建立拍拍小店分销系统

拍拍小店针对广大微商人的另一个主要特征是：无货源也能开店当老板。从某种意义上来说，拍拍小店真的实现了“零门槛”人人做电商。这一改变源于 2015 年 1 月 19 日拍拍小店分销系统正式上线京东微信二级入口，微信用户只要通过单击“我的钱包→京东精选”进入拍拍小店分销系统后，就可以看到众多由拍拍平台遴选出的优质商品；这些商品按照不同类目设置了比例不同的佣金，用户可以直接转发分享商品到朋友圈或者微信群中，也可以选择代理模式将这些商品一键放置到由系统自动生成的属于自己的拍拍小店中再进行分享。产生销售后，用户就可以直接获得佣金返利，而发货和售后服务都由拍拍小店的商家来解决。具体操作流程如下：

（1）进入微信，单击“我的钱包→京东精选”（如图 3-48 所示）。

（2）进入“京东精选”页面，单击拍拍小店供货广告，进入拍拍小店分销页面（如图 3-49 所示）。

图 3-48　京东精选页面

图 3-49　拍拍小店供货广告

（3）选择转发或代理，也可直接单击“我要找货”按钮挑选更多分销商品（如图 3-50 所示），选中你喜欢代理的产品，单击“代理”按钮。如果不愿意代理了，则可选择“取消代理”按钮（如图 3-51 所示）。

（4）如果所代理的微店产生销售的话，你就会获得一定比例的佣金提成（如图 3-52 所示）。

图 3-50　找货

图 3-51　选择“代理”或选择“取消代理”

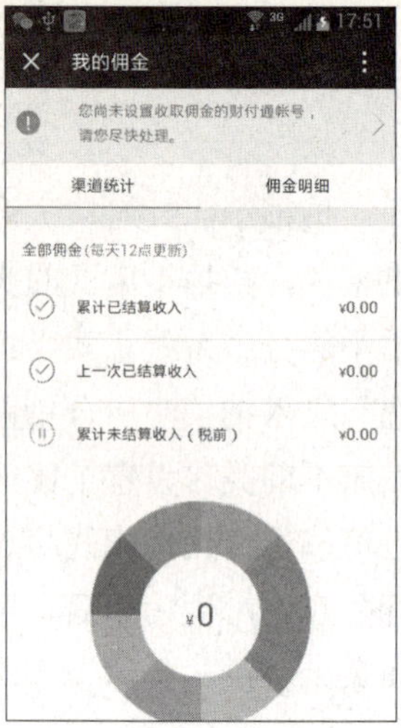

图 3-52　获取佣金提成

3.4　拍拍小店营销管理

活动促销、价格折扣、优惠措施等是电商运营产品销售过程中最为重要的一个环节，这一点在微店运营过程中也同样重要，拍拍小店针对最常见的营销手段专门设置了一个专区——营销管理。到目前为止，“营销管理”活动专区主要包括批发价、签到、优惠券、满减满送等营销活动（如图 3-53 所示）。

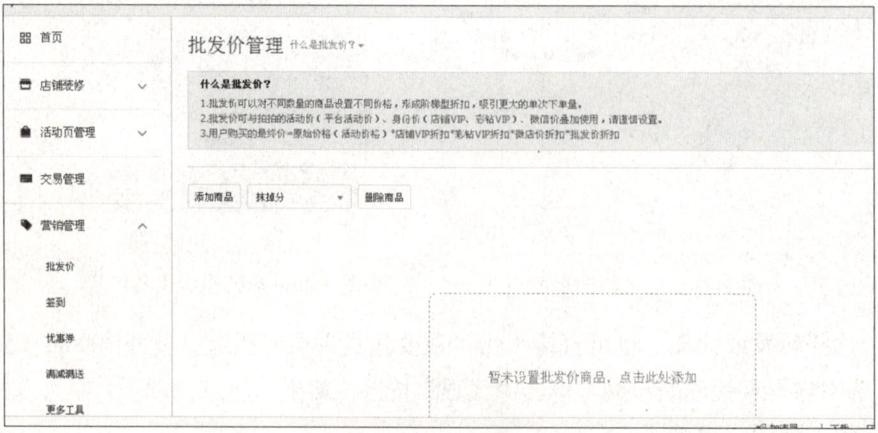

图 3-53　“批发价管理”页面

3.4.1　批发价

批发价可以对不同数量的商品设置不同的价格，形成阶梯形折扣，吸引更大的单次下单量。批发价可与拍拍的活动价（平台活动价）、身份价（店铺 VIP、彩钻 VIP）、微信价叠加使用，用户购买的最终价=原始价格（活动价）×店铺 VIP 折扣×彩钻 VIP 折扣×微店价折扣×批发价折扣，因此微店主在设置的时候，请谨慎设置。具体操作如下：

（1）单击拍拍小店管理后台页面中的“营销管理→批发价”，再单击“添加商品”按钮（如图 3-54 所示）进入“添加商品”页面（如图 3-55 所示），选择所需商品，单击“确定”按钮，则商品已经添加（如图 3-56 所示）。

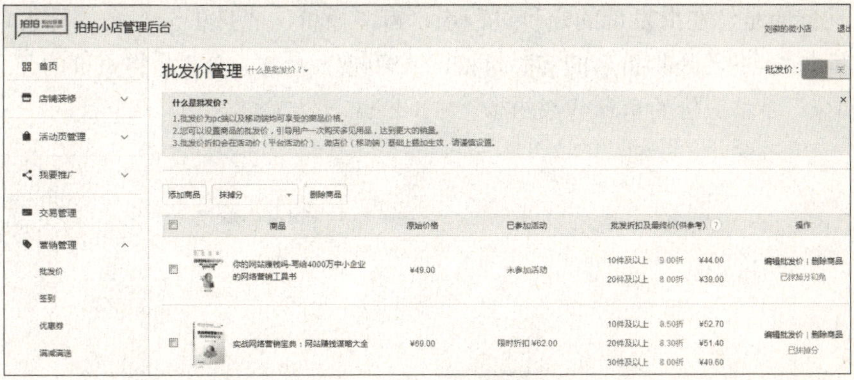

图 3-54　添加批发价商品

图 3-55　添加商品页面

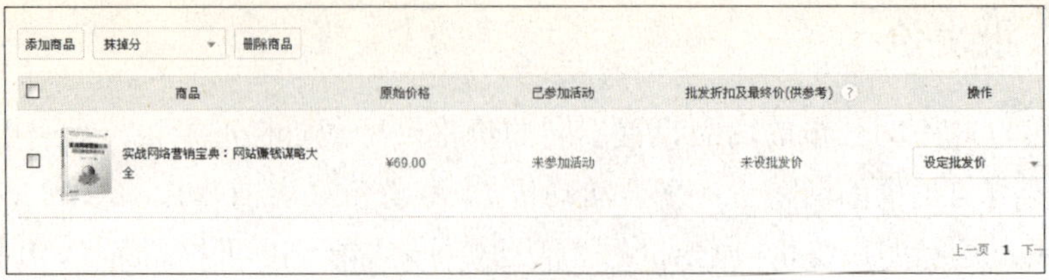

图 3-56　商品已经添加页面

（2）在“商品已经添加”页面，勾选需要进行批发价处理的商品，单击“设定批发价→添加批发价”（如图 3-57 所示）进入“编辑批发价”页面；我们可以设置不同的数量进行打折，单击“确定”按钮就完成了整个产品的批发价设置（如图 3-58 和图 3-59 所示）。

需要注意的是，在批发价的定价过程中，有“原价”、“抹去分”和“抹去角和分”3 个选项，其中“原价”是打折后的实际价格，精确到分；“抹去分”是将原价的分直接归零；“抹去角和分”是将原价的角和分都归零。

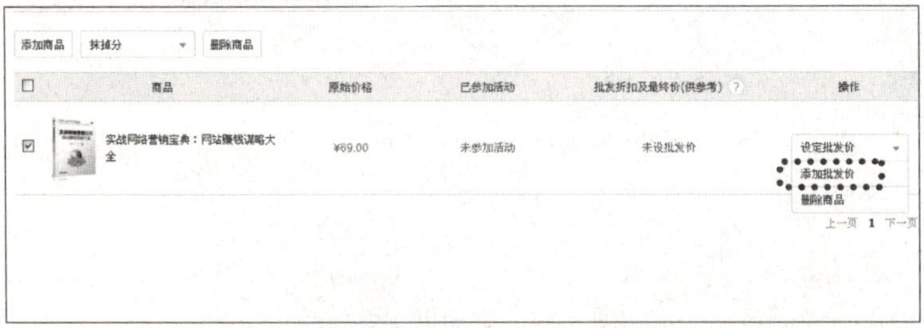

图 3-57　设定批发价页面

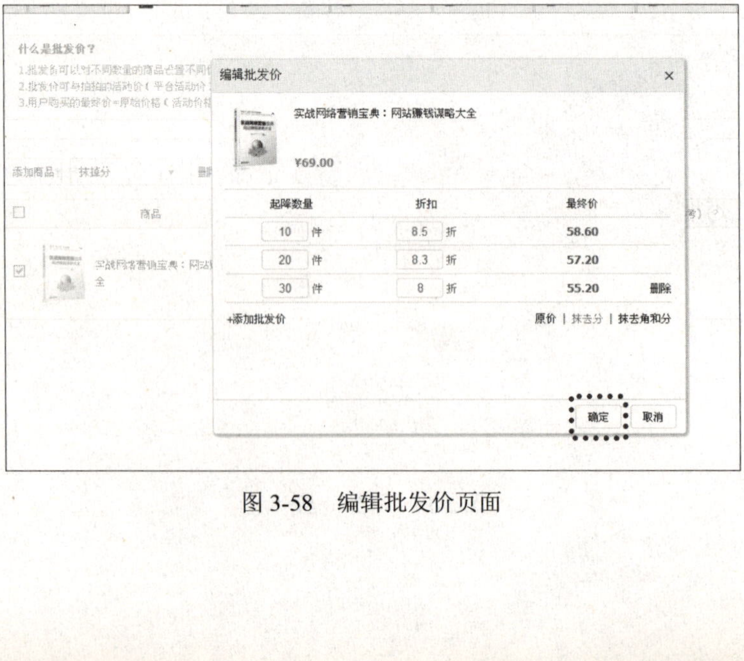

图 3-58　编辑批发价页面

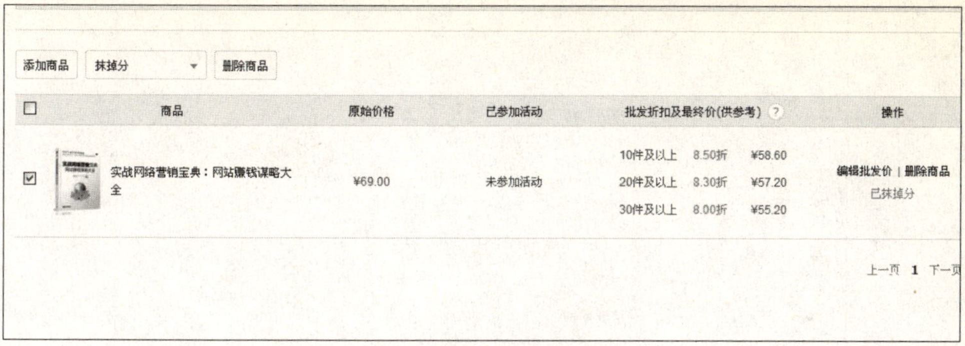

图 3-59　批发价设置完成页面

3.4.2　签到

签到是为卖家提供的店铺营销工具，买家签到就会得到优惠，从而提升老客户的回访率。具体操作如下：

（1）进入 PC 端“拍拍小店管理后台”页面，单击“营销管理”下的“签到”按钮，单击“新建签收活动”按钮（如图 3-60 所示），进入“签到管理”设置页面（如图 3-61 所示），按照活动规则设置依次填写，核对无误后单击“生效”按钮即可完成（如图 3-62 所示）。

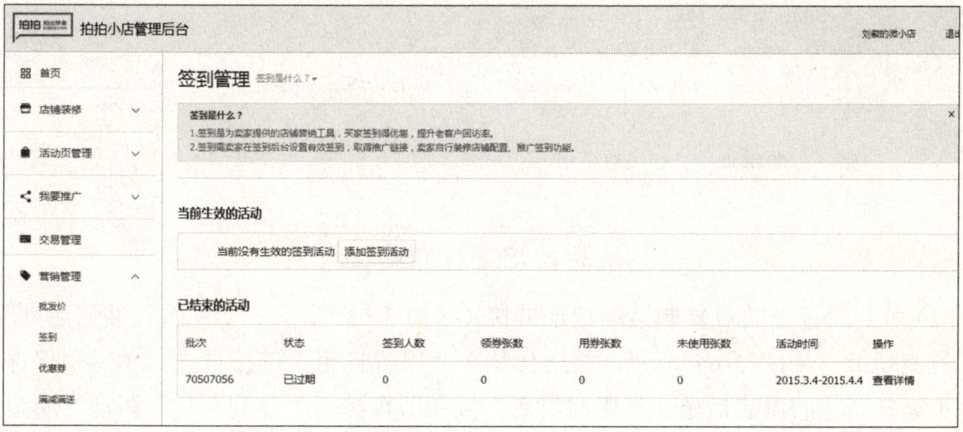

图 3-60　签到管理页面

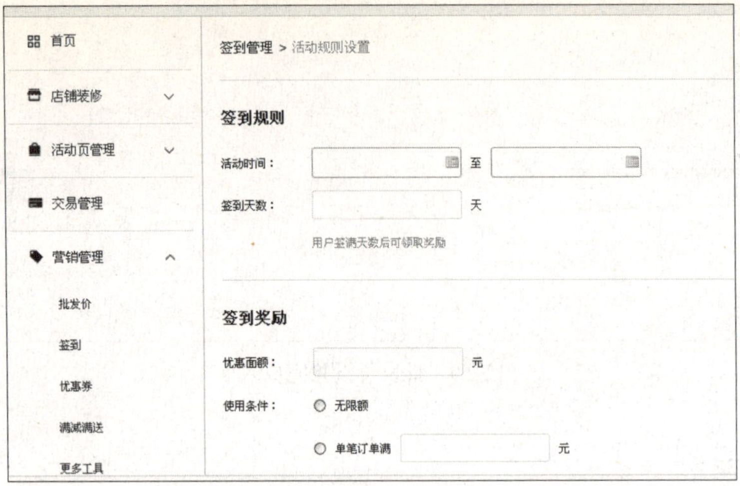

图 3-61 “签到管理”设置页面

图 3-62 签到设置成功页面

（2）签到设置生效后复制活动地址链接（如图 3-63 所示），卖家自行装修店铺配置、推广签到功能。如图 3-64 所示，将链接加入“限时特惠”链接框内，单击“保存”按钮，买家打开你的微店后单击“限时特惠”按钮即可参与“签到有礼”活动（如图 3-65 所示）。

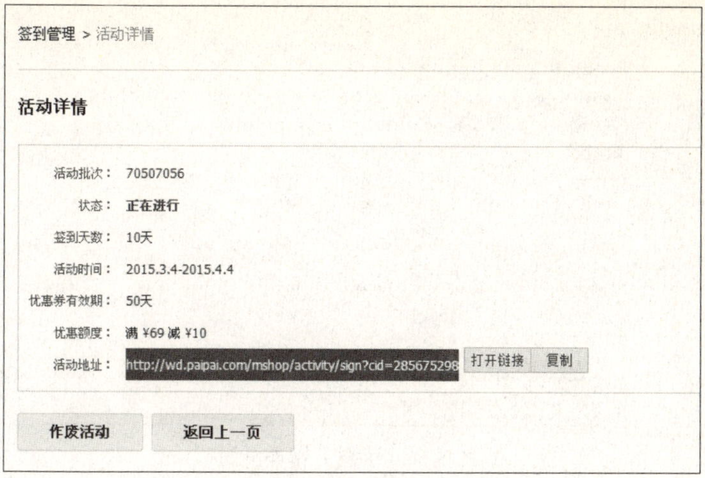

图 3-63　复制“签到”链接地址

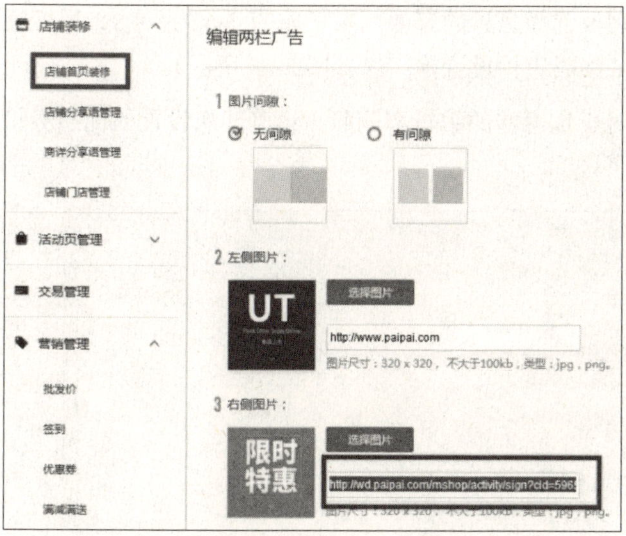

图 3-64　设置签到页面

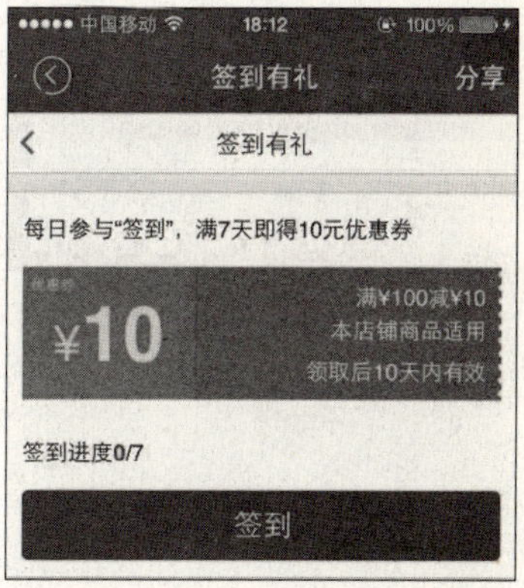

图 3-65　“签到有礼”页面

3.4.3　设置优惠券

优惠券是店铺与买家沟通的另一个渠道，它在给买家带来优惠的同时，也促进了店铺的销量，赢得了复购率。那么该如何设置好优惠券，更好地将买家与卖家联系在一起呢？

（1）进入“拍拍小店管理后台”页面，单击“营销管理”下的“优惠券”按钮进入“店铺优惠券管理”页面（如图 3-66 所示）。

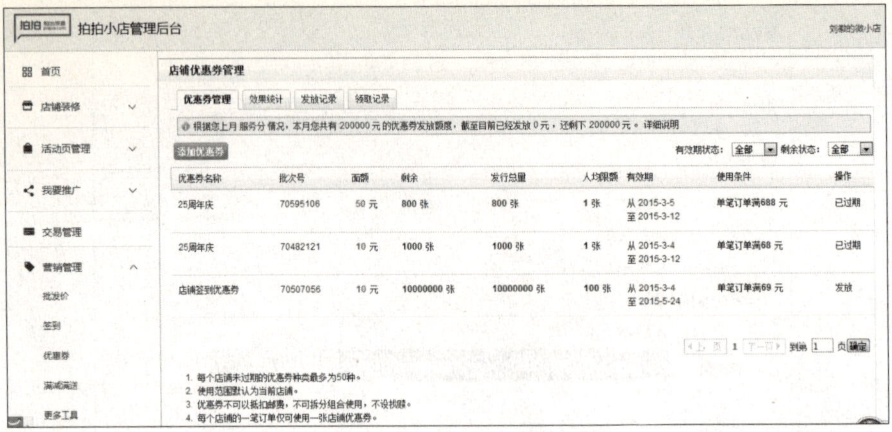

图 3-66　优惠券管理页面

（2）单击“添加优惠券”按钮，按照设置规则依次填写，需要重点注意单张面额和总量的设置，同时要根据你的活动计划设置优惠券的有效期限（如图 3-67 所示）。提交完成后你将可以获取该优惠券的链接和二维码进行设置推广（如图 3-68 所示）。

需要注意的是，由于暂不支持对于优惠券的编辑和删除，请确认您设置的优惠券信息无误后再提交。

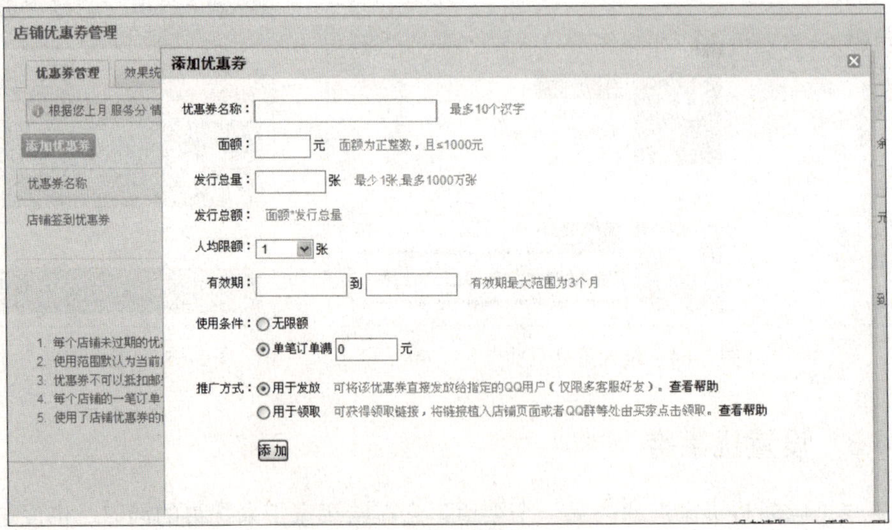

图 3-67　填写优惠券信息页面

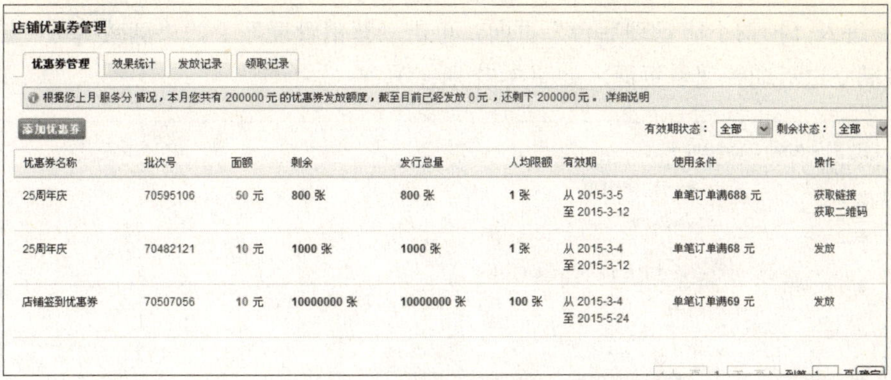

图 3-68　优惠券设置完成页面

复制该优惠券的链接至店铺首页装修，将该链接添加到首页广告栏页面中，单击“保存”按钮（如图 3-69 所示）。买家打开你的微店后单击相关活动页面即可获得店铺优惠券，该优惠券将自动进入买家“拍拍-我的券”内（如图 3-70 所示）。

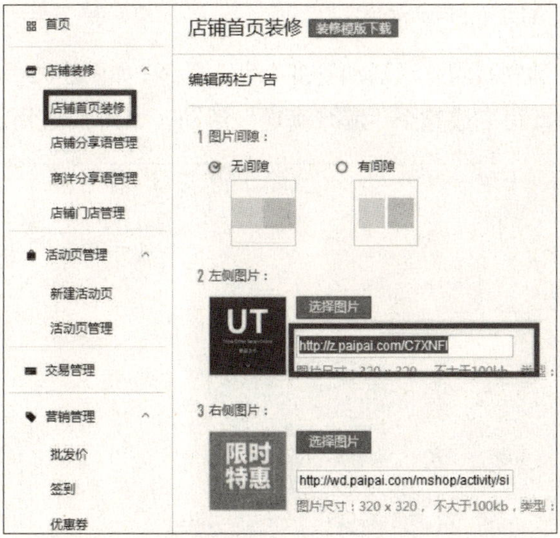

图 3-69　复制优惠券的链接至店铺首页装修页面

图 3-70　买家收到优惠券

3.4.4　满减满送

“满减满送”是指为了买家购买更多的产品，当购买金额达到一定程度时进行一定的减免或赠送礼品的促销活动，其最终目的是为了帮助店铺提高销售业绩。具体操作办法如下：

（1）进入“拍拍小店管理后台”页面，单击“营销管理”下的“满减满送”按钮进入“满立减满立送活动管理”页面（如图 3-71 所示）。

图 3-71 “满立减满立送活动管理”页面

（2）单击“创建活动”按钮，进入“满立减满立送活动管理”编辑页面（如图 3-72 所示）；按照要求进行编辑，单击“确定”按钮即可完成整个“满减满送”活动（如图 3-73 所示）。

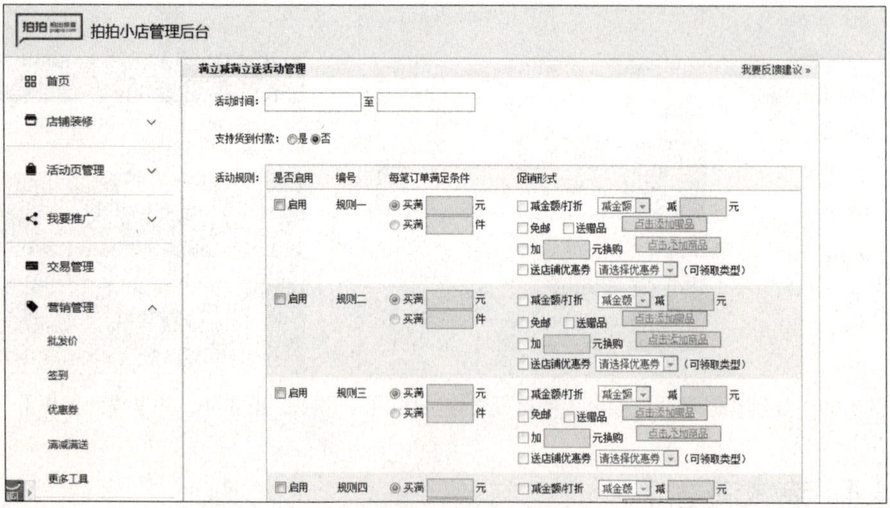

图 3-72 “满立减满立送活动管理”编辑页面

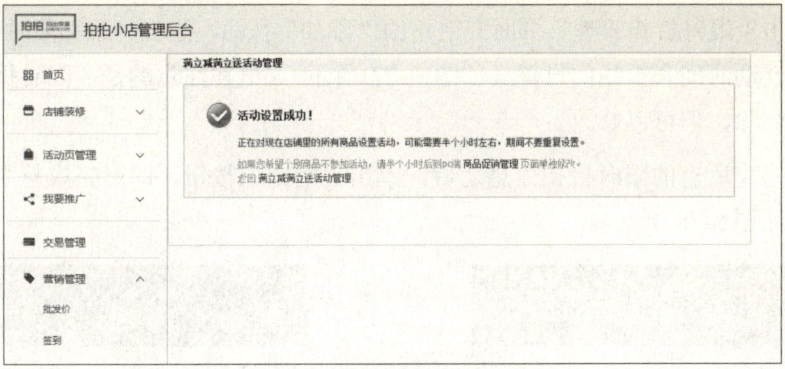

图 3-73　完成“满减满送”活动设置页面

3.4.5　限时折扣

除上述 PC（电脑）端微店后台的 4 种营销管理工具之外，我们在第 2 章提到过，手机端拍拍小店还有两个营销管理工具：限时折扣和阶梯价（如图 3-74 所示）。其中限时折扣可以对不同时间段的商品设置折扣价格，形成阶梯形折扣，吸引更大的单次下单量。值得注意的是，限时折扣可与拍拍的活动价（平台活动价）、身份价（店铺 VIP、彩钻 VIP）、微信价叠加使用，所以微店主们在设置限时折扣的时候，需要谨慎设置。

（1）通过手机单击拍拍小店首页的“营销工具”按钮，进入拍拍小店营销工具页面（如图 3-75 所示）；然后单击“限时折扣”按钮进入“限时折扣管理”页面（如图 3-76 所示）。

图 3-74　拍拍小店工具栏页

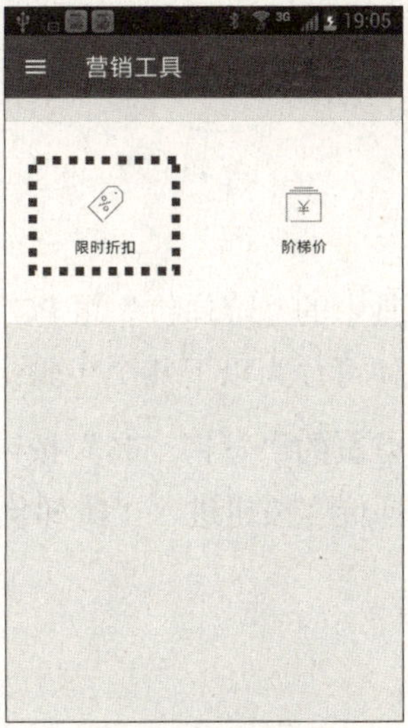

图 3-75　营销工具页面

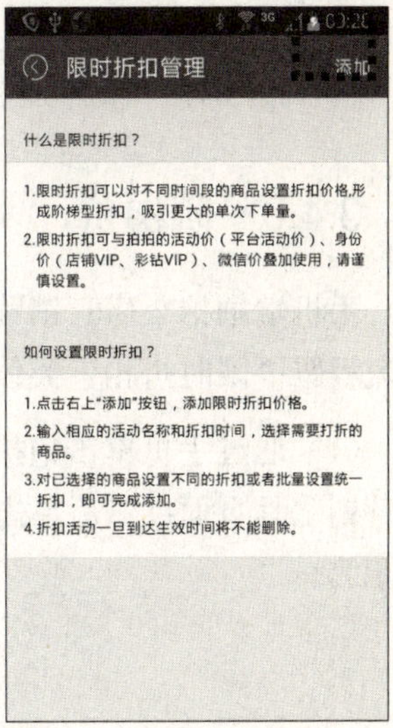

图 3-76　“限时折扣管理”页面

（2）单击“限时折扣管理”页面右上角的“添加”按钮，进入“添加限时折扣”页面；设置时注意活动时间和折扣的设置（如图 3-77 所示）。值得注意的是，限时折扣一旦设置生效将不能删除，但可以修改。

（3）填写完所有的限时折扣信息之后，单击“确定”按钮，即可完成整个限时折扣的设置过程（如图 3-78 所示）。

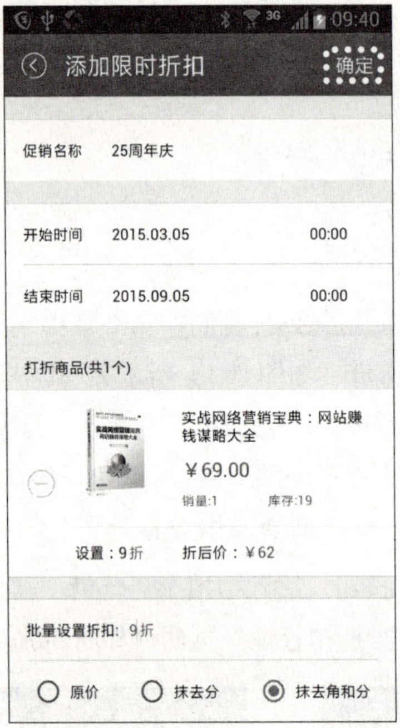

图 3-77 “添加限时折扣”页面

图 3-78 限时折扣设置完成

3.4.6 阶梯价

手机端拍拍小店营销管理工具中的“阶梯价”跟 PC（电脑）端的批发价是相同的，操作流程跟“限时折扣”类似，具体可分为以下几个步骤：

（1）通过手机单击拍拍小店首页的“营销工具”按钮（如图 3-79 所示），进入拍拍小店营销工具页面；然后单击“阶梯价”按钮进入“阶梯价管理”页面（如图 3-80 和图 3-81 所示）。

图 3-79 拍拍小店营销工具页面

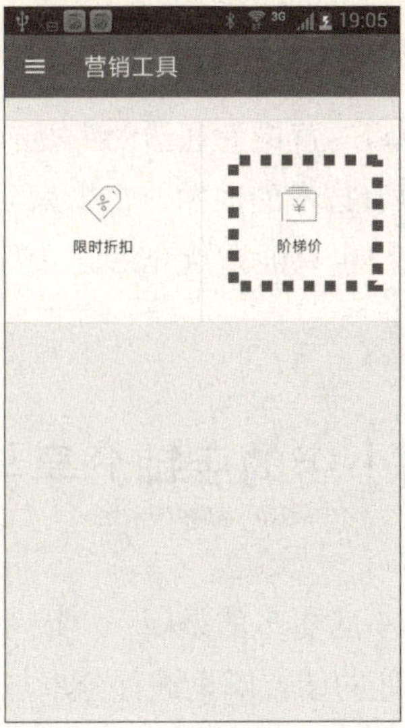

图 3-80 营销工具页面

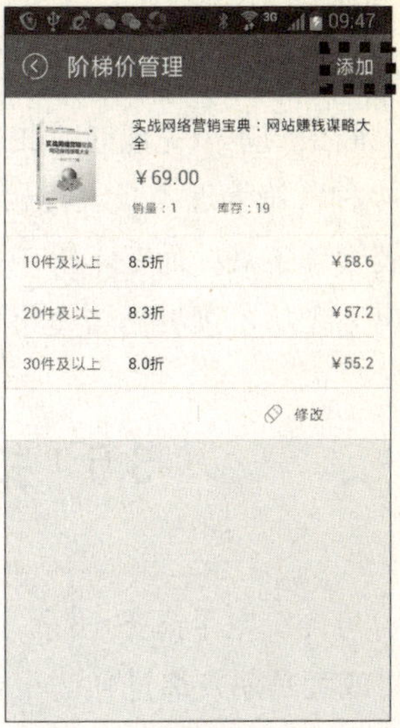

图 3-81 “阶梯价管理”页面

（2）单击“阶梯阶管理”页面右上角的“添加”按钮，进入“请选择商品”页面（如图 3-82 所示）；选择所需要进行阶梯价的商品，按照要求设置阶梯价（如图 3-83 所示）。需要注意的是，跟限时折扣一样，阶梯价一旦设置生效将不能删除，但可以修改。

（3）设置完阶梯价信息之后，单击“保存”按钮则完成了整个阶梯价设置过程（如图 3-84 所示）。

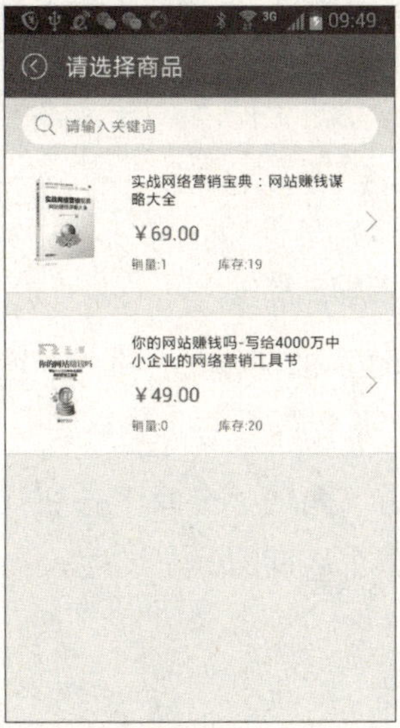

图 3-82 选择商品

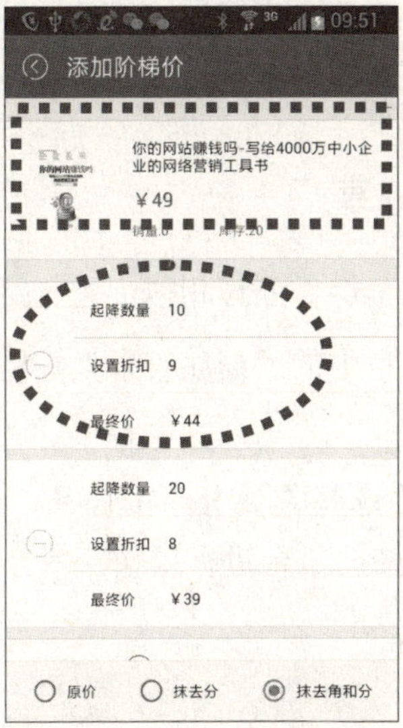

图 3-83 设置阶梯价

图 3-84 阶梯价设置完成

3.4.7 更多工具

截止到本书完成时，拍拍小店的营销管理活动主要有批发价、签到、优惠券、满减满送 4 种营销管理工具。我相信随着技术的成熟，在未来会根据商家的要求，开发出更多的营销管理工具；而在本书中，我们也只能重点介绍这 4 种工具，其他的需要等到新工具开发出来之后，读者再去慢慢研究。

3.5 拍拍小店的店铺分享与商品分享

与传统电子商务不同，拍拍小店更多的是属于“圈”经济，更多的是通过自己在朋友圈，或者是朋友通过你的平台在他的朋友圈里进行分享与传播。因此，对于拍拍小店而言，分享与传播是非常重要的环节，我们必须要重视起来。

拍拍小店分享可以分为两种：店铺分享和商品分享。从技术操作上来看，这两种分享操作流程都非常简单。

3.5.1 拍拍小店店铺分享

（1）单击拍拍小店首页的“我的店铺”按钮（如图 3-85 所示），进入“我的店铺”页面。

（2）在“我的店铺”中单击“分享店铺”按钮（如图 3-86 所示），然后选中下方相应的平台进行操作，就完成了整个店铺的分享过程。

3.5.2 拍拍小店商品分享

拍拍小店商品分享和店铺分享操作原理相似，也包括两个步骤：

（1）单击拍拍小店工具导航栏中的“商品管理”按钮（如图 3-87 所示），进入“商品管理”页面。

（2）在“商品管理”页面中选择你要分享的商品，单击右下角的“分享”按钮（如图 3-88 所示），然后选中下方相应的平台进行操作，就完成了整个店铺的分享过程。

图 3-85　单击“我的店铺”按钮

图 3-86　分享店铺

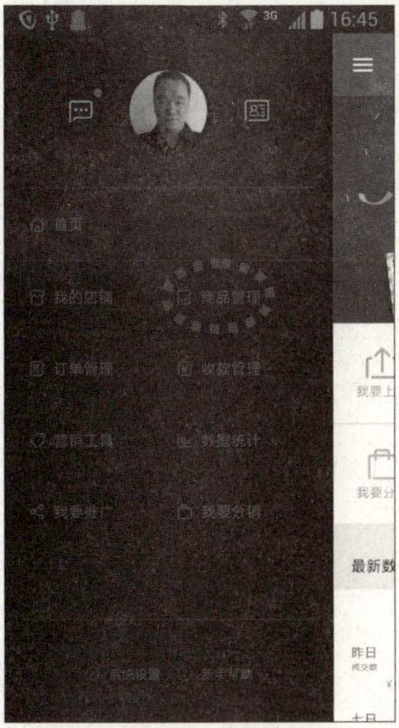

图 3-87　单击“商品管理”按钮

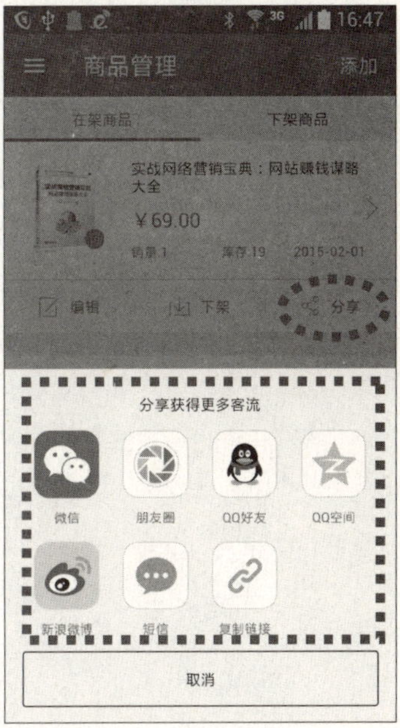

图 3-88　分享店铺

至于拍拍小店店铺分享或商品分享营销性的技巧，我们将在后面的章节中再做介绍。

第 4 章

拍拍小店的订单管理和售后服务

在我们进行完微店装修、产品上传和推广之后，接下来的工作就是拍拍小店的订单管理和售后服务工作了；但在了解这两个概念之前，我们先聊聊拍拍小店的购物流程。毕竟微店是一个新鲜的事物，大家对微店的接受还需要一个过程；因此笔者建议，卖家在经营拍拍小店的时候，应该先完整地体验一下在微店上购物的整个流程。这样，买家在咨询的时候，卖家就知道该怎么回答了。

4.1　拍拍小店购物流程

任何产品的销售无外乎都是以下 4 个步骤："找到你"；"了解你"；"满意你"；"购买你"。为了更好地阐释拍拍小店购物流程，我们主要介绍"找到你"和"购买你"两个流程，其大致可以分为以下几个步骤。

4.1.1　买家进入卖家拍拍小店

对于卖家来说，要想让买家购买你拍拍小店里面的产品，首先需要解决的就是让买家"找到你"，并且最终进入你的拍拍小店平台。目前关于拍拍小店"找到你"的办法主要有以下 4 种方式。

1．通过卖家分享的商品或店铺链接

这是买家进入店铺最常用的方法，在本书的前面我们花了很多篇幅介绍微店的推广，广大的微店商们每天不断地辛苦工作就是为了让更多的买家通过这种模式进入你的店铺。

2．通过扫描微店二维码进入

将拍拍小店信息设置在二维码里，顾客可以通过扫描二维码进入微店（如图 4-1 所示）。

图 4-1　某拍拍小店二维码

3．通过拍拍 APP 搜索产品或店铺名称

当然这里需要买家下载一个拍拍 APP（如图 4-2 所示），下载的方式跟拍拍小店的下载方式一样，在这里我就不重复了。打开拍拍 APP（如图 4-3 所示），单击"搜索"按钮进入搜索页面（如图 4-4 所示），输入你需要的产品名称，就可以找到你所需要的产品了（如图 4-5 所示）。当然你也可以搜索店铺，操作方式与搜索产品相同，在这里就不重复阐述了。

图 4-2　拍拍 APP 图标

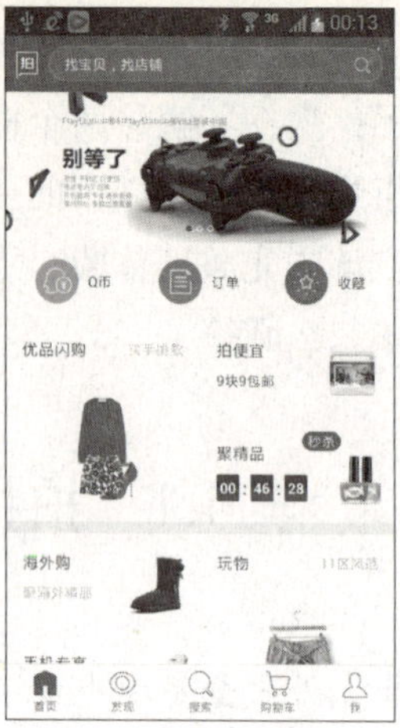

图 4-3　拍拍 APP 页面

图 4-4　拍拍 APP 产品搜索页面

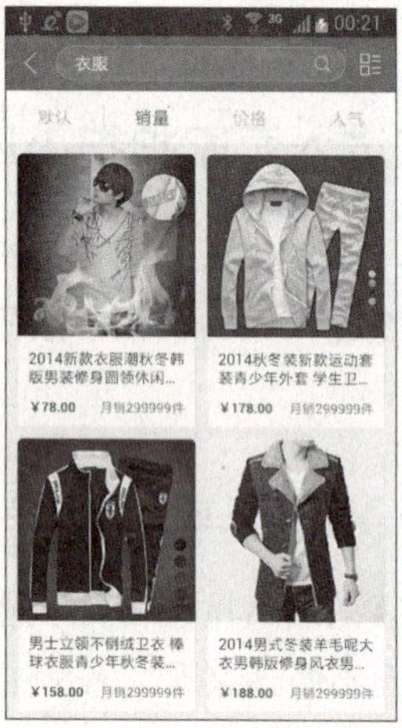

图 4-5　搜索页面结果页面

4．通过收藏夹进入店铺

如果买家已经收藏了你的微店店铺，那么他们可以通过收藏夹单击你的微店，进入你的微店店铺。

4.1.2　买家购买流程

买家的整个购物流程大致分为以下几个步骤：

1. 选中购买

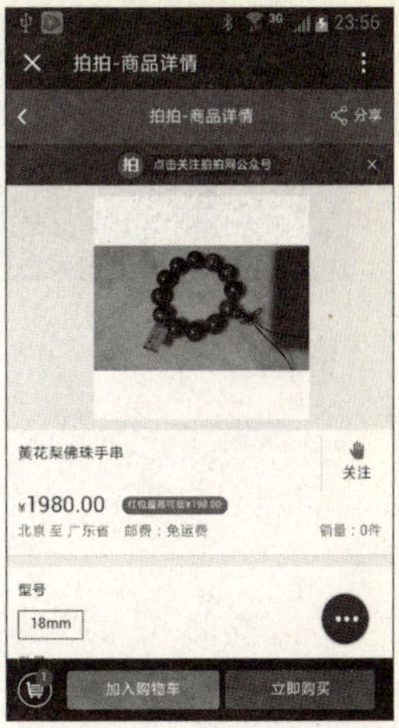

图 4-6　选中购买

当买家进入某卖家的拍拍小店平台，并且选中某产品之后（如图 4-6 所示），接下来就可以进行购物了。整个操作流程比较简单，有两种方式：第一种直接单击“立即购买”；第二种先加入购物车，再单击“购物车”按钮进入购物车页面进行结算。整个操作流程跟淘宝购物差不多。

2. 买家的收件信息

在单击“立即购买”或通过购物车单击“确定结算”之后，将进入订单确认页（如图 4-7 所示）；在订单确认页的下方有“送至”两个字，这里是买家的收件地址，你只需要单击这个框，则进入买家收件信息编辑页面，然后输入相关信息即可（如图 4-8 所示）。一旦你完成这些信息，买家以后在使用拍拍小店时，就不需要重新填写信息了。如果收件人的基本信息需要修改，只需要单击这个框，进入买家收件信息编辑页面，对原地址进行修改或者新增收件地址即可（如图 4-9 所示），操作过程非常简单。

图 4-7　订单确认页面

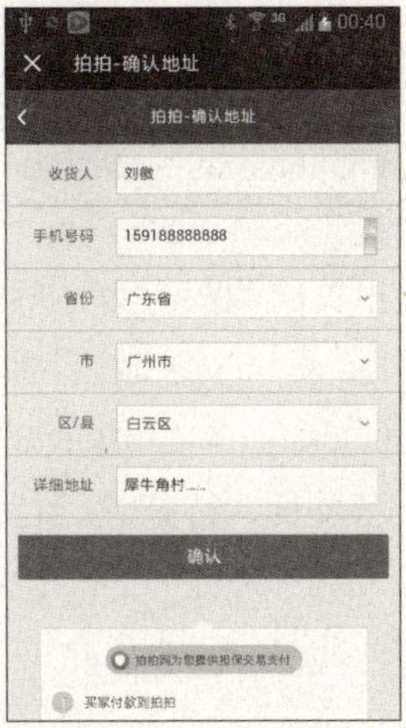

图 4-8　买家收件信息编辑页面

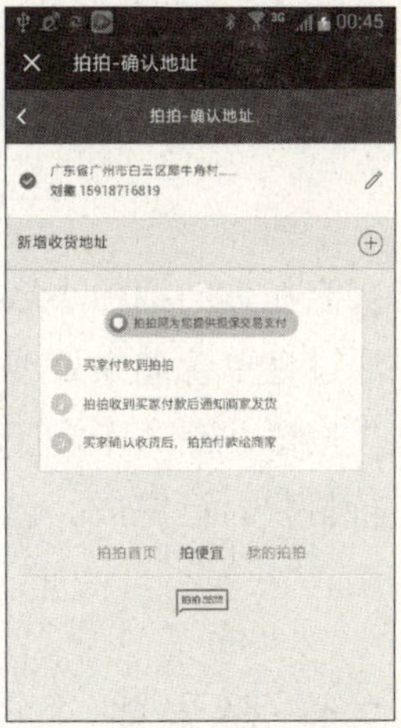

图 4-9　新增或修改售后地址

3. 买家付款

当我们填写好收件人信息之后，买家就可以支付了；直接单击“立即支付”按钮（如图 4-10 所示），然后输入需要支付的账号和密码（如图 4-11 所示），即可完成整个购物流程。

支付成功之后，买家的微信支付就会给你发送一条支付成功的信息通知（如图 4-12 所示）。

图 4-10　单击“立即支付”按钮

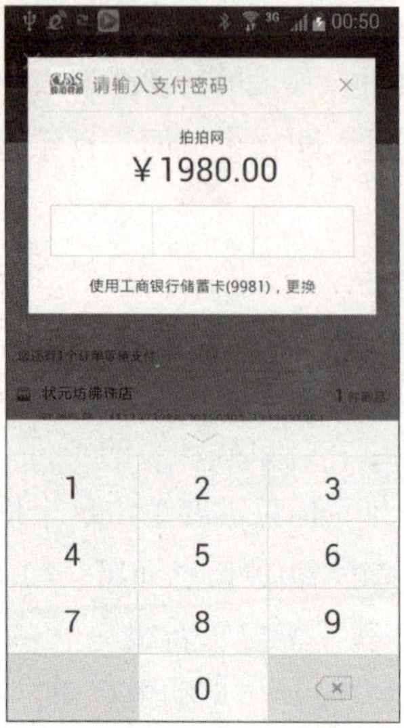

图 4-11　输入支付密码

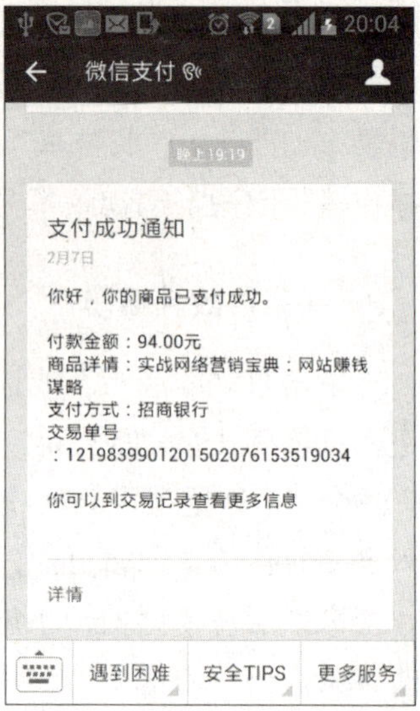

图 4-12　支付成功的信息通知

4.2　拍拍小店的订单管理

当买家在你的拍拍小店中做出相关的购买行为之后，卖家就可以通过订单管理来处理这些行为。卖家登录微店，单击“订单管理”按钮，在“订单管理”页面（如图 4-13 所示）完成待发货、待付款、已完成、已取消、已发货、待打款、待退款等内容。

图 4-13　“订单管理”页面

4.2.1　待发货

待发货订单就是买家已经付款的订单，需要卖家处理发货。买家已经付款的订单，微店会自动发邮件到卖家的 QQ 邮箱上，提醒卖家尽快处理发货（如图 4-14 所示），同样你的微店信息中心也会收到订单信息（如图 4-15 所示）。

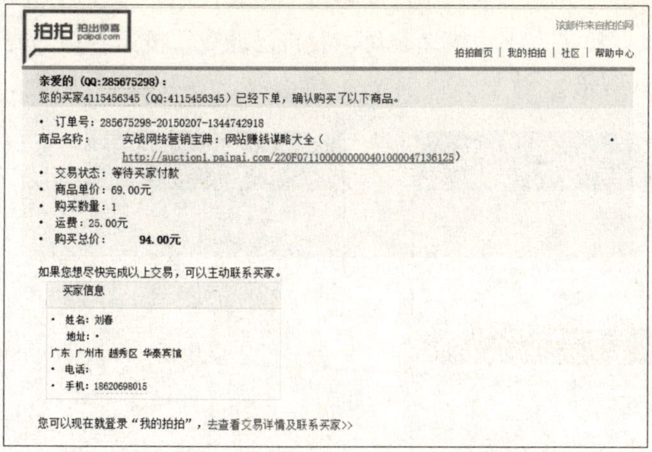

图 4-14　邮件提醒卖家尽快处理发货

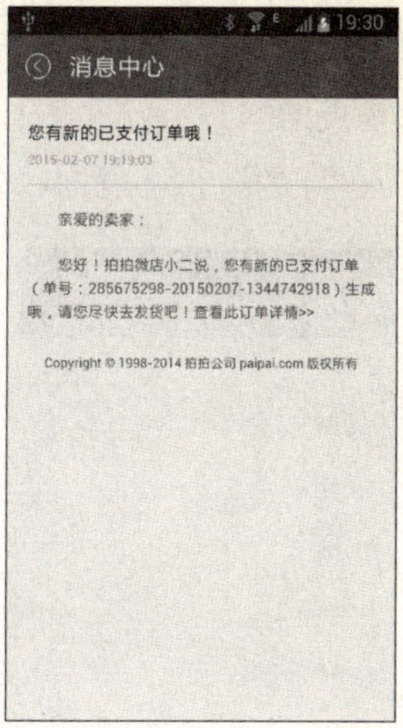

图 4-15　微信"信息中心"的订单信息

这个时候你就可以打开微店"订单管理"的"待发货"页面，单击右下角的"发货"按钮（如图 4-16 所示）。

发货方式有两种："使用快递物流发货"和"不用快递公司，我自己送货"（如图 4-17 所示）。

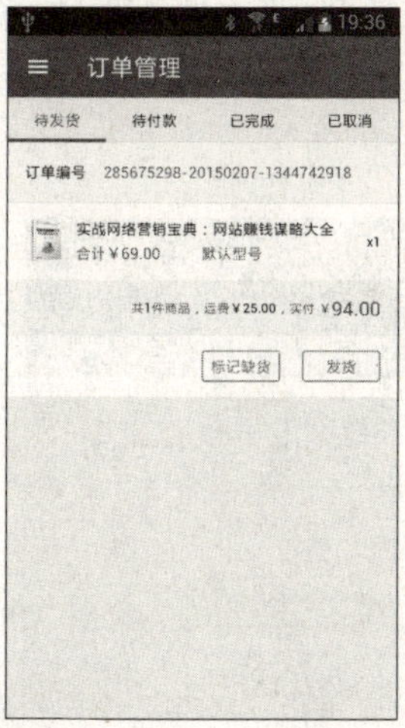

图 4-16　单击"发货"按钮

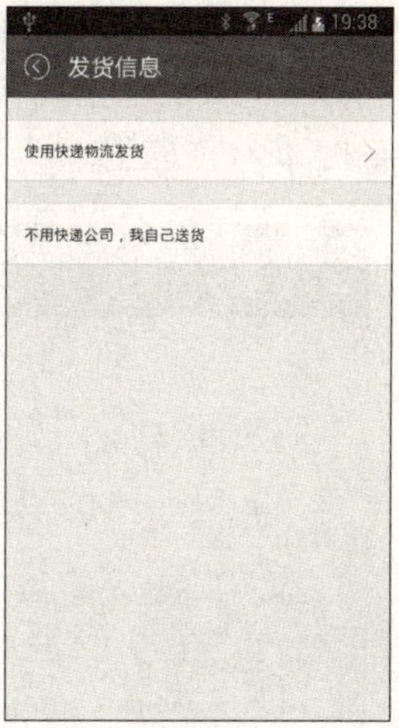

图 4-17　"发货信息"页面

如果你要发快递的话，目前微店支持顺丰速运、邮政 EMS、"四通一达"、宅急送等国内常见的快递公司（如图 4-18 所示）；你可以直接扫描或者输入订单号，然后单击"发货"按钮就完成了整个发货过程（如图 4-19 所示）。

如果买家是你附近的邻居，或者因为其他原因，不需要物流公司发快递，可以选择线下将货物发给客户；这个时候，你可以单击“不用快递公司，我自己送货”按钮，整个流程就进入“已发货”流程（如图 4-20 所示）。

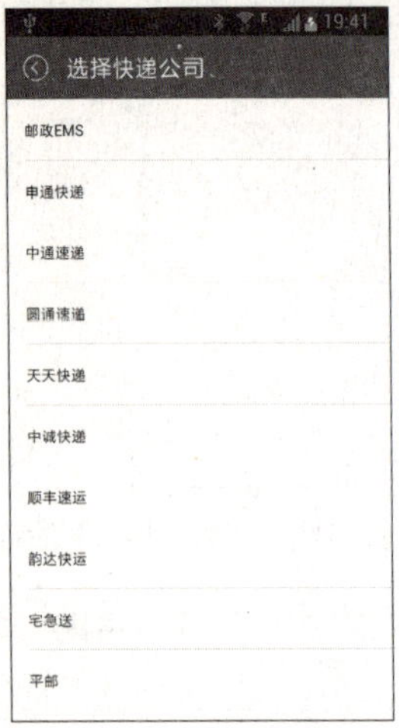

图 4-18　微店合作快递公司

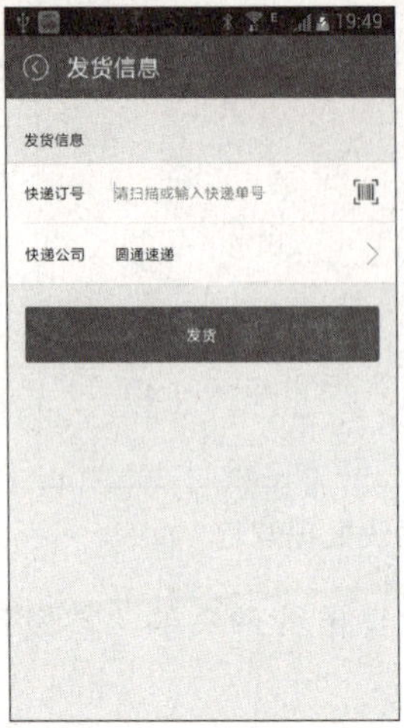

图 4-19　微店发货流程

图 4-20　订单进入“已发货”

而买家微信的拍拍网会收到一条订单标记发货通知（如图 4-21 所示），单击“详情”按钮，进入“订单详情页”页面（如图 4-22 所示），你可以通过“查看物流”随时查询最新物流信息。当你收到货并且觉得满意的时候，可以单击“确认收货”按钮，就完成了整个收货流程（如图 4-23 所示）。

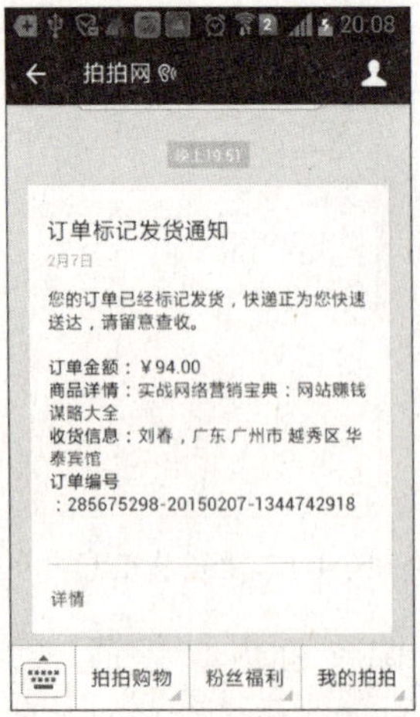

图 4-21　订单标记发货通知

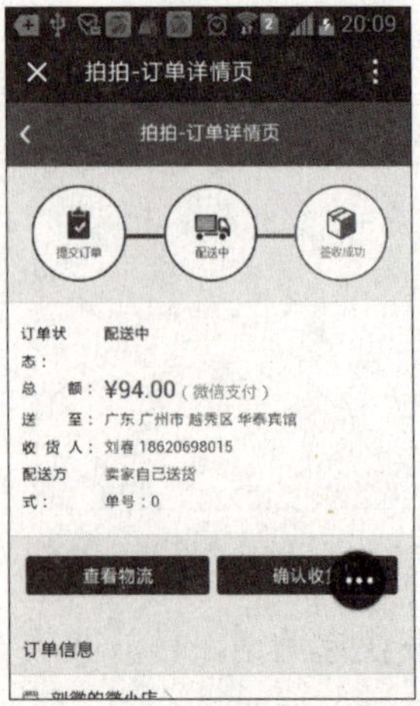

图 4-22　“订单详情页”页面

当买家已经确认收货之后，你的整个订单就完成了（如图 4-24 所示），而订单的相关信息也可以在“已发货”导航栏中看到（如图 4-25 所示）。

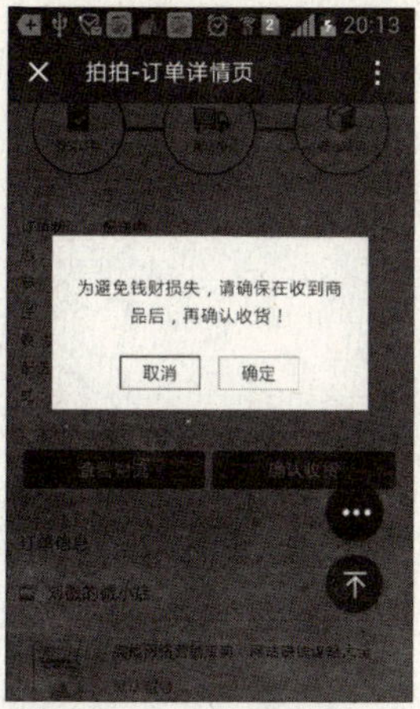

图 4-23　确认收货页面

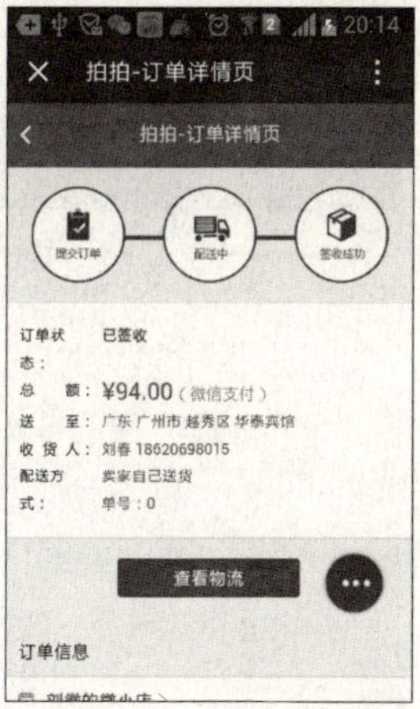

图 4-24　订单完成页面

图 4-25　“已发货”页面

4.2.2　待付款

待付款订单（如图 4-26 和图 4-27 所示）也需要卖家及时了解，尤其是那些已经填写了完整收件人信息的待付款订单。买家填写完收件人信息，就说明买家非常有购买意愿，只是还没有付款，可能是在付款环节中出了问题；这个时候，卖家就应该主动联系买家询问原因，并帮助买家完成支付。

图 4-26　待付款订单

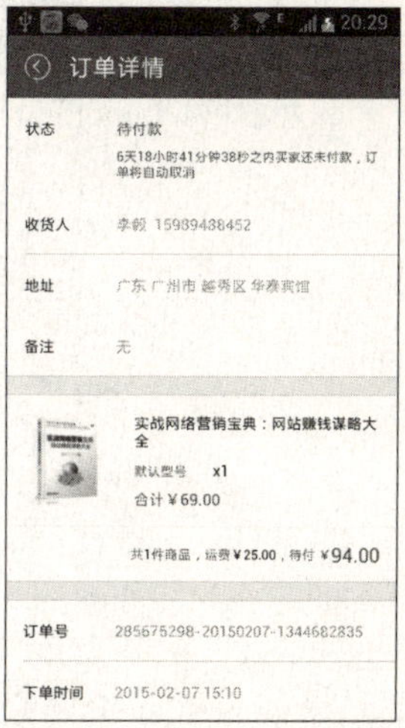

图 4-27　待付款订单详情页面

4.2.3 已完成

已完成的订单就是指卖家已经处理过的订单，卖家已经发货的订单买家还没有收到，买家就会询问卖家的发货情况（如图 4-28 所示）。

图 4-28　已完成订单

4.2.4 已取消

已取消订单是指买家购买你的产品后因为某种原因而取消的订单（如图 4-29 所示）。

图 4-29　已取消订单

4.2.5　已发货

已发货订单是指买家已经付款，卖家已经发货，并且在微店订单管理中心完成发货信息的订单。通过已发货订单我们能及时了解订单运送过程中的详细情况（如图 4-30 所示）。

图 4-30　已发货订单

4.2.6　待打款

待打款订单是指拍拍小店主作为买家，购买其他微店上的产品，已经收到货，只是还没有确定付款的订单（如图 4-31 所示）。

图 4-31　待打款订单

4.2.7 待退款

待退款订单是指买家已经退还商品并申请退款，卖家同意退款，但还没有退款的订单（如图 4-32 所示）。

图 4-32 待退款订单

4.3 售后服务

售后服务问题确实是微店运营过程中的一大难题。一方面，卖家看到已经支付的订单后，第一时间或许并不是发货，而是通过短信告诉买家已经看到订单了，感谢买家的信任，并承诺尽快发货。另一方面，微店是个新鲜事物，买家支付后虽然会收到已经支付成功的提醒，也可以及时退款（财产并未受到损失的风险），但是心里还是没有底。所以在这个时候，卖家应该能在第一时间与买家联系，给买家一个定心丸。

当然，对于卖家来说，诚信是非常重要的，尽快发货也是应该的，选择一家好的快递公司也很重要。在安排好发货之后，卖家应尽快在微店上对订单进行处理，填写好快递单号，给买家发送一条信息，通知买家已经发货。

除此之外，拍拍小店还可以开通“在线咨询”功能，这样买家可以通过 QQ 与卖家联系。具体开通流程如下：

（1）在 PC 端（电脑）进入 WAP 开通地址：http://shang.qq.com/v3/widget.html，登录后单击推广工具页面（如图 4-33 所示）。

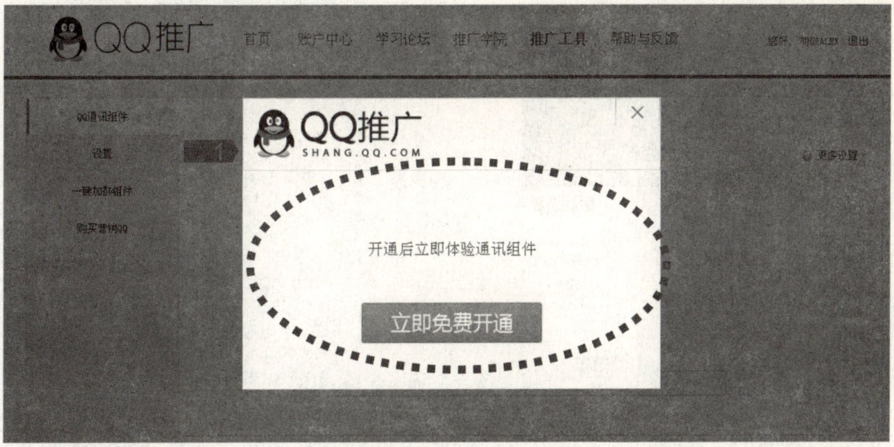

图 4-33　QQ 推广工具页面

（2）单击“立即免费开通”按钮，即开通个人 WAP 功能（注：如果没有弹出此提示框说明您已开通此功能，无须再做其他操作）；WAP 页面将出现如图 4-34 所示的页面，图中的这两处内容请忽略，无须做任何操作。

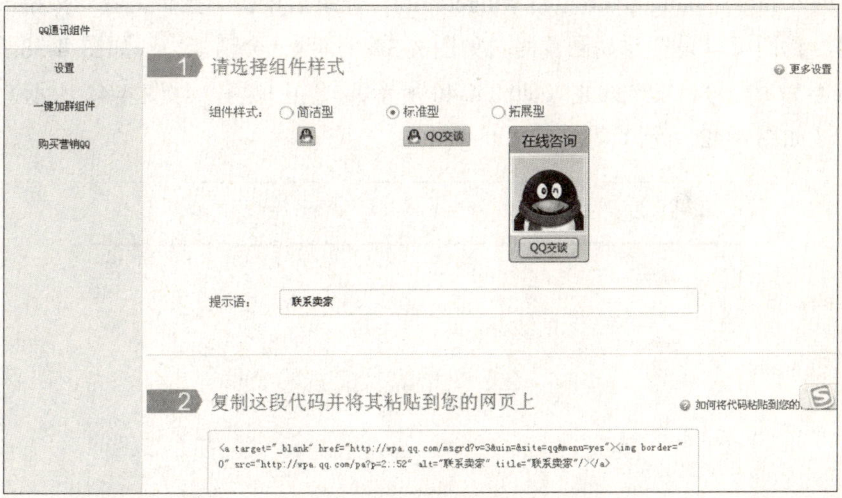

图 4-34　WAP 出现 QQ 信息页面

（3）通过 QQ 或者微信进入您的微店即可看到“联系卖家”标示（如图 4-35 所示），单击即可与卖家进行沟通（如图 4-36 所示）。

图 4-35 “联系卖家”标示

图 4-36 微店在线沟通页面

需要注意的是，目前此功能暂不支持浏览器入口，请引导买家从微信或者 QQ 进入店铺。

除此之外，我们还可以对微店在线沟通工具进行个性化设置，具体操作如下：

（1）进入 http://shang.qq.com/v3/widget.html，登录后单击“推广工具”按钮，单击“设置”按钮，我们可以设置自动回复语（如图 4-37 所示）、会话能力（如图 4-38 所示）、权限（如图 4-39 所示）、安全级别（如图 4-40 所示）、停止服务（如图 4-41 所示）以及通信组件设置（如图 4-42 所示）等。

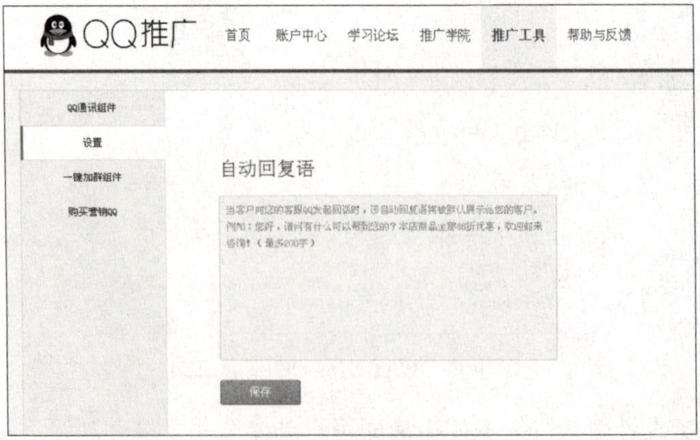

图 4-37 设置自动回复语

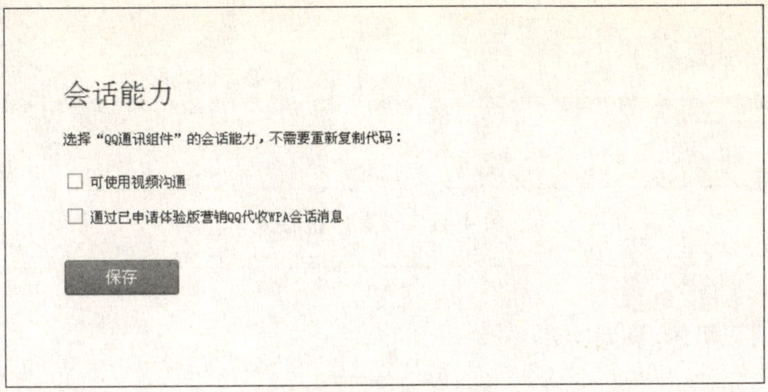

图 4-38　设置会话能力

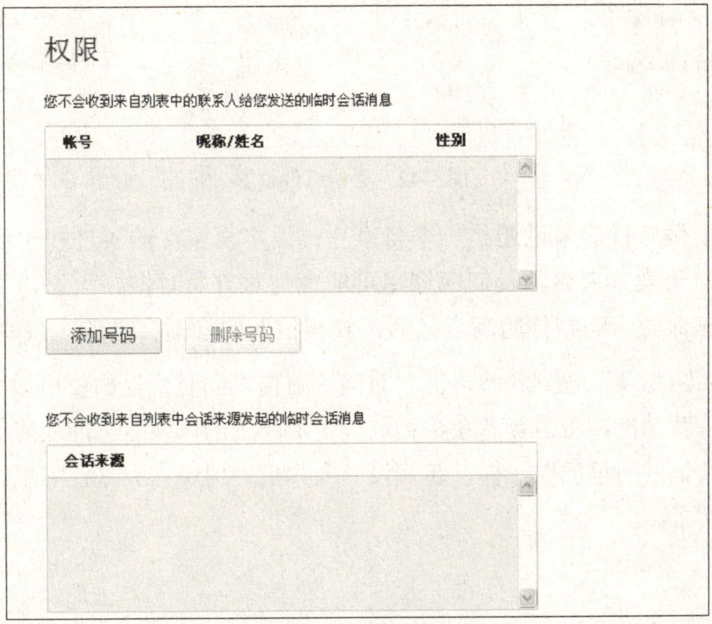

图 4-39　设置权限

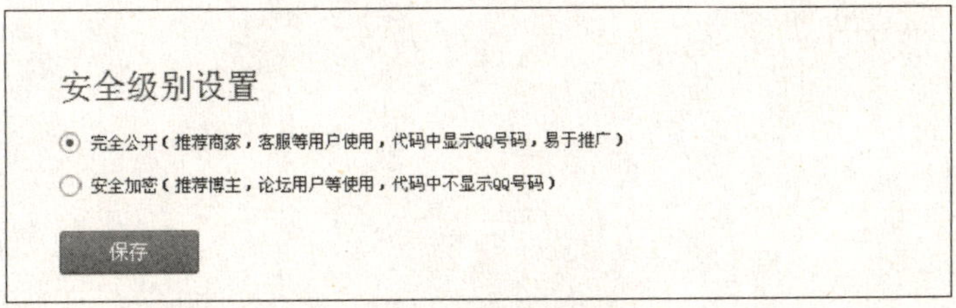

图 4-40　安全级别设置

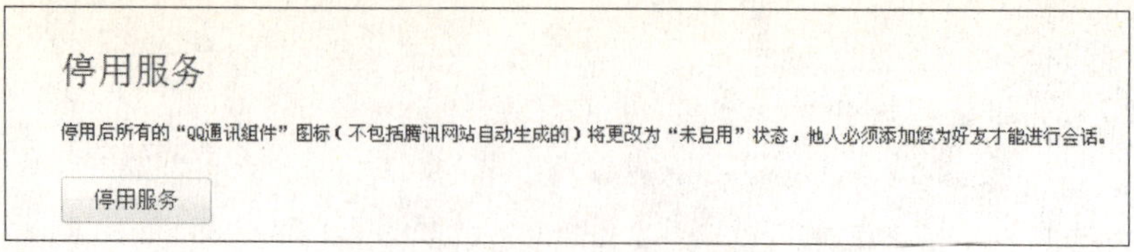

图 4-41　设置停止服务

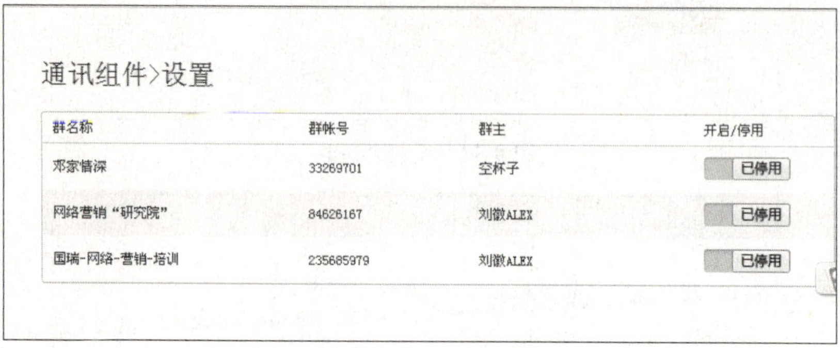

图 4-42　通信组件设置

总之，由于微店目前来说还是一个新事物，很多买家在购买过程中还是会有风险方面的担忧，而对于卖家来说，我们应该尽可能地与对方及时做好沟通，尽量满足客户的需求，一旦买家对微店购物体验满意之后，我相信他们就不会出现这么多顾虑了。

当然，微店购物从了解到熟悉，需要时间去习惯，同时我也相信拍拍小店在未来一定还会不断地完善其功能，将消费者在购物过程中所产生的风险尽可能地降低，这就犹如当年马云到处宣传他的阿里巴巴一样，起初没有人相信，但现在大家在阿里巴巴、淘宝网购物已经习以为常了。

第 5 章

移动互联网的商业法则

很多读者问我为什么现在电商越来越难做，除了刷单（不仅是淘宝、天猫，京东、一号店也同样如此），就是烧钱做广告，接下来就是做各种活动拼低价。在面对这些问题的时候，我经常要他们先了解一下互联网的商业法则，因为在我看来，产品的确是第一销售动力，搞活动拼价格也能促使销售，但一个商家要想长久健康的发展，就必须先了解互联网的商业法则，看看大家是怎么玩的，看看互联网怎么玩才能更好。

所以，我在写作本书的“微店运营”相关技巧之前，先跟大家分享一下移动互联网的商业法则是什么，这或许能给读者朋友们一些思维上的启发。

5.1 这是一个互联网的世界

如果说 30 年前，工业时代的社会财富是农耕时代的 1 000 倍，那么在互联网出现的近 30 年，可以说互联网的社会财富是工业时代的 10 000 倍。而在中国，互联网经济才刚刚开始。当然在本书中我不想过多地说农业时代、工业时代和互联网时代的相关历史，我只想说的是：从农业时代到工业时代，再到互联网时代，每一个时代都给社会带来了巨大的变革。

我想所有看到本书的读者都经历了互联网时代。在短短 20 多年的时间里，除了我们每个人生活方式的变化，我们还看到一个个老企业莫名的倒下：柯达、诺基亚、摩托罗拉等。也看到一个个新企业莫名的崛起：Google、淘宝、腾讯、百度、Facebook 等，这些企业创造的财富已经超过了许多百年企业，当然还有让我们觉得不可思议的小米、360、罗辑思维、雕爷牛腩，等等。

到底是什么原因，导致这个时代有如此大的魔力？这是值得思考的问题。但不管怎样，这个变化魔力的来源就是互联网。如果我们把现在生活的世界定义为物质世界的话，那么有很大一部分人已经逐渐生活到了另一个平行的世界——互联网世界。

互联网世界有自己的生命元素，有自己的发展规律。而这些都是想涉足互联网的人们所必须要了解、熟悉和掌握的。那么互联网世界到底是一个什么样的世界，目前还没有相关的具体描述，或许再过几年、十几年我们就知道了，但现在我们至少可以肯定的是：互联网世界是一个真实的世界，是一个与我们的物质世界相平行的世界，而且很多人已经在这个世界里生活了。例如我，从事的是互联网方面的研究，在大学教的是互联网方面的科目，做的是互联网上的生意，哪怕是购物有 80%都是从互联网上购买的。

尽管目前我们还在对互联网世界的具体情况进行摸索，但这丝毫不影响我们借助互联网世界的影响力来获得物质世界的成功。例如，小米最开始是在互联网世界建立了社群，在线下渠道都不存在的情况下，小米已经在互联网世界里有了很强的影响力，小米借助其在互联网上的影响力，当手机还没有制造出来时，就已经预订出几十万部了。

我再次强调：互联网世界是一个真实的世界，是一个与我们的物质世界相平行的世界，而我们每天都穿梭于物质世界和互联网世界之中，连接互联网世界和物质世界的节点我们每个人都有，那就是手机。当然在互联网世界里，一切都变化得太快，引用狄更斯在《双城记》中说的一句话：这是个最好的时代，也是个最坏的时代。

当然，对于互联网世界里的企业家来说：这是一个最坏的时代，也是一个最好的时代，就看你如何去抉择了。

5.2　电商的变迁

在前面的文章中已经说过，互联网世界是一个快速变化的时代，这种变化因互联网技术的改变而改变，最终改变的是人们的生活习惯，自然也会影响到电子商务行业的变化。到目前为止，电商的变迁主要包括 3 个方面：买家的变化、卖家的变化、平台的变化。

5.2.1　买家的变化

最开始大家上网买东西，只有一个理由：便宜。直到现在，这个因素一直存在。一开始有的人是为了图便宜，后来很多人上网买东西已经不是为了图便宜，而是为了避免当冤大头。如果你线下买了一件羽绒服，花了 1 900 元，身边有人跟你买的一样，却只花了 900 元，你心里是什么感受？不是说羽绒服不值 1 900 元，也不是说你花不起 1 900 元，而是你当了冤大头，所以你心里不爽！

越来越多的人已经不是因为便宜才去网购了，而是为了方便。城市越堵，电商越发达，因为大家出门购物的成本太高了。现在去北京东方广场买件衣服，怎么也得大半天吧。我基本不会在商场买东西，不知道该如何讨价还价，只有实在不能在网上买的，我才会到线下去买。

还有一部分人上网购物，是为了获得更好的品质。有人会说，线下品质岂不是更容易确定？不一定，很多东西在国内没有，或者是买家所在城市的东西质量都很一般，他们只能到线上去购买。网络上基本能覆盖所有高端奢侈品牌，甚至是贵族品牌。有人会说，不会是假的吗？当然会，所以就需要我们找一些值得信任的商家，假货不在这里的讨论范围之内。

从便宜，到方便，再到品质，买家的购物理念发生了变化，但很多卖家的思维却没有发生变化，只知道拼价格。因为他们认为所有的买家都是为了图便宜而买，他们搞活动的方法就是让价格越来越低。最后导致高利润的拼不过低利润的，低利润的拼不过赔本的，赔本的拼不过免费赠送的……生意能不难做吗？

5.2.2 卖家的变化

卖家的变化大致分为下面 3 个阶段。

最开始的那部分卖家，不需要技巧，只需要懂电脑，会操作淘宝，把商品放上去就能卖。虽然买的人少，但卖家也少。所以很多找不到工作的人，工作有闲暇时间的人，都成了卖家。这时候不需要技巧，做好简单的服务就可以。但这个时代已经过去了，悲催的是，很多小白商家，还是这个思路。

后来一部分卖家，开始懂得花钱买流量了。2008 年的时候，淘宝直通车才一毛钱一个单击。只要你愿意花钱买流量，就绝对会赚钱！ROI（投资回报率）都是 10 以上，不赚钱才怪！但那个时候大家都习惯得到免费的流量，大多不愿意花钱。后来那些愿意花钱的赚钱了，更多的人来买广告、烧车（花钱买直通车）。流量价格越来越高，ROI 能做到 2 已经很不错了。现在好多有资金支持的商家，猛砸钱，ROI 做到 1，甚至是 1 以下，这个时候能赚钱的可能性就不大了。刷单，也是花钱买流量的一种，只不过有点间接。具体的我们就不细说了。很多卖家还停留在花钱买流量的思路上。

现在真正赚钱的那些卖家，其实都更加专业了。除了有合理的产品和供应链以外，他们懂数据、懂运营，会用各种工具，了解市场全貌。这些卖家都有个共同的特点——专业！

从卖货，到烧车，再到专业，这是卖家的变迁。如果卖家不能过渡到这个阶段，那么只会越来越困难。

5.2.3 平台的变化

平台的变化，是指从 PC 电商过渡到移动电商。这是最大的变化，但也是最不容易引起注意的变化。

很多商家都没有意识到这一点，或者说意识到了，但却认为做法是一样的。PC 互联网，连接的是机器，形成的是机器网络。所以之前有句话叫：在网上，没人知道你是一条狗。但现在，移动互联网，连接的是人，形成的是人的网络，这才是真正的互联网。

对待人和对待机器能一样吗？PC 电商的做法和移动电商的做法能一样吗？当然不能。如果卖家把所有精力仍然放在如何优化搜索、如何优化标题上，估计生意会越来越难做。如果能把一部分精力放在如何建立和客户的连接、如何加强连接、如何聚合更多的客户上，会发现生意越来越好做。

5.3　互联网思维

互联网思维，在过去的两年里，有太多的人在讲这个词。把一切成功的案例都归结于有互联网思维，一切不成功的案例都归结于没有互联网思维。有人卖煎饼出名了，这是互联网思维；有人卖手机出名了，这是互联网思维；有人卖情趣用品出名了，这是互联网思维……这种以果为因的倒置手法，让许多的围观人群觉得很有道理。

现在跟电商大佬们或者企业大佬们谈论互联网，如果不聊互联网思维，就好像落伍了，当然也有很多人怀疑互联网思维。对于互联网思维，我是保持着肯定的态度，原因很简单，存在的就是合理的，能够流行肯定有其一定的道理。至于你通过照搬照抄去实践，结果一败涂地就对互联网思维产生怀疑，那是你个人应用的问题，因为学习从来就是“学以致用，融会贯通”的，没有生搬硬套一说。

在前面我们说过，我们正处于一个互联网的世界，那么自然就产生了一种属于互联网世界的思维——互联网思维。在互联网世界思考互联网，就必须要具备互联网思维。

对于互联网思维，小米科技的创始人雷军总结了七个字，称之为“小米七字诀”，即专注、极致、口碑、快。当然还有很多其他互联网大腕的解读，但大体上是一致的。在本节中，我还将系统地从以下 6 个方面来介绍互联网思维的基本概况。

5.3.1　用户思维

无论什么时候，商业活动的核心都是人，也可以说我们所从事的一切商业活动的变化都是围绕用户展开的，因此在互联网思维里面，首先得了解用户的思维。用户思维包括以下几个方面：

1. 用户至上

“用户至上”不仅仅是一种终端服务的概念，也是整个设计、生产、销售链条的原则，在消费者主权的时代，你必须真心对待用户，用户才愿意接受你的产品或服务。与此同时，相比于传统媒体，互联网时代的另一个特点就是信息生产和传播发生了变化，相对于传统媒体只由一小部分人（媒体从业者）制造、传播信息而言，在互联网时代，每个人都是信息的接收者，也是信息的制造和传播者，信息不再是一对多的传播，更多情况下是一对一、多对一、多对多的传播。

相比于传统营销，互联网商业模式更多是建立在平等、开放的基础之上，平等、开放意味着民主、人性化，从这个意义来说，互联网是真正的以人为本的经济，是一种让商业真正回归到人性的营销模式。

因为人是互联网商业模式的核心，所以“用户思维”成为互联网思维的核心也是毋庸置疑的，其他各种思维和运营方法都是围绕着用户思维在不同层面展开的，“用户至上”的思维不仅仅体现在做产品的层面上，还体现在市场定位、品牌规划、产品研发、生产销售、售后服务、组织设计等各个环节。说得通俗一点，就是客户需要什么你就给什么；用户什么时候想要，你就什么时候给；用户要的少，你可以多给一点；用户没想到的，你替他考虑到。

要想了解用户思维，首先要回答“WHO-WHAT-HOW”三个核心问题：第一，你的目标用户是谁？第二，目标用户要什么？第三，怎样满足目标用户的需求？这三个问题不仅仅在用户思维中需要考虑，在互联网品牌运作过程中同样需要考虑到。

- WHO：目标用户是谁？（市场定位）。
- WHAT：目标用户要什么？（品牌和产品规划）。
- HOW：怎样满足目标用户需求？（体验打造）。

2. 得屌丝者得天下

国内互联网网民的社会结构呈现出椭圆形态势，主要体现在两个方面：第一，收入结构方面，国内互联网网民的社会结构是椭圆形的，即以中产阶级为主，太富裕的人和太贫困的人相对来说比较少，而其中又以白领人群占据最多；第二，年龄方面，目前国内网民主要集中在60、70、80、90后4个年龄阶段，60前和00后的相对来说比较少，其中标志性最强的是80后的年轻人，占据70%以上；其次是70后和90后。因此我们在做互联网市场营销的时候，没必要盯着“高大上”，主要针对的就是收入中等的70、80、90后人群。

他们给自己取了一个不太好听但很招人喜欢的名字——“屌丝”。

屌丝人群的出现，充分体现了互联网经济就是一种“长尾经济”，也许这部分人收入不高，他们可能买不起奢侈品，买不起房子、车子，但并不代表他们的消费能力不强，恰恰相反，他们有更强的消费欲望和消费意识，他们可以用收入的 1/3 甚至一半用来消费，而且这样的群体，在中国不是几十个、几百个、几千个、几万个，而是拥有 5 亿至 6 亿这样的规模。这些群体通过互联网结合在一起，就会产生非常强大的消费能力和影响力，甚至可以说真正推动互联网世界运转、变化、前进的，不是所谓的高富帅，而是我们口中常说的“屌丝”，因为他们基数太大，而且往往有别出心裁的独特想法，偶然的灵光一现或许将会改变世界。如马云旗下的淘宝，可以堪称是屌丝的集聚地，如今已经发展成为网购市场的巨无霸，而现在马云又推出了一个屌丝味十足的互联网产品——余额宝，取得了巨大的成功，甚至引起了各大“高富帅”银行的攻击。

3. 参与感

在本节中说到，“用户至上”中有一条：用户需要什么，我们就应该提供什么，那么用户到底需要什么呢？思来想去，我觉得应该是参与感，那么我们就应该把这种参与感体现到位。到目前为止，互联网用户的参与主要体现在两个方面：

（1）让用户参与产品的研发和设计

无论是传统营销还是互联网营销，我们都必须清晰地了解到，营销的本质就是发现客户的需求到满足客户的需求的过程。所以，在产品进行研发和设计的时候，我们要多听听客户的意见，了解客户的真实感受，因为客户是你产品的真正使用者，他们比你更了解你的产品。

在淘宝上有一个以“时尚、独立、女性”为主题的潮流时装品牌，这个品牌是 2006 年，由一位 24 岁的杭州临平女孩曹青以 4 000 元起家在淘宝上开的一家网店。如今已经成为日销售额突破 50 万元的淘宝品牌店，这家店的名字叫“七格格”。我相信很多人都听说过这家店，甚至一些时尚女性还知道这家店是一家从事网络原创服装品牌店，这家店是一个拥有“15 位年轻设计师+1 位专职搭配师”的团队，规定每月最少推出 100～150 个新款服装样式，保证店铺内货品不少于 500 款。

这只是一个成功的淘品牌的案例。但“七格格”成功的关键点在于它拥有上万名忠实粉丝和很多 QQ 群，每次要上最新款式的时候，七格格首先会将新款设计图上传到店铺上，让网友们参与投票评选，并在 QQ 群中讨论，最终根据大家普遍喜欢的款式进行修改，然后再上传到网站，反复几个来回后再生产、上架。这种模式颠覆了传统服装品牌由大牌设计引领时尚潮流的传统模式，更多的是让消费者参与设计，让消费者决定款式及时尚的走向。很显然，对于这种模式，消费者很是受用。

（2）让用户有“主人翁”的感觉

对于70、80、90后这3个年龄段的人来说，尽管他们以“屌丝”这样的词来自嘲，但这些人群也是极有想法的，而且急于想证明自己，有很多企业家朋友跟我诉苦，说现在80、90后的员工不好管理，工作一段时间之后动不动就辞职，没有以前50、60后的人安分守己。

从表面上看，80、90后的确是这样，但这恰恰是他们思维变化的根本原因，他们内心追求一份“存在感”，而不是简简单单的工作，就如我的一个学生毕业后工作一段时间之后毅然选择辞职，按他的话说就是“我工作是为了赚钱养活我自己，但也并不全是为了赚钱，我希望我的工作能让我开心、快乐，希望能得到大家的重视和认同。”

所以针对这部分自嘲为“屌丝”的互联网用户，我们应该“以消费者为中心”，尽量满足消费者的个性需求，除了让他们参与到产品的设计与研发之中外，还可以尝试让他们成为公司的“董事”。

2011年1月7日，有一个网名叫“蚊二妞”的人在豆瓣网“吃喝玩乐在北京”的小组上发了一个题为《我们用 2 000 块钱开咖啡馆吧》的帖子，在这个帖子中，蚊二妞这样写道：每天背靠阳光面朝电脑坐在办公室的时候，我总是想面对阳光端上一杯咖啡……进而，我又奢侈地想，我要开咖啡馆……所有和我一样想开咖啡馆的朋友，拿不出几十万上百万，也不可能辞掉工作专门开店，自己也承担不了那么大的风险。大家一起来做一个咖啡馆，用我们一点点的钱一点点的时间，凑成很多的钱，很多的时间。名字就叫响亮的“很多人咖啡馆”。

蚊二妞在网上发起的共建咖啡馆的号召，立刻得到很多“志同道合”的人的支持，2011年9月10日，一个名叫“很多人咖啡馆”的咖啡馆在北京正式开业（如图5-1所示）。“很多人咖啡馆”的运营模式是值得我们去探讨的，首先他解决了短时间内筹集资金的困难，每一个人筹集的资金并不大（只有2 000块钱），不必担心风险问题。其次，每一个投资人都是一个股东、老板，同时也是一个消费者、业务员。试想一下，这个咖啡馆有100个“股东”，每个股东发动10个身边的亲朋好友来这里消费，每个人半个月消费1次，平均每次消费50元，那么光这些股东的朋友所带来的经济收益每月就达到10万元，这还不包括其他零散客户的收益。

图 5-1　很多人咖啡馆

4．用户体验至上

关于用户体验，在前面已经说过很多次了，在我的其他作品中也提到很多次了。用户体验在互联网上至关重要，无论是从网站建设、网站优化，还是从网站销售的过程中，我们都应该站在用户的角度去思考。甚至可以说：一切互联网上的行为都是为了满足用户体验而拓展开来的。

那么，什么是用户体验呢？用户体验除了使产品能满足用户的基本需求之外，还需要为用户提供什么呢？

用户体验是一种纯主观的感受，是在用户接触产品或服务的整个过程中形成的综合体验。好的用户体验一定会注意细节，并且贯穿于每一处细节，这种细节一定要让用户能够感知到，并且这种感知能够超出用户体验的预期，给用户带来惊喜。

细节决定成败，这句话应用在产品营销的过程中很有道理。举一个例子，我家楼下是一排餐饮饭馆，有一次我请几个朋友在其中一家餐馆请客吃饭，点了一份烤鱼，原本环境氛围还算不错，我跟朋友在外面聊天时无意间发现餐馆里的师傅拿着一条鱼，直接放在并不干净的水泥地上宰杀，我当场就跟师傅说："你在这么脏的地上杀鱼，叫我们怎么吃啊？"，那师傅还毫不犹豫地说："没事，反正过一会要洗干净的。"最后，我不知道他有没有将鱼洗干净，反正那次吃饭我们基本没怎么动过筷子，之后就再也没有去过那家店，大概过了一个月的样子，那家餐馆就关门大吉了。

相信通过上面这个案例，读者应该能够比较清楚地知道用户体验的好坏了，你做了什么没关系，用户感受到什么才是至关重要的。说白了，用户体验的实质就是要让用户感受到产品的好，产品做得再好，功能再多，用户却没有感受到，就不能产生良好的用户体验。

那么该如何设计用户体验呢？对于互联网品牌建设的过程，就是打造用户体验的过程，所有产品或服务都是为了实现用户体验的目标而设计的，因此从这个意义上说，无论是产品设计还是服务，无论是渠道还是终端，都是用户体验的一个环节。

5. 社会化思维

提到“社会化媒体”，我相信对互联网有一定了解的人一定不陌生，这个词已经出现几年了，关于这方面的研究和讨论相对于互联网思想、互联网品牌来说都要成熟很多，在很多与互联网相关的书籍里面都会涉及社会化媒体的概念。社会化媒体从某种意义上来说就是一种市场推广工具，其目的就是尽可能地在一些像微博、微信、SNS 等社区网站平台上搞些活动，赢取眼球。

正如海尔总裁张瑞敏经常说的:“什么是核心竞争力？技术、人才都不构成核心竞争力，只有拥有用户才拥有竞争力。”生产产品的地方在工厂，创建品牌的地方却是在心智。因此，在互联网时代，我们专注的不是竞争对手而是客户心智，产品进行定位也并不是从工厂想制造什么开始，而是从用户的心智开始。所以对于想在互联网上创作品牌的企业家来说，第一件事情就是要看一看用户的心智缺少什么？然后用一个词表达用户的心意。

而要想清楚地明白用户的心智缺少什么？那你就必须跟用户打成一片，选择社会化媒体则是一种不错的选择，尤其是在互联网碎片化的时代，面对受众的碎片、媒介的碎片、传播效果的稀释，以前打造的传媒市场正在瓦解成为一个个“碎片”市场，而对于想通过互联网“玩品牌”的企业家来说，该如何聚合这些“碎片”则成为当务之急。

其实要想聚合“碎片”受众也并不是没有办法，因为在受众碎片化的背后，更多的是很多人根据自己的偏好和兴趣形成了一个个不同的小圈子、不同的社群。在这些小圈子和社群中，每个人都可能和素未谋面的消费者在某个社交网络中相互交流，分享他们的消费主张，形成物以类聚、人以群分的社会“群落”时代，这是社会化媒体存在的根本。所以我们必须清晰地掌握“社会化思维”，尽可能将这些“碎片”受众吸附到我们的产品周围。

（1）社会化思维，用户以网的形式存在

其实社会化思维经过这几年的发展，早已经过了单单依靠社会化媒体进行市场推广的阶段，从某种意义上来说，社会化媒体更多的是“互动式”媒体的总称，其本质是“用户即媒介，用户可以参与和创造内容”。通过这些媒体，世界上所发生的一切和我们所做的一切、你去过和住过的所有地方、你有过和分享过的全部想法、你喜欢和思念过的每一个人都会联系起来。现实中人的生活、人的关系完整地呈现在网络上，给信息沟通和关系建立带来了变革。

这些社会化媒体对人的网络使用甚至是生活习惯造成了改变，如我身边就有不少朋友出现了"手机依赖症"，很多人每天都需要发朋友圈、浏览朋友圈、发微博。对于企业来说，以前所熟悉的是通过大众媒体对用户传播信息的营销方式，以及由此而形成的企业内部工作流程，正在被快速、密集地与用户直接接触所挑战。这个挑战同时来自社会化网络本身以及企业内部，也必将会使企业发生变革，推动企业用社会化思维思考商业形态的变革和进化。

所以，企业要想更快更好地发展下去，就必须有效地组织利用社会化工具、社会化媒体和社会化网络，重塑企业和用户的沟通关系，以及组织管理和商业运作模式。如今的消费者，都以网的形式存在。

（2）社会化媒体，重塑企业和用户的沟通关系

前面我们已经说过，在互联网时代，品牌是基于人格魅力带来的信任和爱。这也正是社会化媒体的重要特征，它是基于价值观、兴趣和社会关系连接在一起的。公司面对的用户是以网状结构的社群形式存在的，同时，社会化媒体信息传播更快，让世界变得更小。这导致企业的品牌与用户的沟通关系发生了本质上的变化。

第一，基于平等的双向沟通。

社会化媒体的影响力的本质就是"人人都是自媒体"。职业记者、职业编辑、职业摄影师等，这些称谓已经明显落伍，当媒体不再是唯一掌控信息和舆论的特权机构，当大规模业余化的旗帜被高高举起，当社会化工具清除了公众表达的旧障碍，当任何人可以在任何时间发布任何事情。新的传播力在改变那些与职业不直接管理的社会定义的同时，也改变了企业、媒体机构、消费者这三者之间的关系。用户逐渐掌握话语权，加上社会化媒体的实时性和交互性，使得用户正在从以前的被动转向主动，从单向接受信息转向双向交流信息，他们希望与企业进行平等对话，渴望与品牌进行互动交流，期待企业和品牌保持活跃度，并希望企业能听到他们的需求，能快速作出正确的反应。

小米手机在这方面做得很突出，这也许是小米手机能取得如此成功的原因所在。据称，小米拥有近百人的团队负责新媒体的运营，论坛 30 人、微博 30 人、微信 20 人、百度知道 20 人、QQ 空间 5 人（备注：数据并未核对）。以微博为例，小米公司有 30 多名微博客服人员，每天处理私信 2 000 多条，提及、评论等四五万条，据说如果你购买小米手机经常

出现问题，只要在微博上吐槽一下，15 分钟就能得到微博客服的专业回复。此外，由于有太多的粉丝在微博上发文询问“为什么电信版的小米手机没有银色机型？我们想要银色的。”小米看到这样的用户诉求之后，立即与手机生产部门做了沟通，3 小时之后，黎万强就在微博中更正说明——新增银色版手机 1～20 000 部。

小米就是这样，他们经常会通过微博、微信、社区、QQ 空间等平台及时回复用户的意见，并且非常直接、快速地作出决策，他们经常聆听和采取用户的建议。尤其是在社会化媒体环境下，以“个人”为单位的自媒体拥有可匹敌媒体和企业的传播力，企业在面对用户的沟通策略时，也应该从“管理”和“把控”中跳出来，学会“倾听”，因为只有知道用户“说什么”，才会知道如何对用户“说”，才可能实现企业与用户的“拥抱”。

而这一切都必须建立在平等的双向沟通的基础之上。

第二，基于关系的链式传播。

所谓“社会化”，其核心是“关系”。其实“关系”是一个边界很宽的概念，比如亲人是一种关系，朋友、同学、同事也是一种关系。而相互追随、关注一个话题，甚至是出现在一个地点、买一种东西，这些理论上都是不同的“关系层”。之所以现在社会化网络大规模兴起，其核心的推动力就是互联网上的各种社会化网络和应用让更多现实社会化中难以形成的“关系层”通过互联网可以不断涌现。

2015 年的春节，一场“抢红包”大战在各大微信群里轮番上演。据官方数据，从除夕开始，截止到大年初一 16:00 时，参与抢红包的用户超过 500 万人次，平均每分钟领取的红包数量达到 9 414 个。“红包”并不是微信一家独有，支付宝也推出了类似的活动，支付宝推出了“新年讨喜”的功能，设计了 4 个选项：分别是向老板讨、向亲爱的讨、向亲朋好友讨和向同事讨，用户通过转发、评论、点赞等方式获取筹集机会。但与微信“抢红包”相比，支付宝的“新年讨喜”可以说是“弱爆”了，其主要原因在于微信的优势在于社交关系链，即人的链接和流动，微信本身是一种日常交流的工具，其好友关系都是在平时积累的，人的主动传播显然更有利于人群之间的互动和扩散，而支付宝用户一般不会主动添加别人为自己的支付宝好友，只有在需要转账的时候才会添加对方信息。

在这次抢红包大战中，除了产品的细节，社会关系链也是一决高下的关键，其实这一点我们不难解释，因为基于关系的传播是人类生存的基本特征，早在很久以前，我们就通过周边的人来打听消息了，只不过随着互联网的诞生，这种基于关系的传播开始演变为基于网状结构的传播，其速度之快，效果之好，令人咋舌。

第三，基于信任的口碑营销。

在大众媒体出现之前，朋友、家人等熟人之间的交流曾是主要的信息传递途径。所以在当时，熟人之间的口碑也是商家获得顾客的重要途径，口碑营销在企业的宣传推广中起到了不可替代的作用，我们熟知的很多中华老字号就是依靠口碑起家的。

口碑营销威力巨大的原因是信任，当家人、朋友传递信息给我们的时候，我们不可避免地会把朋友的信任关联到信息上，当信息是对某个商品或品牌的评价时，就是口碑。直到今天，当我们来到一个城市，当地的朋友一定会给我们推荐某个当地的饭馆或者小吃，而出于对朋友的信任我们一定会去品尝。

后来随着大众媒体的兴起，报纸、杂志、广播电视等媒体成为了有效和主流的信息传递渠道，企业则依靠在媒体发布广告接触大众。如今随着互联网的发展，尤其是社交网络的发展，人与人之间通过网络的联系越来越紧密，信息通过社交网络在朋友等熟人之间的传播效率也越来越高。

在各类信息铺天盖地广泛传播的今天，我们不一定相信广告，也不一定相信眼见为实的产品，但是我们会对有相同经历的陌生人所说的话却很信任。相信社会化媒体上的人们对于品牌的评价，甚至是从自己信任的圈子和社群来获取品牌和产品的信息，并作出购买决策。从心理学上来看，人们都有通过增加信任来降低交易成本的意识需求。关于“人靠谱，所以东西靠谱”的概念早就被广告行业通过明星代言的方式用了几十年，只不过在社会化的网络时代，这个“人”往往是高高在上的明星，更多的则是有着跟我们一样本质的普通人。

相信很多人都和我有同样的经历，在欣赏一部刚上映的电影之前，首先参考的因素是导演、演员，这是我们对明星的信任；其次会去参考别人对这部电影的评价（如上豆瓣网、微信、微博），如果他们评价不错的话，那么我们就会选择去购买电影票观看这部电影。

社交平台的力量，是信任的力量。如果企业能在社会化媒体上营造良好的口碑，那么它会给你带来更多的顾客，从而提高销售量并培养忠实的消费者群体。在社会化媒体环境下，口碑营销已经成为企业最有效的营销手段之一。

第四，基于社群的品牌共建。

对于未来电子商务形态的判断，北京大学社会学博士姜汝祥曾经这样解释：基于移动互联网的电商 2.0 在全球才刚刚开始，在中国部落电商更有价值，因为中国人在人际交流方面的需求要比西方强得多，微信的价值在于作为部落电商的入口，人们在微信中形成更多初级的部落聚合。基于移动互联网的部落电商体系刚刚发展起来，具有较大的投资价值。从这个意义上讲，任何一家公司做电商，如果只做成公司产品层面的电商，无疑就会低估自己，因此说要做就做基于客户聚合的电商。

社会化电商会成为未来的电商形态吗？关于这个问题，小米、阿里巴巴等平台已经给出了答案。而社会化电商的核心竞争力不是资源占有，而是人的聚合。所以，未来的商业布局，一定是基于目标客户群（即社区）展开的。

当用户以网的形式存在时，越来越多的品牌款式为其建立了线上社区，帮助顾客彼此之间建立联系，成为社群，围绕特定的主题分享、交流信息，如化妆品品牌可以为顾客建立分享美容、化妆品知识的社区。从用户的角度来看，他们想从品牌社群中获得什么，愿意与品牌建立什么样的关系，这些都将成为品牌社群建立意义与规划的依据。

事实上，品牌社群是连接品牌和用户需求的一道桥梁，而这道桥梁能帮助企业解决 4 个方面的基本难题：认识、兴趣、反馈、购买。在为顾客提供平台的同时，品牌也可以积累用户对品牌和产品的各种意见和看法，从而优化自己的产品和服务。

5.3.2 产品思维

“用户至上”是互联网思维中最核心的思维，而用户体验又大多基于产品之上，因此如何做好产品，将极大地影响公司的成长。当然这里所说的产品是广义上的产品，即包括有形的产品和无形的产品（如服务）。尤其是在互联网高度发达的时代，无论是从消费者还是企业等市场主体来讲，产品都十分重要。因为在传统营销时代，产品不好，可能只有消费者自己知道或者告诉身边的几个亲朋好友，影响范围非常小。但在互联网时代，如果产品不好，通过互联网进行传播，将引起很大的反响，负面新闻所带来的破坏力绝对不容忽视。

1. 专注

在当今互联网时代，效率与速度决定一切，谁能在最短的时间抓住关键点，并持续专注于这个关键点，谁就能在未来的竞争中赢得主动，谁就可以用较少的代价获得更多的收益。这里所说的专注就是少做一些事，甚至只做一件事，并把这件事做到极致。

我曾对我的学生说：你们要想获得成功，最关键的就是要专注，要将有限的时间专注在最高的价值上，以获得最大的价值回报。对于很多行业来说，如果你能专注于一个行业五年，你就会成为行家里手；如果你能专注于十年，你就能成为专家；如果你能专注于三十年、四十年，你就能成为大师。就像日本的艺术家草间弥生，将一辈子的精力、时间、天赋都投入在圆圈上，重复性的圆圈不仅成为草间弥生与世界沟通的途径，更成为其个人风格的标志（如图 5-2 所示）。

图 5-2　草间弥生作品

2. 简约

乔布斯说："这是我的秘诀——专注和简单。简单比复杂更难，你必须努力让你的想法变得清晰明了，让它变得简单。到最后，你会发现它是值得你去做的，因为一旦你把简单做大了，你就能搬动大山。"

这句话对我们来说或多或少应该有些启发，在人性的分析里面，大部分人内心里面都是比较懒的，他们从内心深处抵触复杂的东西（当然有特别兴趣爱好的除外），比较喜欢接触一些轻松简便的事物。

举个例子：我相信大家对淘宝应该非常熟悉，甚至很多人还是淘宝的经营高手，大家也知道要想做好淘宝，有一个具有营销性的淘宝网站是必需的，但你们有没有想过，在几百万个淘宝商店中，有 95%以上的淘宝店的网站模板不是自己设计的，而是直接购买的。这是为什么呢？

原因很简单，因为他们有更好的选择，只需要每个月花几十块钱就可以买到一个自己喜欢的淘宝模板，这已经足够简约，不需要学习任何编码流程，也无须夜以继日地去设计，只需要购买模板，然后将产品上传到淘宝上就可以了。这样的案例在互联网产品研发中还有很多，如我们在注册京东商城的时候，无须进行复杂的注册流程，只要你有 QQ（我相信绝大多数人都有 QQ），你就可以直接登录（如图 5-3 所示）。

图 5-3 用 QQ 简化登录京东账户

简约从某种意义上意味着人性化，是人性最基本的东西。所以产品经理就应该像上帝那样了解人性，而人性中有这么一句话：我们喜欢简单。因此好的产品也有“KISS”原则：Keep It Simple, Stupid（保持简洁与笨拙）。

3．极致

互联网营销时代，“渠道为王”逐渐让位于“产品为王”。谁的产品能够让客户的需求得到更充分的释放和更合理的满足，那么这样的产品就会被更多的人所追捧。而要想在这个“产品为王”的时代赢得更多的消费者，就必须具备极致思想。

当然产品要想做到“极致”，就必须从上面 3 个属性去分析，但在实际操作中，大概可以分为 3 个方面：产品极致、传播极致、服务极致。

（1）产品极致

这里所说的“产品”是指除去附属价值之外的产品属性，包括核心产品和实体产品两个部分。产品能不能打动消费者，让消费者在接触到你的产品的时候就能情不自禁地发出“WOW”的声音，并且义无反顾地爱上你的产品的根本原因，就是你能不能将你的产品做到极致，因为这才是触动消费者内心的“琴弦”。在这一点上，苹果可以说是最有发言权的，因为它用十年的时间证明：在现今世界，一款“好产品”就足以影响一个企业的命运。

（2）传播极致

世界上最好卖的产品并不一定是最好的产品，之所以会出现这种情况的原因，就是因为最好的产品没有跟客户进行最好的“沟通”，这就犹如一部非常经典的巨作没有被发表一样。所以极致产品除了产品品质要好外，还需要极致的传播。

（3）服务极致

服务即营销，这句话的道理，我想凡是从事产品营销或销售方面的人都深有体会，毕竟消费者不仅仅是在与你的产品接触，更多的是在与你的服务接触，与你的产品接触只发生在一瞬间，而与你的服务接触则贯穿始终。能不能将服务做到极致，是产品运营的另一种营销方式。

雷军在发布小米 1 的 PPT 中说道：他是小米客服的 001 号，而整个小米是全员服务。传统企业的做法是管理团队下设产品团队和客服团队，后两者不定期进行用户调研，与用户接触与交流总是隔着一层，也不够实时。而小米的管理、产品和客户团队则是同时通过新媒体接触用户。

提升客户反应速度也很关键，小米的微博客服团队有一条硬性规定：在用户@小米之后，必须在 15 分钟之内作出反应。要知道小米的新浪微博自 2011 年 8 月上线以来，@小米手机微博拥有 217 万粉丝，@小米公司微博拥有 159 万粉丝。

此外，小米还对进入新媒体阵地进行了定位划分。除了共同承担客服的任务，基本形成了“微博拉新、社区沉淀、微信客服”的体系化运作架构，一次将每个阵地的属性效果发挥到最大化。

5.3.3　平台思维

我们必须强调，平台模式的概念并非因为互联网才出现，传统营销中的“渠道”模式就是人类社会中最有效的商业策略。往小了说，古代欧洲的“市集”或中国的“农贸市场”就是很好的例子，往大了说，整个城市本身就是独树一帜的平台生态圈。平台不是一天建成的，平台生态圈更不是一天建成的。我们看看网络上的三大平台生态圈：阿里巴巴、腾讯、百度。百度创办于 2001 年；阿里巴巴和腾讯更早，创办于 1998 年。在那个年代，有几个中国人听说过互联网？更别说利用互联网来查寻信息、即时聊天、采购商品了。BAT（百度、阿里巴巴、腾讯）在创业之初，承受了互联网泡沫的洗礼，用了十几年的时间，才构建起如此庞大的平台生态圈，可谓是走遍千山万水，历经千辛万苦，才最终修成正果。

互联网品牌的最高形态是平台生态圈。未来商业竞争不再是企业与企业之间的肉搏，而是平台与平台之间的竞争，因为平台生态圈对产品的开发、市场的推广、客户的服务至关重要。

1．构建多方共赢的平台生态圈

按照马云所说，阿里巴巴其实只有 4 块主要业务：第一块就是阿里巴巴电子商务，包括阿里巴巴 B2B 业务、淘宝、天猫；第二块是阿里金融；第三块是阿里巴巴里面的数据业务；第四块是物流体系。这四个业务模块，每个模块都是一类平台，各个平台相互互动，又形成一个庞大的电子商务。阿里巴巴运营一个生态系统，首先做的是底层的基础设施：信用系统、支付体系、交易体系、物流体系。

构建平台是一种战略选择，构建平台生态圈更是一种大战略布局。从构建平台到成就一个平台生态圈，需要一个循序渐进的动态过程。“平台生态圈”不单单是构成一个平台，而是以这个平台为基础，营造出“为支撑平台活动而提供众多服务”的大系统。

2．善用现有平台

建设平台生态圈是每一个企业的梦想。但平台不是一天建立的，平台生态圈更不是一天建成的，需要天时、地利、人和等多重因素。对于一个创业者来说，与其要做一个平台生态圈，还不如认真地将一个平台做好；与其要做一个平台，还不如在一个平台上做一个内容提供商。所以当很多初级创业者找我建设平台的时候，我常常建议创业者与其想着做一个什么样的平台，还不如利用现有的平台（如阿里巴巴、淘宝、天猫、京东商城、当当网、亚马逊等），吸引和解决一部分客户的需求，并让自己成为这个领域的专家和权威，成为这个领域最好的公司，然后再慢慢发展的过程中，随着用户的需求量越来越多，而去进行平台的拓展，甚至建立平台生态圈。

就目前来看，互联网的流量主要被 BAT（百度、阿里巴巴、腾讯）所“承包”，这对企业来说是不幸的，因为企业要想自建平台有一定的难度，对于绝大多数没有足够资本运作的企业来说，自建电商平台要想取得成功基本是不可能的。另一方面对于企业来说，也是幸运的，因为正是 BAT 的迅速发展所带动起来的互联网趋势，可以成就创业者，无论是个体企业还是传统企业，都可以通过互联网来实现自己的财富梦想，成就一番大事业。

3．把企业打造成员工平台

互联网所带来的变革，不仅仅是营销渠道和品牌建设方式的变革，互联网已经开始对人与人之间的分工和写作方式进行了重构。也就是说，传统企业的互联网转型，必须要同步完成该组织的升级和再造。

在传统企业的组织框架中，官僚式的分层管理模式最常被采纳。在前者的基础上，智能式组织结构、事业部式组织结构以及矩阵式组织结构都是常用的经典组织结构。

然而这种组织结构在互联网时代遭遇到了挑战，外界变幻太快，现场管理和临机决断的事宜太多，必须缩短决策半径，必须让管理结构层次尽可能扁平化。以小米为例，小米的组织结构只有 4 个层次，即集团总裁、负责人、主管和一线员工（如图 5-4 所示），在公司里面除了七个创始人分别担任不同项目的负责人并有正式职务之外，其他人都没有职位，都是平等的，晋升的唯一奖励就是涨薪，没有团队利益，一心用在做事情上。

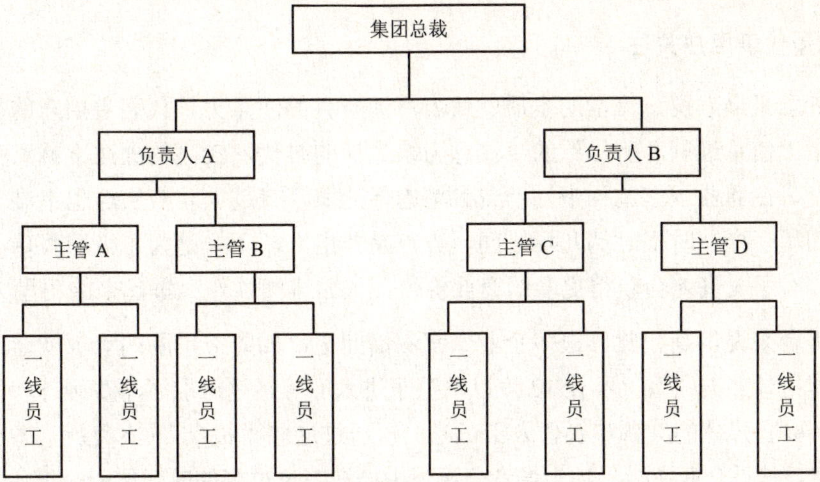

图 5-4　小米组织结构框架图

小米这样的管理机制减少了层级之间相互汇报所浪费的时间，如小米公司现在有 4 000 多人，除每周一的一个小时公司级例会之外很少开会，也没有什么季度总结会、年度总结会，成立三年多来，七个合伙人也只开过三次集体大会。即便是雷军，他本人的第一定位也不是 CEO（首席执行长），而是首席产品经理，80%的时间是跟一线产品经理、工程师讨论各种产品的问题。

小米的这种组织结构框架图还不能体现出小米的真正优势。最关键的一点就是在小米的管理体系中，还有非常重要的一点，就是每一个员工都是独立的负责人，不需要相互汇报，当遇到一些紧急情况的时候，无须向上级反映，直接就可以作出决定，甚至没有 KPI（绩效考核）。假如你购买了一部小米手机，出现了问题，想去小米线下体验店退换，如果按照传统的运营模式，接待你的客服人员需要向上级一层一层地反映情况，才能决定是否退换产品（这样的决策既麻烦又浪费时间）。但小米线下体验店则不同，每一个客服人员都能做主给你退换产品，因为在小米的体验店，每一个工作人员只需要向小米消费者（或小米粉丝）负责。

5.3.4 流量思维

对于平台企业来说，有 3 个因素很重要：客户流量、客户转化、客户绑定。其中客户流量是平台中最为重要的一个环节，也是衡量互联网公司估值的一种很重要的指标（这里说的流量包括用户数量、活跃用户数、用户访问频率等），因为只有先把流量做上去，才有机会思考后面的问题，否则平台连生存的机会都没有。

1．流量代表用户关注

从某种意义上来说，流量的本质就代表着消费者的注意力，代表着用户的关注度。尤其是在这个“信息过剩”所导致的“注意力缺失”的时代，较高的关注度就意味着你有较高的知名度，在商业运作过程中，消费者考虑你的概率就越大。其实这也不难理解，这就好比娱乐明星一样，时不时搞几场绯闻，弄点是非出来，无非是为了吸引眼球，有人关注才有人气，有了人气才会获得更多的商业价值，依靠绯闻炒作火爆起来的明星大有人在。

对于平台来说也是如此，很多企业家都深谙此道，如雕爷牛腩的老板就通过“苍井空到店”、“婉拒韩寒夫妇”、“不让 12 岁以下孩子进入”等话题赚取了不少眼球，在内测期间通过邀请各大自媒体的大咖和媒体人士试吃，再通过这些“精众”（本身就具备很多粉丝的受众）传播，使得企业在激烈的市场竞争环境中，在信息过剩的时代能即时抓住目标用户的注意力。

2．流量意味着网站的分量

从网站平台运营本质来说：网站运营的过程，其实也是一门流量的生意，这就如同在传统商业街的商业模式一样，我们在选择渠道的时候，有一点是非常重要的，那就是店铺的位置。在店铺选址过程中，一般都会选择人流量大的地方，因为人流量大的地方意味着来门店的人自然也会多，尽管房租会很高，但“平均分配到每个客户的成本”相比而言反而会很低。因此，在传统渠道中，有“一流的地段、二流的服务、三流的价格”之说。

这样的逻辑同样也适合于互联网。据不完全统计，目前国内各类型网站有 320 万个之多，每一个网站都相当于一个平台，但这些网站的流量却各不相同，有的网站（如淘宝、京东商城、网易、新浪、搜狐等）每天有上千万人点击，而有的网站虽然建立了这样的平台，但是每天就几个人、十几个人来浏览。那么很显然，面对这两种流量的网站平台，其在消费者眼中的分量肯定是不一样的。

这种分量的不同在广告收费方面体现得淋漓尽致，像网易、新浪、搜狐这些分量重的网站，首页一个横幅广告一天的费用就高达百万，而那些分量轻（长尾流量）的网站广告费即便是几百块钱也无人问津。

3. 流量意味着客源

自古以来，商人之间为了争夺更多的客源，会用尽各种方法相互竞争。这种激烈竞争在处于同产业的企业之间相互对立更是极其寻常。这种客源的争取在互联网平台上，更多地体现在流量上（这里说的流量包括用户数量、活跃用户数、用户访问频率等），流量是所有商业模式得以改进的基础，缺乏流量基础对于网站平台来说则一切都无从谈起。

如淘宝这样的电商平台，其核心商业极致的基础就是“海量流量”，如果没有“海量流量”，那么这样的平台也就不会有更多的商家去淘宝开设店铺，淘宝也就没有多大的价值。只有当淘宝的流量涨上去的时候，才意味着淘宝有足够的用户关注度，也就意味着这个平台每天能带来足够的客源。

淘宝如此，京东、当当、腾讯、微博等平台也是如此！

5.3.5 大数据思维

互联网最大的魅力在于：它能将所有的事物进行量化，并将文字量化成为一个个字符，将声音量化成为数字音频，将图像量化成为各种格式的数字图片；在淘宝、天猫、京东商城等形形色色的电商平台上，琳琅满目的商品是数据化了的现实物品；美团、糯米、聚划算等团购网站上各种各样的打折信息是数据化了的服务；微博是数据化了的思想和观点；转发是数据化了的传播。我们已经意识到，在互联网的商业平台上，人和物的一切状态行为都能进行数据化，都在数据空间中被操作。

于是乎，在互联网上，每天都会有数以亿万计的用户行为被记录，每天有数以亿计的信息不断涌出，而这些网上的行为全部都可以“追踪”和“引导”，通过对线上浏览、分享、活动、购买等信息的分析，网上商家可以很容易地了解到消费者的购买需求和潜在的购买需求，这使得互联网推荐成本非常低，而消费者满意度却很容易得到提升。

这种营销技术叫作数据库营销，这种思维叫作大数据库思维。“大数据”这个词最近几年被炒得很火热，但直到现在也没有达成一个统一的概念。《大数据时代》的作者维克托·迈尔·舍恩伯格倒是用 4 个“V”对“大数据”的特征进行了描述。

第一个特征：数据量足够大（Volume），互联网上的大数据库不再是样本思维，而是全体思维。大数据不再抽样，不再调用部分，要的是所有可能的数据，它是一个全貌。

第二个特征：数据类型足够多（Variety），数据形式包括文本、图片、视频、机器数据、地理位置等信息。

第三个特征：数据价值密度低（Value），以视频监控为例，在联系不间断的监控过程中，可能有用的数据仅一两秒。

第四个特征：数据具有时效性（Velocity），数据处理速度快，即时输入、处理与丢弃，立竿见影而非事后见效，比如我们在百度输入一条查询信息，后台必须经过大量计算迅速呈现，而不需要等很长一段时间。

“大数据”已经在各行各业衍生出形形色色的数据应用，而掌握大数据技术的意义也不在于掌握庞大的数据信息，而在于对这些含有意义的数据进行专业化处理，这就需要我们好好掌握大数据思维。

1. 一切皆可量化

在前面我们对大数据库进行了阐释，我们清楚地知道，大数据库不仅仅包括数字化的处理，还包括对事物的一些描述，由此可见，在商业运营过程中，消费者所产生的任何行为都可以进行量化，而记录信息的能力是原始社会和先进社会的分界线之一，如一对新人举办婚礼，婚礼策划时他们会充分准备好相关的资料和工作、几月几日在什么酒店、有多少嘉宾到来、礼车多少辆、几点去迎接新娘、几点亲朋好友来到酒店、一共多少桌、有多少个菜……这一系列的工作，都可以进行量化。

互联网也是一样，我们可以通过数据统计工具清晰地记录每一个人的行动轨迹：他是哪里人、搜索什么关键词、第一次登录的页面是哪个页面、以前来过这个网站多少次、在某个页面停留的时间是多长、一共看了几个页面、从哪个页面离开这个网站……用户的每一次行为，都会在后台的大数据统计工具中进行量化。

2. 大数据思维，让管理变得更简单

大数据在未来管理过程中起着不可忽视的作用，最主要的就是它能让管理变得更加简单有效。如顺丰快递每天都有数以百万的快递、14 万员工，在庞大的信息系统中相互运转，顺丰也将呼叫中心和信息系统定位为最高商业机密和核心竞争力之一。当你拨打顺丰客服电话 4008-111-111 时，你的订单数据信息就已经开始进入顺丰庞大的数据库，并至少经过 10 道程序到达收件人的手中，用时可能只有 12 小时，快递高效的秘密武器就是其自主研发的数据中心系统。

3. 大数据服务，从个性化到人性化

未来的大数据将更好地解决社会问题、商业问题、科学技术问题。有了大数据，医疗机构将实现对用户的身体状况的监测；教育机构将更有针对性地对用户喜欢的教育制订培训计划；服务行业将为用户提供即时、健康、符合用户生活习惯的服务；社交网络将能为用户提供合适的交友对象，并为志同道合的人组织各种聚会活动。有了个性化的数据做支撑，这些服务将变得更加精致、有效，每个人都可以享受大数据带来的福利，这就是互联网时代“以人为本”的最好体现。

5.4 移动互联网生存法则的三个特点

移动互联网让互联网成为真正的互联网，让互联网形成了一个世界，这个世界有自己的生存法则。我总结出以下三点：

1. 一切皆关系

既然是网络，就不存在独立的节点，所有的节点，必然会和其他节点发生连接，不发生任何连接的节点，本身也就失去了意义。例如，你有个微信号，没有任何朋友，也不添加任何账号，连手机上网功能都没有，那么，这个微信号和没有一样。有连接，就有关系，关系就是影响力，关系多了，关系强了，影响力就大了。所以，建立影响力的问题就变得很简单：如何建立关系，如何加强关系。再继续解读，因为有连接就有关系，连接紧密，关系就强。这个建立影响力的问题，就可以解读为：如何建立连接，如何加强连接。目前最有效的方法，就是通过产品建立连接。产品不一定是最好的，但一定要有自己的特色。只要有自己的产品特色，自然就会让那些喜欢这个产品的节点连接上来。例如，小米最初通过 MIUI（米柚）和用户连接，后来通过小米手机建立连接；360 通过桌面工具建立连接；腾讯通过微信、QQ 等客户端建立连接；阿里通过支付宝建立连接，等等。但对于那些做电商的公司，有顾客买了商品，貌似建立了连接，但大部分连接是微弱的，不是强连接。因为很多商家跟客户的连接只有一个手机号码，只能通过短信的方式联系。所以很多商家为了跟客户发生连接，会建立公众号、建立微淘、建立自己的 CRM（客户关系管理）等。

建立连接，需要有自己的特色产品，还需要有一个合适的平台。接下来看如何加强连接。连接建立之后，需要有东西来持续不断地加强连接，否则连接会越来越弱，以至于消失。连接的特点分成两种：一种是因为强需求；另一种是因为兴趣。针对每一种连接，都

有不同的方法。我在这里重点讲一下通用加强连接的三步曲。

第一，更新产品。这个时代是生产过剩的时代，每个类别都不缺同类产品，持续不断地更新产品，一方面可以具有竞争力，另一方面，还可以让用户记住你。

第二，搞活动。看看做自媒体的这些账号，做得好的，经常有活动；现在的电商平台，活动也是越来越多。道理很简单，活动是加强连接的最好方式。

第三，建社群。一旦形成社群，节点和节点之间，粉丝和粉丝之间就会自发地加强连接，这就非常强大了。如七星会、正和岛等，都是社群的方式，他们之间的连接，自然也会更加强大。

2. 一切皆免费

理解互联网世界，还需要理解免费，因为在互联网世界，一切都是免费的。在互联网世界，本身也没有金钱的概念。现在互联网世界对物质世界的影响越来越大，物质世界的免费，是不是也是一个趋势？

你可以在互联网产品中找一找，看看是不是大部分产品都是免费的。如今，很多电子版小说是免费的，很多杂志也都是免费赠送的，所有希望扩大用户规模的产品，几乎都在采用免费模式。现在的软件基本上也都是免费的了，大家手机里面 90%的 APP 是免费的，邮箱免费、存储免费、微信的通话功能免费。

那硬件有没有可能免费呢？小米的手机利润很薄，手机本身也越来越便宜，2014 年销售 743 亿元，但几乎没有什么利润。以后有没有可能手机也免费呢？当然有可能，现在很多营业厅，都已经是在免费送手机了。据我所知，一个大集团公司，他们正在策划一件事情，免费送出两千万部手机；还有一个老板，要送一万个高档餐桌，每个餐桌价值都在千元以上。

上次我参加一个二手车交易的峰会，有人总结了二手车最近 5 年的利润变化：最开始有 30%的利润，之后降到 20%，往后越来越低，去年只有不到 6%。要我说，大家要做好准备，这些利润将来会成为零，相当于二手车的交易是免费的。汽车本身有没有可能免费？现在杭州政府已经有微公交租用，开一个小时才 16 元，包一个月只要 1 000 元。以后汽车移动物流网方便了，一定会有免费汽车推出的。

那么，问题来了，为什么他们要免费？目的很简单，就是要建立和用户的连接，或者说用来和尽量多的用户建立连接，这样就有更大的影响力。有了影响力，再来做不免费的事情，就很容易了。例如，搜索免费，让广告主买单；手机免费，让预装 APP 的那些商家买单；微信免费，让玩游戏的人买单……有人总结出了一句话：羊毛出在猪身上。

产品会免费，服务是不是也可以免费？前些天我参加小狗电器的发布会，小狗电器所有的售后服务，都是免费的。比方说，我买了一台小狗吸尘器，自己不小心摔坏了，打个电话，小狗电器就会安排快递员上门取走，然后送到公司中心维修站维修，再通过快递邮寄回来。这样整个售后服务就是免费的。有人说，公司岂不是赔死了？不会的，如果产品质量好，产品自身的损坏率就不会太高。同时，这种服务承诺，对消费者来说，无疑具有很大的利好，其他品牌根本无法与之竞争。

免费的目的，一定不是为了更好的收费，因为绝大部分免费使用的用户，以后也不会给你钱。免费的目的，是为了使更多的用户获得连接，产生更大的互联网影响力。反之，如果希望建立更大的影响力，一个很有力的方式就是——免费！

3. 一切皆不可知

佛学中有一个很重要的词——无常！意思是说没有什么东西是确定的。但绝大部分人都不信，因为我们都习惯了有规律的生活。怎么能说是都不确定呢？如果有人告诉我们在另外一个虚拟的世界里，整个世界是无常的，我们觉得还是可能的。互联网世界，就是另外一个世界，在互联网世界里就是无常的。当然，既然无常被确定为佛学专有词汇，那么，我们可以称互联网世界是“不可知”的。

不可知，并不是说什么都不知道，而是意味着所有可能的方案都有可能发生，你无法确定会是哪一种。互联网世界对比物质世界，少了很多束缚；没有身体的束缚，没有地域的束缚，没有时间的束缚，少了这些束缚，不可知就变得更加彻底。互联网上那么多热点，那么多互联网词汇，没人能够预测，所有人都是在事件出现以后再作总结。所有这些模式，也要等到一些企业成功以后才会有学术专家作类似的总结。

第 6 章

微店产品运营策略

为了完成这本书的写作，我调研了十几个微商。有品牌代理商、经销商，有全职的、也有兼职的，我跟这些微商经营者进行过认真的沟通，总的结果可以说是喜忧参半。喜的是很多人都觉察到未来的机会，并报之以热情投入，忧的是基本上做得都不好，更多的是半死不活。

根据我多年的经验，网上营销最大的魅力就在于，只要你的东西确实不错，而且你确实很成功地推广它，那么网民就会接受你的产品，从而让你的产品迅速地销售出去。而这一切的前提就是你的产品或服务确实很好。

我知道这个时候肯定有人会说：世界上没有卖不出去的产品，只有卖不出去产品的人。对于这句话，我也赞成，但我更赞成的是，你要想让你的产品主动地销售出去，就必须有好的产品。因为我相信大家都跟我一样，绝不希望做一锤子买卖，靠欺骗顾客来赚钱，我认为在微店营销过程中，不仅仅是把你的产品推销给顾客，更关键的是要树立良好的口碑，因为这些通过微店来购买你的产品的人，都是你的熟人、朋友甚至是亲戚。

6.1　产品营销战略的选择

如果你想成为市场领袖，你就一定要改变整个市场的思维模式。没有人能够仅仅通过卖产品就会成为市场领袖，或者保持市场领袖的地位。市场领袖总是通过购买人们的思维模式来改变人们的购买标准。产品营销战略的选择主要考虑以下内容。

能否选准目标市场取决于你能不能找到一批精准的客户，他们也希望能够获得你的产品带给他们的效果。如果你教一帮瘦人“如何减肥”，那肯定是没用的。

当然，你首先要想清楚，你的产品会带来什么结果。这不是一个简单的问题，你必须认真地思考，因为只有你想清楚这个问题，你才能聚焦到精准的客户群上，因为他们是最渴望得到你的产品的那一群人。

其次，这群人必须有支付能力。如果他们只是渴望获得产品，却没有支付能力，那也不行，因为你实现不了销售。除非你真想做慈善事业，否则你不要把自己的公司变成一个慈善机构。当然，你可以在赚完钱之后再去做慈善事业。

再次，你必须合理地选择客户。你应该去选择那些最愿意、最想要、最有能力支付的客户。如果你不这么做，那么你的营销、你的赚钱潜力就会受到巨大的限制。

最后再次强调一点，目标客户是一切营销的根本。如果你选择的方向错了，一切行动都将白费。不管你的销售能力有多强，如果你面对的是一个根本不是目标客户的人，你就无法实现成交，为什么？原因很简单——目标不对。所以如果你的企业要想获得长期健康的运作，你就必须把握以下几点：

（1）目标市场的选择

你必须清楚，什么样的人群才是你想要的客户。因为在很多时候，你现在拥有的客户并不是你真正想要的客户，关于这一点我相信从事销售的人都深有体会，当然我这么说并不是让你把所有不想要的客户全部赶走，但是你必须知道，你想要的客户人群是怎样的以及知道他们在哪里。而且我们一定要把目光聚焦到最理想的客户身上，他们最能说明你的产品给他们带来的变化，他们具有支付能力，同时他们也能够给你带来你想要的财富。

（2）目标市场的核心需求

当我们找准我们的目标人群之后，接下来就要了解他们的需求是什么，他们想要什么，而我们的产品带给他们的改变能否满足他们的需求。我们可以从以下方面来考虑。

① 客户的梦想

客户的梦想是什么？客户对现状肯定是不满意的，他们希望改变，但是他们希望改变后的状态是什么样的呢？记住，营销就是在现状和梦想之间搭建起一座桥梁，我们必须知道客户想去哪里。你对客户的目的地、梦想了解得越清楚，你的营销就越能做到有的放矢。

② 客户的近期目标

既然客户有梦想，那他们就会有目标。对于这些目标或许他们积累了一些知识，有了一些方法和技巧后，也曾经改变过，那他们现在的目标是什么，你要了解清楚。

③ 客户最大的障碍和困惑

如果客户现在还没有实现目标，那他肯定是碰到了一些困难或障碍，你需要帮助他们找到并解决这些困难或障碍。

④ 客户的对策

客户的对策是什么？比如，在他们没有接触你的产品之前，他们用了别的产品，那么别的产品是什么？它的问题在哪里？比如减肥，有很多人反复试验各种各样的减肥方法，但是都不灵。也有人说："管他呢，胖就胖呗。"当然这也是对策，但是你需要告诉客户，这种对策是有代价的，比如会导致什么后果。你应该让客户清楚，没有你的产品，他们在生活中会缺少什么。也许会成为胖子，会一直这么胖，或许还会付出很多其他的代价，这些你都要理解清楚。

（3）目标市场的购买能力

你的营销对象可能是一个人，也可能是公司或单位。但是通常来说，都可以从下面两个方面判断客户的支付能力。

① 客户的家庭收入或者可控收入

如果客户没有太多的钱，那你卖给他们贵的东西就有问题；或者客户公司赢利不佳，这对你的营销也是一个挑战。

② 客户每年的消费预算是多少

预算，就是客户每年花多少钱去购买各种各样的东西，这是一个非常重要的指标，对此你应该作出一些询问。比如，你可以问客户："你每年购买同类产品花费多少钱？这类产品的最大单笔消费是多少？"不管他买什么产品，你都要了解他最大的单笔消费，这对你的产品定价有很大的参考意义。

如我曾给一个客户销售明清古董家具，一件产品动辄 30 多万元，那么我要找的客户就要符合两个条件：第一，他们有钱；第二，他们对明清古董家具感兴趣或者对收藏投资感兴趣。这两个因素缺一不可。

6.2 产品类别的选择

有很多读者朋友或者是想创业的年轻朋友曾咨询过我，到底应该选择什么产品好？对于这个话题，我没有明确的答案，因为行行出状元，只要做得好，每个行业都行。我们在开始经营的时候，对产品还是需要认真分析的，毕竟在微店运营时代，产品为王。

每当有年轻朋友问到这个问题的时候，我都不会给出明确的答案，我会说：你先自己选择，然后我给你一些参考。通常，我主要以下列标准做参考。

1. 兴趣爱好

在网络上做生意，不管做哪个行业，只要你是本行的专家，只要你的产品优势不言而喻，你都能赚钱。因此当你在选择卖什么产品的时候，千万不要单纯地看到什么行业赚钱就一头扎进去，更不要在自己不熟悉的行业中较劲。而应从自己的实际情况出发，你爱好什么？你能做什么？你到底想做什么？你擅长做什么？

因为人只有对自己感兴趣的事情才会有动力。我一直认为兴趣爱好才是微店运营成功的第一生产力。

2. 高性价比

很多人都认为小米成功的原因真的像雷军说的七字诀那样——专注、极致、口碑、快！我认为其之所以能如此成功，还有 4 个字是不能忽视的，那就是“高性价比”。

衡量产品能否带来利润的因素有：这些产品是自己的产品还是别人的产品？这些产品市场销售情况怎么样？这些产品的价格（或赢利空间）怎么样？这些产品是快销品还是耐用产品？这些产品的未来发展空间怎么样？等等。

3. 毛利高

目前在淘宝天猫店铺平台中，有一半以上的店铺是亏本的，除了市场竞争激烈之外，其中还有一个主要原因就是成本太大，成本主要包括人工费用、设备购买、物流费用、广告费用、电商平台租金等，正常情况下这些费用加起来往往会占整个产品价格的 30%以上。尽管微店平台的费用可能没有这些平台的费用那么大，但这些潜在的成本也是一笔不小的数目，因此如果你选择的产品毛利率不够高的话，你就没办法很好地经营下去。

4. 竞争少

对于这一点，我可以说是深有体会，以我做佛珠为例，在 2014 年形成了一个明显的分水岭。在 8 月份以前，我们的生意可以说是非常火爆，员工加班到夜里 12 点是很正常的事情。而到了 8 月份以后，我们发现生意稍微淡了下来，其中最主要的因素，就是从事佛珠的商家越来越多，据我自己掌握的信息，就有 30 多个商家从 2014 年上半年销售服装，到了下半年就转行做佛珠生意了。

5. 大众需求

当然我们也不能只顾竞争少，还需要考虑另一个因素，那就是大众需求。微店不同于其他的平台，很多产品不太适合于在微店上经营，如生产设备、建筑工程等工业产品类型的项目，在微店上销售就很难有起色。

这主要是因为，微店上的顾客都为个体，因此我们在选择产品的时候，最好以大众需求的产品为主。

6. 易传播

手机并不是电脑，因此微店也不是网店，在微店上并不方便写太多的字，放太多的图片，所以我们在进行产品传播的时候，切记不要长篇大论，最好是用简洁的词汇和少量的字数说清楚就可以了，所以这要求我们的产品在描述的时候易于传播。

6.3　产品差异化的提炼

每一种产品总要给消费者购买的理由（利益或价值），我们需要把这种理由传达给消费者，而这种传达需要一些清晰的概念以便于消费者更容易理解，这就是我们所说的营销传播概念。营销传播概念并不单单指一段广告语，它还可以是一个说辞，或者是广告文案中的一部分解释等。

6.3.1　为什么要提炼概念

就产品本身来讲，大家给消费者的购买理由似乎是一致的，如手机为你提供沟通的便利、汽水让你解渴、冰箱让你冷藏食物等，但是在竞争激烈的市场环境中，这远远不足以成为购买的理由，因为产品本身的功能是同质化的，而消费者的需求却是多样化、个性化的，在这种情况下，差异化成了永恒的营销法宝。由于产品本身实质性的差异很难找到并且实现的难度较大（如涉及技术成本、模具成本等），在这种情况下，提炼优秀的营销传播概念成为了一种简洁有效的营销法宝，功能有限、技术突破有限，而消费者的心理感受是无限的。

6.3.2　如何提炼概念

创意概念与品牌定位概念、产品的卖点等都不是一个概念。定位概念或产品的卖点等都属于营销概念，而创意概念是基于传播、基于消费者的心理感受的，更强调一种意识形态里的感受，而这种感受可以来自各个方面，我们可以从各个方面来挖掘和提炼营销传播概念。因此，在营销传播概念的提炼中，我们更能感受到什么叫水无常势、兵无常法。虽然从理论上可以总结出很多理念和方法，然而，在实际操作中，更多的还是要依靠对市场的敏锐嗅觉和经验带来的直觉，甚至可以说还需要一点天赋的市场悟性。

水无常势、兵无常法。大到一个战略决策或许可以冠之以品牌核心价值的理念，小到一个细节的描述，都可能成为一个伟大的创意概念。下列方法仅作经验的总结，难免出现偏颇，读完后若能举一反三、推陈出新则更为重要。

附：29 种常见产品差异化概念方法

1. 产品的原材料

河南仲景药业提出“药材好，药才好”的传播概念，突出了产品的原材料优势，建立起消费者对其产品所产生信任感。

潘婷洗发水宣称有 70%的成分是用于化妆品的，让人不能不相信其对头发的营养护理功效。舒蕾现正推广的“小麦蛋白”洗发水也是在试图通过原料成分来加强产品的价值感。

2. 产品的重量

有的家具产品在推销中强调产品的分量重。因为在消费者的眼里，分量重就是结实的表现。

3. 产品的大小

世界著名的“甲壳虫”轿车怎一个“小”字了得，却风靡世界几十年。

4. 产品的手感

TCL 国际电工通过李嘉欣所做的广告告诉大家他们所生产的开关“手感真好”，因为手感好也是消费者判断开关质量的简单而又重要的标准。

5. 产品的颜色

普通的牙膏一般都是白色的，然而，当出现一种透明颜色或绿色的牙膏时，大家觉得这种牙膏肯定更好。高露洁有一种三重功效的牙膏，膏体由三种颜色构成，给消费者的直观感受就是：白色的在洁白我的牙齿，绿色的在清新我的口气，蓝色的在清除口腔细菌。消费者有时候就是这样傻得可爱。

6. 产品的味道

牙膏一般都是甜味的，可是 LG 牙膏反而是咸味的，大家觉得这种牙膏一定好。那么，如果有种苦味的牙膏呢？大家仍然觉得好，这就是差异化的威力。

7. 产品的造型设计

摩托罗拉的 V70 手机，独特的旋转式翻盖成为其最大的卖点。

8. 产品功能组合

组合法是最常用的创意方法，许多发明都是据此而来。海尔的氧吧空调在创意上就是普通空调与氧吧的组合。

白加黑也是一种功能的分离组合，简单的功能概念却造就了市场的奇迹。

9. 产品构造

“好电池底部有个环”，南孚电池通过“底部有个环”给消费者一个简单的辨别方法，让消费者看到那个环就联想到了高性能的电池。

海尔“转波”微波炉的“盘不转波转”也是在通过强调结构的差异来提高产品的价值感。

10. 新类别

建立一个新的产品类别概念。最经典的当属地球人都知道的“七喜”的非可乐概念，这里不再多言。

“老万”在进入民用炉具行业时，大家都叫它“采暖炉”，为了从纷杂的市场中“跳”出来，老万发明了“家用锅炉”的类别概念，单从名称上就显示出比其他采暖炉的高级。几年的营销传播下来，“家用锅炉”已经成为高级采暖炉的代名词，“老万”也成为炉具行业的第一品牌。

满足同一需求，大家实际上还是在正面竞争，但重新定义新品类概念，却让消费者面对一个新的选择，一个新品类的选择。这时你享有的就是一个新品类的市场。

11. 具体目标市场定位

直接针对某具体目标市场也可以成为优秀的营销传播概念。如百事可乐“新一代的选择”，最近清逸在广告后面加了一句“年轻的选择”，反映出企业品牌运作水平的提高。

功能性差的产品，会较多地走感性路线，其中对目标市场的具体定位概念可以直接获得目标消费者的认可。

功能性产品也可以通过具体目标市场定位概念强化其品牌“领地”。

12．隐喻的

瑞星杀毒软件用狮子来代表品牌，以显示其强大的“杀力”；胡姬花通过隐喻概念——“钻石般的纯度”来强化其产品价值；白沙烟用鹤来表现飞翔、心旷神怡、自由的品牌感受。波导用战斗机来代表，但不知道其所隐喻的是什么，不与产品或行业特点结合的隐喻显然是失败的，到头来只能是竹篮打水，什么也得不到。

13．企业的规模实力

如果企业在行业中具有一定的地位，也是很好的传播概念。如波司登一直称自己“连续 N 年销量遥遥领先”；虽然从来没听说过“瑞嘉”地板，但当看到其广告伞上印着“全国销量第二”的字样时，却一下子对该品牌放心起来。而最经典的当然还是美国那家自称第二的出租车公司：“我们位居第二，所以更加努力”。

14．典故

企业的一个典故也能成为一种很好的传播概念。尤其是一些历史悠久的品牌，挖掘典故进行传播是一种有效的方法，如王致和的故事等。多星电器集团是山东小家电的强势品牌，“多星”的名字来自于天上多了一颗星——中国第一颗人造卫星上有一种电子元件就是该厂生产的。但可惜的是，企业并没有把这一绝好的典故传播给大众。

15．价格

对于一个在价格上有优势的品牌来讲，谨慎的应用，价格也可以成为很好的营销传播概念。比如，在神舟电脑的成功当中，“四千八百八，奔四扛回家”的主题传播概念功不可没。

价格的概念在直面冲突明显、价格敏感的行业（如手机、电脑、汽车等）比较多见，也是很有效的。但在操作价格概念中，要注意的是不要让价格优势影响到消费者对产品品质的怀疑。因此还需要传播副主题及其他营销方法来提高产品的信任度。

16．事件

相信很多人都知道海尔的“砸冰箱”事件，直到多少年后，海尔还经常不厌其烦地把这一事件拿出来吆喝几声，该事件为海尔的“真诚到永远”立下了汗马功劳，可见事件概念的传播也是威力巨大的。

事件行销要注意把握时机，如能与社会上的热点话题联系起来，则会起到事半功倍的效果。2003 年的一大热点当然是“神五”飞天，“蒙牛”及时“对接成功”，有效地提升了品牌形象，是近年来少见的优秀事件行销传播案例。

17. “恐吓”

让消费者认识到现状的“可怕”从而试图改变现状是一种常见的营销手段。英国的贝斯特牙刷大肆宣传自己牙刷的柔软、不伤害牙龈，但市场反映并不好，经调查发现，原来大家没有意识到自己用的普通牙刷对牙龈有什么危害，于是在新的广告中，先用一支普通牙刷在一只西红柿上刷来刷去，不一会儿西红柿外皮就被刷破了，流出了“血水”，画外音说：你每天都在这样刷牙吗？然后换用贝斯特牙刷在西红柿上刷来刷去却没有破皮，这时再说贝斯特牙刷多么好，不会伤害你的牙龈等。这个广告“吓”坏了英国人，大家一刷牙就想到那只可怕的“流血”的西红柿，总感觉自己的牙龈要出血，于是大家都去购买贝斯特牙刷。

“舒肤佳”、“海尔防电墙”、“螨婷”等案例用的也是此法。

18. 产品功能（利益）的细分

产品功能（利益）的细分是提炼营销传播概念的重要来源。然而，逆向思维下的重新组合也能产生对市场有效的好概念。在美国的香皂市场，“象牙”是柔和型、“舒肤佳”是除菌型、“卡美”是保湿型、“依斯特”是清新型，各自都依靠清晰的功能定位概念牢牢地占据着一块市场。然而，“李沃 2000”却打出了既除菌又保湿的概念，用了短短 6 个月的时间，就从各大巨头碗中抢走了 8.4%的市场份额。

风影洗发水“去屑不伤发”也是该方法的应用。

19. 技术

一项新的技术应用在产品上以后，需要用一个消费者感觉明显（但不一定懂）的概念来传达。有的时候，一个技术上的简单改进也可以成为营销者的概念利器。由于不懂行业技术，笔者分不清楚下列案例属于哪种情况，但这些技术概念对于市场却都是有效的。脑白金的“脑白金体”，大家都不知道是什么东西，但都会感觉“脑白金”里面含有一种“神奇”的成分，所以就觉得有效、值得买。因为对消费者来说，“神秘”的东西都是值钱的。相信大多数人都说不清楚“变频”到底是个什么概念，但大家都知道变频空调好。大家都有免烫衬衣，但因为雅戈尔免烫衬衣是“神秘”的“VI 免烫”，所以觉得还是雅戈尔的好。

2003年的保暖内衣市场出现的“造卡热”如暖力卡、热力卡、赛维卡等也是该策略的应用，虽然大家都不知道说的究竟是什么，但都相信有这“玩意”的产品一定好。这就是消费者经常表现出的可爱的傻气。

20. 暗示

通过广告创意寻找概念也是常用的方法，优秀的广告人总能为产品找到绝妙的创意概念。广告总要体现出利益或价值，但需要找到一个直观的、微妙的东西来表现。这种微妙能够直达消费者的内心深处，需要生动和形象，这个微妙的生动会给大家产生暗示，而恰当暗示的力量是大于直白的表述的。

“农夫果园摇一摇”、“乐百氏27层净化”、“金龙鱼1∶1∶1”都属此类型。

21. 专业

专业感是信任的主要来源之一，也是建立“定位第一”优势的主要方法。因此，制造专业概念也是提炼营销传播概念的有效方法。人们示爱的最快方法是直接说：“我爱你”，所以很多品牌在塑造专业感时经常直称专家：方太——厨房专家；华龙——制面专家；中国移动——移动通信专家；李医生——皮肤护理专家；九牧王——西裤专家；老万——家庭热能专家；金城——中国摩托车制造专家。虽然说喊的人多了难免俗气，但对于市场来说还是有效的，消费者相信，喊专家的一定是专家，而且还相信，号称专家的一般都是行业中的第一或是最好的。

22.“老”

经营时间长的企业会给人以信任感。因此，诉求时间的概念也是一种有效方法。而且，时间的概念越老越好，如玉堂酱园——始于康熙五十二年（1713年）；青岛啤酒——始于1902年。老字号品牌一定要注意提炼自己的时间概念，而不是很老的品牌也可以提炼相对“较老的概念”，如“18年制造经验”等可以作为时间概念，对市场也是有效的。也有一些老品牌的制造概念，如某刚成立几年的眼镜店愣是起了个颇具古韵的名字，把店面装修得古色古香还自称百年老字号。从某个角度讲是不符合道义的，也是不合法的，但从市场的角度看却非常有效。

23. 产地

许多产品具有产地上的特点，如北京的二锅头、烤鸭，山东的大花生，新疆的葡萄，还有我们常说的川酒云烟等。从这些地域特色强烈的产品中提炼地域概念显然是很有效的方法。如云峰酒业的“小糊涂仙”、“小糊涂神”、“小酒仙”等都在说“茅台镇传世佳酿”；“鲁花”花生油说“精选山东优质大花生”等。

产地概念还体现在担保品牌策略的提炼，如别克——来自上海通用汽车，大品牌在推出新品牌时经常用到该方法，上市初期强调出身是很有效的，可以迅速建立信任度。如第一次看到“顺爽”的广告时，由于广告创意不好，立刻觉得这又是哪儿来的杂牌子，但看到丝宝集团出品时却一下子打消了对该品牌的顾虑。

24．具体数字概念

越是具体的信任感就越强。因此，挖掘产品或品牌的具体数字也是常用的方法。如“乐百氏 27 层净化”、“总督牌香烟，有 20 000 个滤嘴颗粒过滤”等都是该方法的应用。

25．服务

同样的服务，如果有一个好的概念则能加强品牌的美好印象。比如海尔提出的“五星级服务”也为其“真诚到永远”作出了贡献；另外还有“24 小时服务”、“钻石服务”等都是不错的服务概念，在加强品牌美誉度方面起到不可忽视的作用。

26．促销

同样的促销活动，如果冠以好的传播概念，则会带来截然不同的品牌感受，使促销活动增加了些许的“正义”色彩。如某笔记本电脑品牌的降价促销概念叫作“笔记本普及运动”；家庭热能专家——老万，在大力推广家用锅炉的活动中，以“暖居工程”为推广概念，受到广泛支持。

27．节日

“每逢佳节数倍销售”，节日为商家创造了促销的理由，因此每到过节的时候都是各品牌的销售旺日。大家都盼望节日的到来，可是聪明的商家懂得自造节日。商场是自造节日最多的地方，如济南的人民商场每年的“感恩节”总是人山人海，十天的“节日”期间，销量顶得上平时的几个月。家电商场经常搞什么“电脑节”、“彩电节”活动，看似没什么好玩的，其实很具销售力。近来看到某内衣品牌又搞起了“内衣节”，看来聪明的商家也开始学着自己过节了。

28. 上市

概念无处不在，好的概念会给人以崭新的感受。过去，产品上市的概念无非是什么"隆重上市"。在新的市场环境中，产品上市也开始各具特色：洗衣粉——洁净上市；饮料——清凉上市；家用锅炉——温暖上市；服装——动感上市；家居用品——温馨上市；方便面——弹跳上市。你是不是还在"隆重上市"？

29. 副品牌名称

副品牌名称的提炼也是建立品牌印象的重要方法，可以直观地实现单类产品的品牌概念化。而且，好的副品牌名称能集中体现出产品特点，成为概念的集中点。如海尔洗衣机中的"小小神童"，产品本身所具有的小巧方便的特性集中地体现出来，比起常规的技术编号推广形象贴切得多，显然对市场是有效的。老万在2003年推出了四款家用锅炉，产品特点各不相同："谁说火气大就不美丽了"的一款我们冠之以"丽能"；"省煤就是省钱"的一款我们冠之以"洁能"；"燃烧彻底，超强热力"的一款我们冠之以"超能"；"火热内'心'"、外观雅致的一款我们冠之以"雅能"。形象贴切的副品牌名称概念非常有利于丰富产品卖点，也有利于销售推广。

6.4 产品的布局

在具体讲产品布局之前，你先要明白一个简单的道理。从现在开始，你的营销出发点不要老是聚焦于产品的本身，而应该是如何给客户创造某种改变。这种改变有多大，这个改变对潜在客户来说会值多少钱？

每个客户都想购买一种状态的改变，一种从现状到未来的改变。所以你在设计产品的时候，要从这种变化去思考。我自己在给企业服务的时候，在考虑产品的时候从来没有考虑过"哦，这些产品一定是这个形式、那个形式"，而是"客户的改变"决定了产品的展现形式。

为什么要这么思考呢？

第一，你的产品更容易被卖出去。当你能够描绘出客户的这种改变，然后把你的产品作为客户改变的唯一手段时，"卖出去"就是很自然的事。相反，你要是坐在办公室拼命地去研究一个产品，却根本不知道这个产品适合谁用、对客户能起到什么样的作用，很显然，你的销售难度就会非常大！销售是从别人的改变开始的。

第二，你的定价不会出现问题。很多人的定价方法很笨，其中最常见的是成本利润低价法。比如说：我的成本是 10 元，再加上 40%的利润，所以我的定价应该是 14 元。很多人都是这么定价的，但这种定价是极其错误的，因为他们会失去一些机会利润（如定价 15 元也不影响销售）。当然还有一些人完全参照竞争对手的价格来定价，这也不对，真正的定价标准应该聚焦在目标客户的改变上，看看目标客户的心理定价是多少，这也就是我说的价值定价。当然这种价值必须是目标客户的定价。

最后我们还是来说说微店运营过程中如何进行产品布局吧。我个人认为在微店时代，消费引导生存，营销系统决定产品结构。我们应该一切围绕“营销”来布局我们的产品体系。下面我们就根据“微引流”模式来设置一套“三层次”的产品结构。

第一层次：鱼饵产品。主要是吸引他们进入微店，成为我们微店数据库的一员，这样的产品最好是免费产品。

第二层次：佣金产品。针对想赚取佣金的伙伴，吸引他们的家人推广活动，展开宣传攻势。

第三层次：赢利产品。针对高端客户，吸引他们付费购买。

6.5 产品的包装

对于产品的包装，目前在市面上有很多关于这方面的书籍，也有很多优秀的企业家阐述了很多的思路，感兴趣的读者可以去研究一下。在这里，我重点说说 3 个方面：定位、外形包装和品类占有。

6.5.1 定位

在 2011 年的时候，曾经有一个企业找到我，希望我能帮他们包装运营他们的产品，当我们第一次见面的时候，他们向我介绍了这些产品的优点，并说这款产品是中国科学院的专家们研究出来的一款纳米技术产品，主要作用是杀菌除螨，可以用于除掉脸部的螨虫，以及对伤口的处理，甚至杀脚气……当我们听完这一系列介绍的时候，感觉这就是一款“包治百病”的产品，对这款产品更持怀疑态度了。

产品在宣传的过程中，并不是介绍的优点越多越好，而是要将其符合消费者内心需求的亮点展现出来。有时候在产品运营的过程中，我们首先要考虑的是做“减法”，尽量简化产品的信息，这一过程我们称之为产品的“定位”。

1. 产品定位“三角”

20 世纪 70 年代，美国营销大师杰克·特劳特先生首次提出了“定位论”这个概念，立刻在整个营销界和企业家当中引起了巨大的反响，成为整个产品营销活动的战略制高点，也成为在竞争激烈的市场中产品运营最有效的办法。

关于定位更详细的内容我在这里就不做更多的介绍了，感兴趣的读者可以去阅读杰克·特劳特先生所著的《定位》和《重新定位》这两本书，在这里只想阐述我对产品定位的相关个人看法。简单地说，我把产品定位归纳为三个方面：自身、消费者以及竞争者的情况，并把这三个定位要素取了个很好听的名字叫作“定位三角”（如图 6-1 所示）。

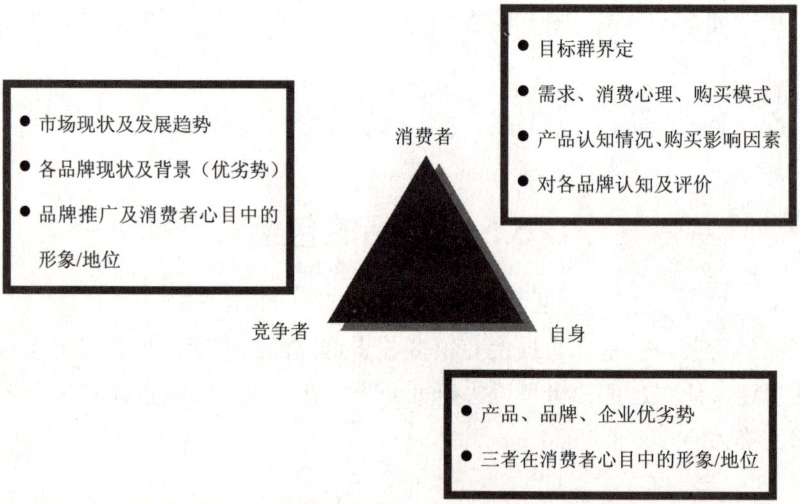

图 6-1 定位“三角”

（1）自身。要想打造产品的影响力，首先就要对自己所销售的产品非常熟悉，如这个产品是什么，是一个什么样的产品，产品的价值体现在哪里，产品的核心功能是什么，我们如何利用这个产品赚钱，产品的商业赚钱模式用户接受吗，产品的商业模式与公司一致吗，公司对产品有什么长远规划，消费者对产品的态度如何，以及公司对产品的态度如何等。

（2）消费者。精准的产品自身定位界定了精准的客户群体，产品的使用价值是满足客户需求、让客户选择使用你的产品的最大因素。我们在对产品自身作充分的了解和定位之后，接下来要解决的就是产品的消费者问题，即要解决谁会是我们的用户，产品的用户有几类，消费者行为和特点是什么，影响消费者购买的因素有哪些，以及消费者对产品的印象如何等。

（3）竞争者。在你深刻地了解了你的产品的特点，并确定了你的消费者是谁之后，接下来要考虑的问题就是你的竞争对手，只要是你的产品在这个行业内还未形成完全垄断，你就必须要去分析你的产品有多少竞争对手，与竞争对手的区别在哪里，竞争对手的产品模式怎么样，竞争对手的实力如何，哪些竞争对手会对你的产品造成威胁，以及我们如何规避这些威胁等。

➘ 案例：茵曼的“棉麻生活品牌”

茵曼（INMAN）是广州市汇美服饰有限公司旗下的棉麻生活品牌。由董事长方建华于2008 年创建，是中国成长最快、最具代表性的网络服饰零售品牌，先后获得 2011 年全球十佳网商 30 强品牌，连续三年位居天猫商城女装品牌 TOP5、淘品牌女装 TOP3、淘宝第一原创棉麻女装品牌等殊荣，并在 2013 年“双十一”成为女装品牌全网品牌销量第一（如图 6-2 所示）。

图 6-2 茵曼天猫店

茵曼的成功首先归结于品牌的精准定位。茵曼从起步时，就定位为“棉麻生活品牌”，主要面向 25～35 岁女性顾客，以“棉麻”为特色，向女性顾客销售的不仅仅是服装，更多的是为女性消费者提供环保、原生态的棉麻生活体验，回归现代都市自然“慢生活”。因此茵曼主张“素雅而简洁，个性而不张扬”的服装设计风格（如图 6-3 所示），推崇原生态主题下亲近自然、回归自然的健康舒适生活，追求天人合一的衣着境界。

图 6-3　茵曼服装设计风格

目前茵曼逐步从服装向鞋包、配饰等品类延伸，从而形成慢生活的生活整体搭配，让棉麻品类走入消费者的心智。

2. 如何进行定位

乘过船的人都知道，当船靠岸的时候，船员会将所准备的绳子缠在河岸边的一个固定的木桩上，以防止船随水流漂走，我们把这个桩称之为船锚。而定位则是将某个产品、某个服务、某家公司或者某个人在潜在客户的心里留下“心锚”的一个过程。从这方面来看，定位并不是围绕着产品进行的，而是围绕着顾客的心智进行的。

但是在这个产品爆炸、媒体爆炸、广告爆炸的时代，有关统计显示，我们每一天接触的信息不少于 2 000 条，真正能留意的只有 100 多条，真正能短暂记住的只有 20 多条，而这 20 多条信息中又有多少条能进入你的“心智”呢？所以，我们必须找出一条能够进入顾客心智的捷径，而这个捷径就是“定位”。关于定位的方法有很多，大家如果感兴趣的话，可以去拜读杰克·特劳特先生著的《定位》一书，在这里只简单地说说我心目中的一些定位方法。

（1）第一定位

成为第一，是进入心智的第一种定位捷径，问自己几个简单的问题就能证明这一点。

世界第一高峰叫什么名字？珠穆朗玛峰，对吧？那么世界第二高峰呢？

中国第一个上太空的人是谁？杨利伟，是吧？那么第二个上太空的人呢？大家可能不知道，但是大家一定知道第一个上太空的女航天员是刘洋。

中国获得奥运会第一枚金牌的人是谁，许海峰。那么第二个获得奥运会金牌的人是谁呢？我想没几个人知道。

第一高峰、第一人、第一家占据你心智的公司名称很难从你的记忆中抹去。

（2）比附定位策略

如果你在短时间内没办法成为行业的领先者，并且在短期规划内做不到第一的话，那么还有一种常见的做法——甘居第二、攀龙附凤，即将自己与知名品牌相提并论。在 1999 年，当时牛根生刚从伊利出来，带着几个人创立蒙牛，那时候的蒙牛可以说是面临“三无状态”：一无奶源、二无工厂、三无市场。更恐怖的是蒙牛当时相比同城而居的伊利，更谈不上资金雄厚。面对这种“困境”，蒙牛的领导人牛根生并不是跟伊利硬对硬，而是采用了比附定位策略，借助伊利的知名度，给自己定位为“创内蒙古乳业第二品牌，向伊利学习”。

因为大家都知道，内蒙古乳业第一品牌当然非伊利莫属，那么第二大呢？不知道，而此时蒙牛语出惊人，“第二大”如此定位即将对手抛于脑后，将名不经传的蒙牛一举提到了乳业巅峰，一人之下，万人之上，何等气魄！

就是这一定位，使当时排在全国 1 000 多位的蒙牛，在短短几年内真的实现了内蒙古乳业第二品牌的梦想，甚至某些产品系列还超越了伊利，成为第一品牌。

（3）USP 理论

USP 理论即提出独一无二的卖点，如海尔空调提出的“氧吧”概念，乐百氏提出的“27 层净化”技术，这些都是利用了 USP 理论的成功案例。

（4）消费群体

即围绕着某个特定群体做文章，需求定位群体的认同，尤其是在目前商品极度开发的现代经济，你不可能将每一个人群都全方位覆盖，从某种意义上来说“少即是多”，覆盖某一个群体，并让这个群体仅仅吸附在你的产品周围才是一种不错的手法。如与其他的日化类牙膏相比，云南白药牙膏结合自身云南白药的优势，将自己定位为“药物牙膏”，主要是针对那些口腔溃疡、牙龈肿痛的人群，产品一经推出，立刻受到广大消费者（尤其是口腔病患者）的喜爱。

（5）抢空挡

抢空挡也就是所谓的寻找蓝海战略。通过追求“个别的突出”，是进行差异性战略的一种体现。如面对可口可乐和百事可乐两大巨头在一线城市的竞争压力，非常可乐则选择三线城市甚至农村作为主要的销售渠道，也算是做得有声有色。

（6）档次定位

不同档次的品牌带给消费者不同的心理感受和情感体验。现实中，常见的是高档次（奢侈品）定位策略，这种定位的产品往往会出现反价格定律的规律，即价格越高，销售量反而越高。

（7）质量/价格

这是一种常用的定位策略。但也正是因为常用，所以想要用好也并不是一件容易的事情，需要真正的“高”。如雕牌的“只选对的，不买贵的”暗示雕牌的实惠价格，但要是想体现其性价比确实高，必须提供令人信服的证据或效果。

（8）文化

关于文化营销，我已经在前面说过了，文化定位就是利用某种文化（一般是内在关联性的文化）对品牌进行诠释，从而形成品牌独特性，如脑白金的“送礼文化”。

（9）概念定位

使产品、品牌在消费者心智中占据一个新的位置，形成一个新的概念，甚至造成一个新的思维定式，以获得消费者的认同，使其产生购买欲望。如金龙鱼“1∶1∶1”调和油就是概念营销，消费者不一定知道“1∶1∶1”是什么比什么比什么，但是至少形成了这样的调和油是最健康，最好的思维定式。除此之外，花生牛奶、核桃牛奶都适于概念营销。

（10）对比定位

在该定位中，企业设法改变竞争者在消费者心目中的现有形象，找出其缺点或弱点，并用自己的品牌进行对比，从而确定自己的地位。如将两种品牌的洗衣粉进行对比试验，以确定自己品牌洗衣粉的洗洁功效。

（11）利益定位

这种定位方法是指产品或服务满足顾客的某种需求，解决顾客的某个问题进行的定位，如海飞丝的“去头屑”。

（12）情感定位

用恰当的情感换取目标消费者内心深处的认同和共鸣，从而改变消费者的心理，如动感地带针对年轻人提出的“我的地盘我做主”，就符合年轻人的独特个性主张的心理需求。

6.5.2　外形包装

要知道，人是一种感性动物，从某种意义上来说，无论多么理性的消费者，他在购买产品的时候都是感性的，而刺激消费者感性心理的主要来源是视觉，80%的产品营销与视觉有关，所以我们在进行品牌提升的时候，可以考虑从视觉上入手，这的确是一种不错的方式。例如，下面有三款包装图（如图 6-4 所示），你觉得哪个图更好？当时我所有的学生都认可包装图 3 是最高档的，图 1 是最低档的，我相信各位读者也是同样的感觉。

事实上我也是这样做的。图 1 是我最初研发的产品，价格比较低廉，利润也必然很低，为了扩大产品线，我们在第二期又推出了中端和高端的产品线（如图 6-4 中的包装图 2 和包装图 3 所示），这种产品定位的改变除了产品本身材质的变化之外（小变化），更多的是来自于视觉的冲击。

包装图 1

图 6-4　某面膜的三款包装

包装图 2

包装图 3

图 6-4 某面膜的三款包装（续图）

关于产品外形包装，在营销上专门有一门学科叫“品牌美学”，感兴趣的朋友可以去研究一下。

6.5.3　品类占有

有人说，在电子商务时代，要想获得成功，追求的不是第一，而是唯一。这句话虽然并不全对，但细细品味，还是有一定道理的。试想一下，企业产品要想走向成功的舞台，需要理解两种竞争方式。

第一种方式比较容易理解，被称之为“品牌偏好”竞争，它需要说服购买者通过与品牌 X、Y、Z 的比较之后选择品牌 A，这是目前最为普遍的方式。竞争的焦点永远是“我的品牌比你的品牌好”式的营销，这种导向的营销战略特点是希望通过产品吸引力、可靠性或价格持续渐进的改善来加强购买者的偏好，投入比竞争对手更多的营销传播资源，用更聪明的广告、更有利的促销活动、更多的赞助和更广泛的社交活动来影响消费者购买。但最后的结果往往会让品牌（或产品）沦为一种相互追赶、放弃利润，最终因为市场地位的失去而成为打压对象的所谓“秘诀”。

相比第一种“品牌偏好”竞争来说，我更喜欢第二种“品类占有”竞争，也就是说创造可以定义新品类或子品类的“必备要素”，而竞争对手与该品类则没有相关性，使自己的产品努力成为某个行业里面的唯一，而不是最好的那一个，根本不让消费者在选择产品的时候有考虑竞争对手的可能性。对于利用这种方法的企业家和营销者而言，他们的任务是主导新的品类或子品类，使其成功并取得不断的成长。我很喜欢这种策略，一直认为这才是突破性品牌所应选的道路，也是企业产品追求增长和利润的最佳道路。

关于“品类占有”有很多成功的案例，如娃哈哈“果汁+牛奶”的营养快线（如图 6-5 所示），就是从牛奶饮品中细分出来的新品类，它满足了人们不喜欢纯牛奶口感，喜欢喝甜性果汁味牛奶的人群，这个产品投入市场后立刻受到追捧，成为娃哈哈赢利贡献最大的一个品类。

图 6-5　营养快线

当然，如果你的企业（或产品）竞争和获胜不再取决于你的品牌是否比别的品牌更出色，而是取决于品类或子品类的竞争，让你的品类或子品类显得比其他品类或子品类更好，那可能是一个完全不一样的视角和结局。当然，放弃品牌偏好之争，去赢得品类占有之战，需要更多的想象力。

第 7 章

微引流

在微商的营销体系里面，企业的核心资产就是客户数据库。在微店运营过程中，你的好友名单、你的公众号关注者就是你的客户数据库，只要你拥有海量的精准客户，你就一定能在微店运营过程中轻松地销售产品，获得财富。这就是微商的魅力，这就是互联网的魅力。

当然，要想经营好微店，拥有海量精准客户只是起步，我们还需要其他方面的努力，可以将其归纳如下：

首先，吸引客户进入到你的微店数据库里，这一步是基础，我们把这一步骤称之为“引流”。

其次，向数据库里的客户（尤其是精准客户）传播信息，相互沟通，并最终争取让客户转发，这一过程我们简称“沟通”。

最后，就是产品销售环节，可以看作是“使用微店销售产品的过程”，因为在这一环节中我们常用到一些促销手法，统一称之为“促销”。

所以我们把“引流”、“沟通”、“促销”3 个动作的内容组织起来，再结合“微信”、“微博”、“微店”的“微”字特征，于是就形成了“微引流”、“微沟通”以及“微促销”的“三微营销体系”，其框架如图 7-1 所示。

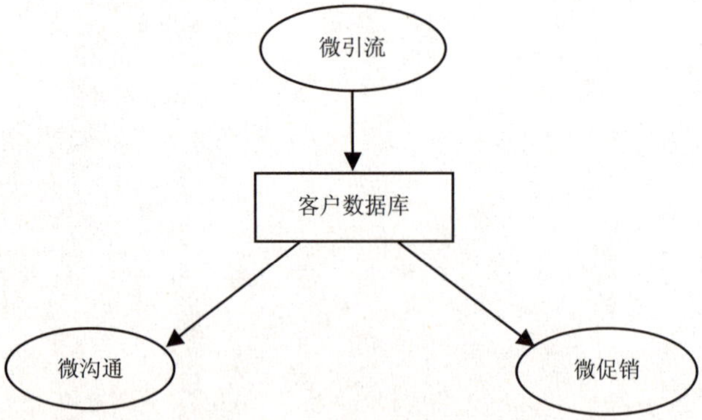

图 7-1 “三微营销体系”框架

无论你从事何种行业，目标客户是何种人群，微店营销的奥秘基本都可以涵盖在上面这个框架中。你只要把自己的产品信息与这个框架图结合，就可以轻松地策划出属于你自己的“微店营销方案”。

关于“三微营销体系”中的相关知识我们会陆续在后面的文章中逐渐阐述，在本章中，我们先说第一个步骤——微引流。

7.1 微引流的相关概念

做微商的人都知道，那些做得好的牛人，基本上都是引流高手，多渠道引流，沉淀的数据库动不动就是几万元至十几万元，一个月做几十万元的营业额也不稀奇。而对于那些刚刚接触微商的新手来说，他们最大的困惑就在这里，即便你的产品再吸引人，技巧再好，软文做得再牛，但粉丝基数不大，想出业绩一样很难。

关于“微引流”，目前业界并没有一个完整的概念，那么我就根据自己的了解和认识，暂且将微引流这样定义：“微引流”是指在一切可能接触到目标客户的地方，通过你设置的“诱饵”，将你的目标客户吸引到你的客户数据平台，从而进入你的客户数据库的过程。

从定义可以看出，“微引流”有两大要点：

其一，“一切可能接触到目标客户的地方”。这是你的“客户数据库”系统中客户流量的主要来源，也就是说，你的客户不管来自“天上”（互联网上），还是来自“地上”（地面街铺），都要想尽一切办法将客户“截留”过来。

其二，“利用诱饵，吸引目标客户到你的客户数据库平台”。这说明客户进入你的数据库平台是需要理由的，如果你不能提供给他想要的“好处”，客户是不会关注你的，也不会进入你的平台，所以你必须给好处、放诱饵。当然诱饵可能是“折扣”，可能是“赠品”，可能是“返点”，也可能是目标客户所需要的“知识”。总之，一定要舍得投资，这样才能快速地建立起自己的客户数据系统。

7.2 增加粉丝

我们在第 4 章“拍拍小店的订单管理和售后服务”中有重点介绍，买家进入微店主要有 4 种方式：一是通过卖家分享的商品或店铺链接；二是通过扫描微店二维码；三是通过 APP 搜搜产品或店铺名称；四是通过收藏夹关注。其中最为主要的流量来自于第一种方法，即通过卖家分享商品或店铺链接地址进入，约占整个流量的七成左右。所以在本章中，我们重点介绍的也是这种方法。

至于扫描微店二维码，由于二维码技术发展得比较迅速，已经有很多商家在包装盒、户外广告、商品，甚至电商广告中都打出了“二维码”。而微店二维码的出现把一切跟人接触的事物都变成了“销售终端”，从而彻底颠覆了过去“卖场”的概念。

至于通过拍拍APP搜搜，更多的适合于在拍拍上开店的商家，我相信这部分商家肯定也在淘宝上开店多年，已经有了一套收敛拍拍搜索引擎优化（SEO）技巧。在这里就不一一阐述了，有兴趣的朋友可以购买相关的书籍进行阅读。

而通过收藏夹关注，这是目标粉丝成为你的忠诚粉丝的重要举动，这一点你的可控性也不是太强，它与产品有关，更与营销有关。

既然微店更多的是通过卖家分享商品或店铺链接地址进入，那么你的客户数据库所拥有的客户资源就成了微店成败的最关键因素，那么如何充实你客户数据库里的客户资源呢？

在前面的章节中我们说过，可以将微店分享到微信朋友圈、QQ好友、QQ空间、新浪微博、短信，以及复制链接地址供其他用处。那么你的客户资源库平台自然也是建立在这些平台的基础上，其中，微信、微博以及QQ这三个平台又是这些平台中的重中之重，为了更好地阐释这一概念，在本章中，我们就以微信为例进行阐释。

关于微信、微信公众平台等基础知识我就不多说了，相信大家都已经非常熟悉了，不太了解相关知识的读者，可以去购买这方面的书籍进行阅读，与微信有关的书籍还是挺多的。我们直接进入主题——增加粉丝。在进行粉丝增加的过程之前，你必须先把头像、昵称和个性签名设置好，并且多在朋友圈发布生活信息，多转发一些有价值的内容（次数不要过于频繁，免得有刷频之嫌，个人认为以每天3~5条为宜），这样做的目的其实就是要把你包装成为一个有趣的人，一个脱离低级趣味的人，进而让别人对你产生好感。

还有一点值得注意：粉丝的质量一定大于粉丝的数量，粉丝越精准越好，这和我们做销售是一样的。下面就来给大家介绍一些增加粉丝的技巧。

7.2.1 朋友推荐

朋友推荐是最常用的一种增加粉丝的办法，特别是当你认识的一些朋友是“名人”的时候，那么朋友推荐对你增加微信粉丝数量来说就显得尤为重要。而所谓“名人”是指有足够多的粉丝或曝光率的人，如我的嫂子因为在家带小孩做全职太太，想找点事情来做，打算代理我的“佛之缘”佛珠饰品，但苦于没有太多的粉丝，不知道怎么去寻找潜在客户。为了帮助她创业，我自然承担起了吸引粉丝的责任。具体操作其实非常简单，就是通过“名人”介绍，只不过这个“名人”不是别人，正是我运筹了很久的“凤经纬佛珠配件”公众平台。

那些了解我的人都知道，我一直服务于一个叫“凤经纬”的佛珠配件公司，这是一家有25年佛珠生产批发经验的企业，拥有很多固定客户群，自从2013年年底我们筹建公众平台之后，就有很多顾客成为我们的微信公众平台粉丝（目前拥有2万多粉丝），那么，帮助我嫂子增加粉丝的办法就是通过“凤经纬佛珠配件”微信公众平台这个“名人”来作介绍了。具体操作办法就是通过公众平台发布一条“推荐”内容（如图7-2所示），然后在推荐内容的最后将我嫂子的微信号以及二维码也一起推荐出去（如图7-3所示）。

这个办法效果非常好，第一天推荐的时候，就增加了将近400多个粉丝，后来持续几天这样推广，每天都增加100多个粉丝。正是因为有了这样显著的效果，使得我每天都乐此不疲地通过这种方式增加粉丝。

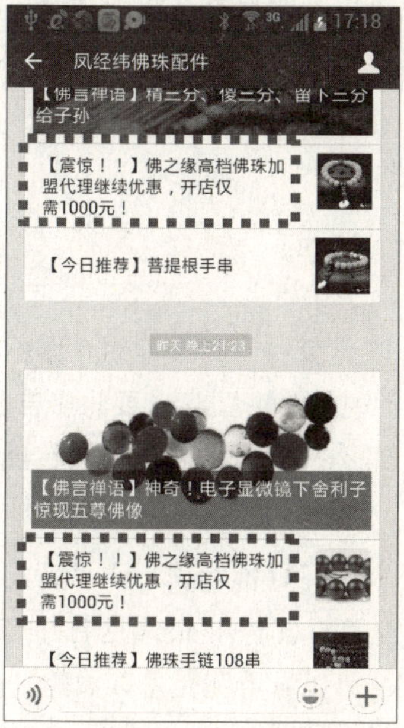

图7-2 “名人”推荐1

图7-3 “名人”推荐2

对于朋友推荐，尤其是“名人”朋友推荐，我们需要考虑4个问题：第一，选择什么类型的“名人”朋友推荐；第二，如何让这些“名人”朋友推荐你；第三，如何让“名人”朋友乐意推荐你；第四，如何实现广泛传播。

1. 选择什么类型的“名人”朋友推荐

这个问题其实非常简单，就是“名人”朋友的粉丝跟你的粉丝有非常大的重合度，或者是你的产品满足了该“名人”朋友粉丝群的广大需求。“凤经纬佛珠配件”的粉丝是一些对佛珠、佛珠配件感兴趣的人，那么这部分人自然也是“佛之缘”佛珠饰品的潜在客户，所以选择这一类型的“名人”是没有错的。除此之外，我们还可以选择佛学知识、佛珠产品研究，甚至是饰品、礼品行业等“名人”公众平台来进行推荐。同理，如果你是从事互联网营销的人，那么，你要增加粉丝数量就必须找这个行业的“名人”来推荐。

当然，如果你的粉丝是普通人的话，在这方面就不需要太大的要求。

2. 如何让这些“名人”朋友推荐你

我们要想找到适合自己定位的“名人”是很容易的，但是我相信很多人都卡在不知道怎样才能让“名人”帮你推荐上了。其实名人推荐你并不是一件很麻烦的事情，你也可以给予对方一定的恩惠，如果对方跟你差不多，也可以互相推荐，达到共赢。但需要注意的是，无论是采取恩惠也好，还是互推也好，要想让“名人”推荐你，必须要做到两点：

第一，对你信任。

第二，对你的产品信任。

3. 如何让“名人”朋友乐意推荐你

如果你想让“名人”更乐意推荐你，甚至是以免费的方式推荐你，你还可以选择一种让大家都可以接受的方式来做广告，也就是我们常说的“软营销”，要将广告融合在“软文”里面。因为微信人群非常反感广告，“名人”也不敢得罪自己的粉丝，也不希望在自己的平台里面赤裸裸地做广告。

那么如何做到这一点呢？最简单的办法就是自己写好推荐词，让“名人”朋友进行简单的操作即可（这样还可以帮“名人”省去推荐构思的烦恼），最常见的方式就是写生活感悟。下面是一则我去年给朋友做推荐的文章，大家可以看看我是怎么做的。

我有一位做野生蜂蜜的朋友，有一天他跑过来问我，怎么在朋友圈里卖他的产品，我向他介绍了“名人”朋友推荐法，并为他写了一段推荐软文（如图 7-4 所示）。从图中可以看出，这段软文尽管只有 100 多字，但是它极具营销性。

我个人认为，一段具有“营销性”的软文，应该具备以下几个部分。

首先，提出问题，牵出“引子”。需要注意的是这个“引子”一定是“名人”粉丝群最为关注的，如纯天然的、野生的、土特产、纯正的等字眼的产品，我相信每个生活在都市里面的人都会很感兴趣。

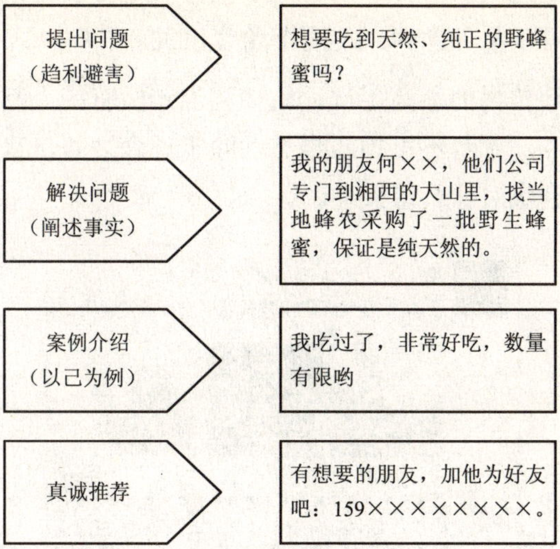

图 7-4　推荐软文

其次，解决问题，引荐自己。提出问题之后，接下来就是要阐释事实了，可以将需要推荐的人引荐出来，如“我的朋友何××，他们公司专门到湘西的大山里，找当地蜂农采购了一批野生蜂蜜，保证是纯天然的。”

然后，案例介绍，以己为例。我一直强调，无论是做传统生意、传统电商还是做微商的人，我们在选择某个产品之前，最好先自己试试，尤其是在推荐给别人之前，一定要自己体验一下，中国有一句古话叫作“己所不欲，勿施于人”，说得很有道理。

最后，真诚推荐，引导行动。这一步骤是不能少的，如果少了这一步骤那就是一个简单的内容阐述了，没有达到推荐人的目的，所以要想成功地推荐，就一定要“诱导”粉丝产生行动。

很显然，要想让“名人”轻松地推荐你，就必须在软广告身上下工夫，我认为：一则优秀的软广告=具有意义的内容+娱乐+有传播力的话题+广告。大家可以从我给另外一个朋友的推荐内容中看出一点点道理来（如图 7-5 所示）。

4．如何实现广泛传播

微信之所以这么火爆，还有一个非常重要的原因就是它具有极大的裂变性，只要你的内容具有“病毒性”，它就能像病毒一样广泛传播。试想一下，如果每个人平均有 200 个好友，只要裂变一次，你的内容将传播给 200×200=40 000 人关注。所以对于微信来说，要想增加更多的粉丝，就必须利用其裂变性的特点，让内容进行病毒式传播，从而实现广泛传播。要想做到这一点，可以从理念和兴趣两个角度出发。

传播理念是人们主动传播的最高层次。就如同当年所有的人都传播无产阶级这一理念一样，如果能做到这一点，则势不可挡。当然，除了理念之外，我们还可以从粉丝的兴趣出发，多考虑考虑粉丝到底对什么感兴趣。

图 7-5 推荐软广告

7.2.2 手机号添加

通过手机联系人添加好友，这是微信增加粉丝的另一种有效方法。因为有相当一部分人的微信是跟手机绑定的，而且手机通讯录里的人几乎都是你的熟人，如果添加成为微信好友，很容易建立彼此信任的关系。但通过手机联系人添加好友，一天只可以加 50 个粉丝。

具体操作办法其实很简单，打开微信通讯录，选择“添加朋友”选项，进入“添加好友”页面，然后再选择“QQ/手机联系人”选项（如图 7-6 所示）。

进入“添加朋友”页面，选择“添加手机联系人”选项（如图 7-7 所示），你会看到最初始的手机通讯录（如图 7-8 所示），这批人都是你日常生活中的好友，你可以单击后面的“添加”按钮，将他们变成你的微信好友。

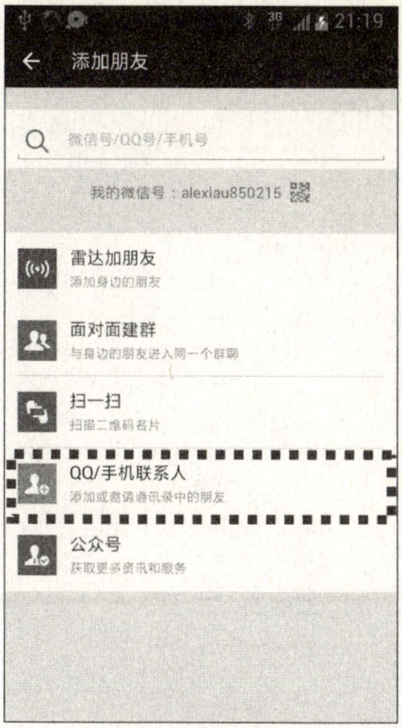

图 7-6　添加朋友

图 7-7　添加手机联系人

图 7-8　手机通讯录

但是，绝大多数人的手机通讯录上的好友是有限的，很显然这远远不能满足我们添加粉丝的要求，那么如何通过手机通讯录添加更多的好友呢？我个人认为有以下 4 种办法：

方法一，电话号码清单

获取客户电话号码清单，这是获取手机号码最常用的一条路径，我相信很多做过电话销售的人都知道，客户的电话清单，是可以通过某种渠道购买的。

除此之外，你的客户电话号码清单，还可以是淘宝买家的手机号码，也可以是从招聘网站上找到的目标从业者，也可以从 1688 上面找到很多批发商的手机号码。一般在同城网上就会有各行各业的信息（如图 7-9 所示）。并不是所有的信息都有用，要根据我们的目标人群，来寻找相关的信息。

方法二，请君入“瓮”

我们可以通过互联网去寻找别人的电话号码，当然也可以在互联网上留下你的手机号码，让别人来主动找你。同样的道理，如你在同城网上发布一条房屋出租（或招聘）的信息，然后将自己的号码发布上去，只要你的条件诱人，自然会有很多人主动打电话联系你，这样你就可以坐收渔利了。

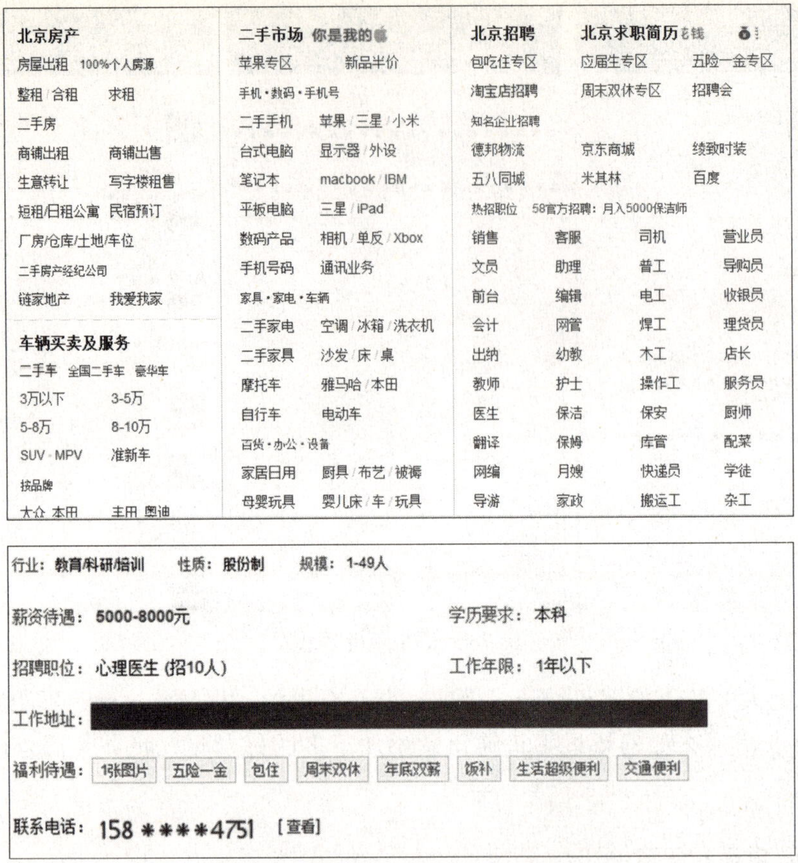

图 7-9 网上寻找客户电话号码清单

方法三，无中生有法

我国的手机通信号码有一定的规律性，如中国移动手机号码的前三位一般是以 135、136、137、138、139、157、158、159 等开头的，而中间四位数往往是按地区设定的，如我的老家湖南娄底区号为 0738，相当多的号码中间四位数都是 7383 这四位数，这样我们就可以将前面七位数确定了，如 1597383××××，后面的四位数字我们就从 0 到 9 依次去排列，然后用表格去复制粘贴，这样一次性就可以生成几万个号码了。

找到这些电话号码后，通过手机助手（以豌豆荚为例）（如图 7-10 所示），先导出通讯录，然后再根据导出的通讯录修改联系人和电话号码，再把手机通讯录清空，然后导入新的手机号码。

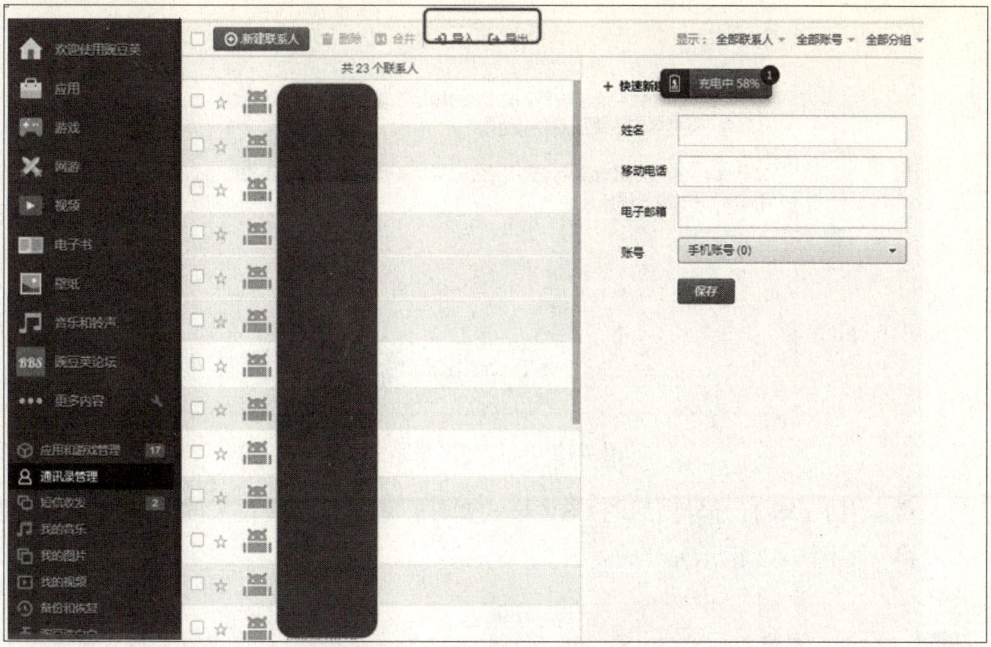

图 7-10 通过手机助手管理联系人和电话号码

第一步：导出现有联系人为 CSV 格式（如图 7-11 所示）。

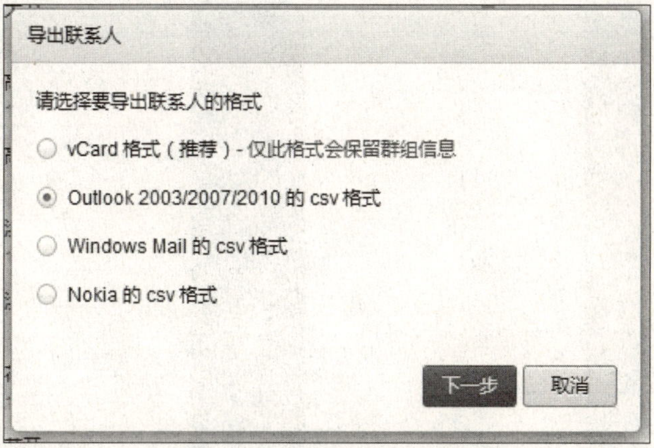

图 7-11 导出现有联系人的格式

不要管建议，单击“继续”按钮（如图 7-12 所示）。

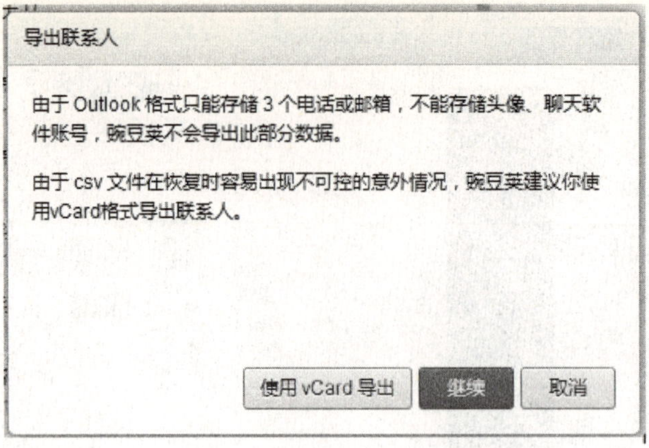

图 7-12　继续导出联系人

第二步：用 Excel 打开导出后的 CSV 格式文件，然后把你收集来的精准用户的联系方式贴入表格（如图 7-13 所示）。

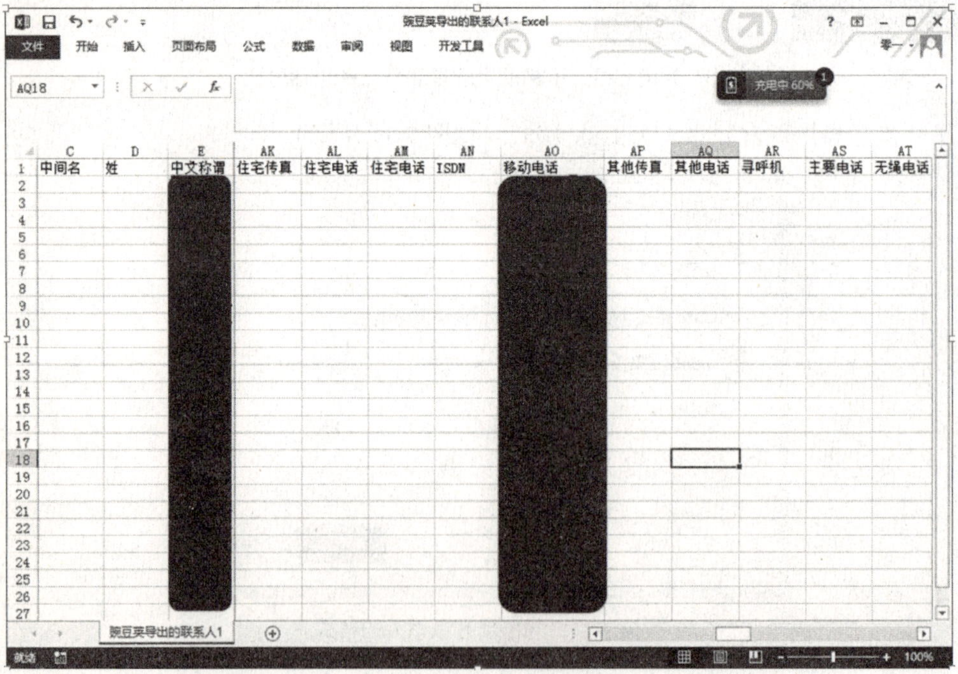

图 7-13　用 Excel 打开导出后的 CSV 格式文件并贴入精准用户联系方式

第三步：将修改好的 CSV 文件联系人导入手机（如图 7-14 所示）。

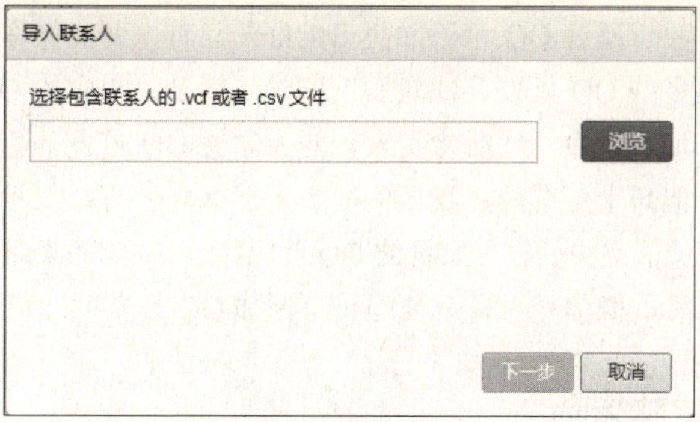

图 7-14　将修改好的 CSV 文件联系人导入手机

这样就可以每天加人了，一天最多能添加 50 个。

7.2.3　QQ 好友添加

其实，我们在通过手机通讯录添加好友的时候，会发现添加微信好友还有一个途径，那就是将 QQ 好友申请添加为微信好友（如图 7-15 所示）。也就是说，我们可以将 QQ 好友变成微信好友（如图 7-16 和图 7-17 所示），具体操作方法与通讯录添加好友的方法一样。

图 7-15　添加 QQ 好友

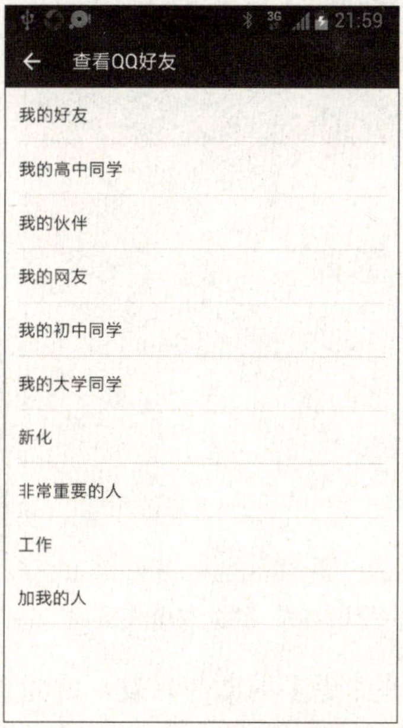

图 7-16　查看 QQ 好友

图 7-17　将 QQ 好友添加成微信好友

需要注意的是，要想通过 QQ 来添加更多的好友，首先要确保你的 QQ 上有足够多的好友，要想获得足够多的 QQ 好友，比较聪明的做法就是去相应的 QQ 群（如老乡群、行业群等）混迹一下，混个脸熟，然后将别人转变为你的 QQ 好友，再将其导入微信。这个过程看似比较耗时，但却十分有效，我相信很多人都有自己的 QQ 号，并且已经在 QQ 中有了很多的好友，也加了不少的群。如我的 QQ 就已经有 10 年的期限了，QQ 好友有 2 000 多人，将他们转变为你的微信好友，只要通过“添加 QQ 好友”即可。

7.2.4 微信群聊添加

既然我们可以通过 QQ 群的方法将 QQ 群里的人转变为自己的好友，那么自然可以通过微信群聊将微信群里的人转变为自己的微信好友。

具体操作方法为：打开你的微信所在的微群通讯录（如图 7-18 所示），单击你所选中的群友，进入该群友页面（如图 7-19 所示），单击“添加到通讯录”按钮，即可对该群友发出添加好友的邀请（如图 7-20 所示）。

图 7-18 微群通讯录

图 7-19 微群友个人页面

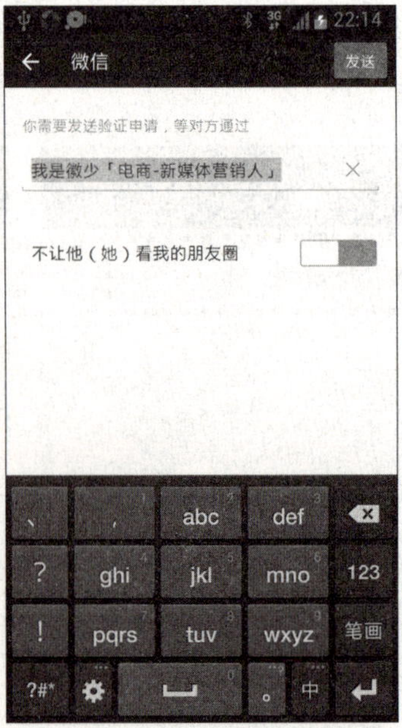

图 7-20 发出添加微群友为好友的邀请

当然，你要想通过微信群添加更多的微信好友，首先要做到的就是找到更多的群，办法有很多，比如在微博上搜索微信群二维码，就可以找到各种微信群的二维码，当然这样的微信群中的人比较复杂。如果想获得更多的精准客户的微信群，可以采取两个办法：第一，让你的某个行业里的朋友帮忙，直接拉入到该行业的群里面去；第二，多参加线下聚会活动，比如培训会等，这样的聚会活动通常都会自发组织微信群，这也是添加微信群的好办法。我在有空的时候，就喜欢参加各种聚会活动，加了不少群，自然也将不少群里的好友衍变成了我的微信好友。

7.2.5 二维码扫码吸粉

二维码作为移动互联网的一个重要入口，在添加微信好友的方法中肯定少不了它，特别是对商家来说，二维码是商家与客户联系最快捷的方式。如图 7-21 所示就是我自己的微信二维码，我在我的每一本书上，都将它设置在作者介绍页面，四五本书下来，通过书籍的销售每天都有十多个人添加我为好友（如图 7-22 所示）。除此之外，我们还可以将二维码设置在名片、包装盒、网站、户外广告、宣传册等一系列产品上。

图 7-21 笔者的微信二维码

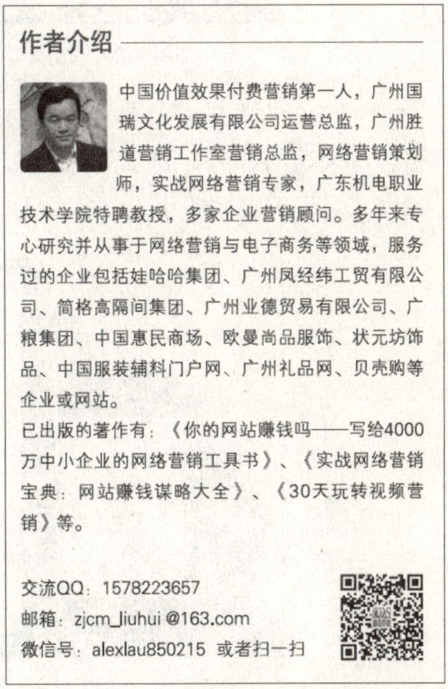

作者介绍

中国价值效果付费营销第一人，广州国瑞文化发展有限公司运营总监，广州胜道营销工作室营销总监，网络营销策划师，实战网络营销专家，广东机电职业技术学院特聘教授，多家企业营销顾问。多年来专心研究并从事于网络营销与电子商务等领域，服务过的企业包括娃哈哈集团、广州凤经纬工贸有限公司、简格高隔间集团、广州业德贸易有限公司、广粮集团、中国惠民商场、欧曼尚品服饰、状元坊饰品、中国服装辅料门户网、广州礼品网、贝壳购等企业或网站。

已出版的著作有：《你的网站赚钱吗——写给4000万中小企业的网络营销工具书》、《实战网络营销宝典：网站赚钱谋略大全》、《30天玩转视频营销》等。

交流QQ：1578223657
邮箱：zjcm_liuhui @163.com
微信号：alexlau850215 或者扫一扫

图 7-22 笔者书籍封面的二维码

要想让更多的人扫二维码添加你为微信好友，我个人觉得需要解决以下 3 个问题：

1. 如何让准客户看到

要想让更多的人扫你的二维码，就必须加速二维码的传播，让更多的准客户看到。我们可以从广告传播方面得到启发，如在广告中有一个非常著名的“美女眼球经济”定律，即把美女作为一种二维码传播的载体，利用人们对美女的关注来进行推广传播（如图 7-23 所示）。

图 7-23　扫描美女衣服上的二维码

当然，“性感营销”的精髓就是利用人的人性和好奇心触发行为，但我认为这种行为只是一种吸引客户来访的行为，要想留住客户，我们还得从营销的本质入手，在后续的二维码营销过程中，多设置一些吸引人、打动人、留住人的信息（如图 7-24 所示）。

图 7-24　利用人的人性和好奇心设置二维码

除此之外，我们还可以将二维码设置得更有创意一些，如在 2012 年广州网货交易会上，美诺彩妆带来了一场精彩刺激的“抢钱”活动，为了抓住分销商的心里诉求，美诺采取的办法是现场发钱，只不过这次发的不是人民币，而是独创的美诺财富币（如图 7-25 所示）。

美诺财富币将美诺元素和创意二维码融合到一起，持有美诺财富币不仅可以享受分销支持优惠，用手机扫描、收藏美诺二维码，即可获取百元美诺彩妆淘宝天猫商城的兑换券，还可以在广交会上现场登录美诺天猫商城，了解美诺彩妆品牌、产品等详细情况，既方便又快捷。

图 7-25　美诺财富币

2．如何让潜在客户扫描二维码

当我们解决了线下客户扫描你的二维码的问题之后，接下来最困难的就是如何让你的潜在客户扫描你的二维码，这确实是一件很难的事情，因为并不是所有的人见到二维码之后都会扫码加入。也就是说，我们要给潜在客户一个扫码的理由。笔者总结了一下，这个理由无外乎要从 3 个方面入手：

第一，给好处。人是最经不起“诱惑”的，当扫描二维码能带给潜在客户好处的时候，我相信没有几个人能经得起这样的“诱惑”。如有一次我在一家服装店购买衣服，在付款的时候，收银员就给我两个选择：一，付全款；二，扫描我们店面的二维码，我们每个月会将最新的产品款式及时地发布到你的手机里，你购买我们的衣服会打八五折。你想想看，面对这样的选择，我相信所有的人都会乖乖扫码的。

第二，满足需求。其实消费者选择是否扫你的二维码，还与他的兴趣爱好有关，如我在我的所有书籍上都留有我的二维码，而且扫码并没有提供什么好处，只不过通过扫码添加我之后，可以跟我探讨互联网、移动互联网、营销等相关方面的问题，我相信这是他们扫二维码加我的理由。

第三，感兴趣。就像图 7-24 所示的“性感营销”一样，先不说其内容怎么样，我想很多人会因为感兴趣而去扫码。

3. 如何扫后不取消

在微信营销中，相比于每天增加多少粉丝而言，我更在乎的是每天有多少粉丝流失，因为这才是微信营销成败的关键，对于二维码营销来说，也同样如此，我们除了要关注有多少人扫码加入之外，更多的是应该关注如何让他们不取消。要想做到这一点，可以考虑3个方面：

第一，源源不断的好处。既然好处能让他们吸引过来，那么源源不断的好处自然就能让他们停留下来。

第二，内容。你有满足潜在客户需求的足够多的内容（如图7-26所示），如我知道我的很多读者都是互联网的爱好者，他们之所以扫码加我，就是想听听我对互联网的意见，所以我每天都会在微信朋友圈发布一条“互联网思想录”这样的观点性内容，深受读者喜欢。

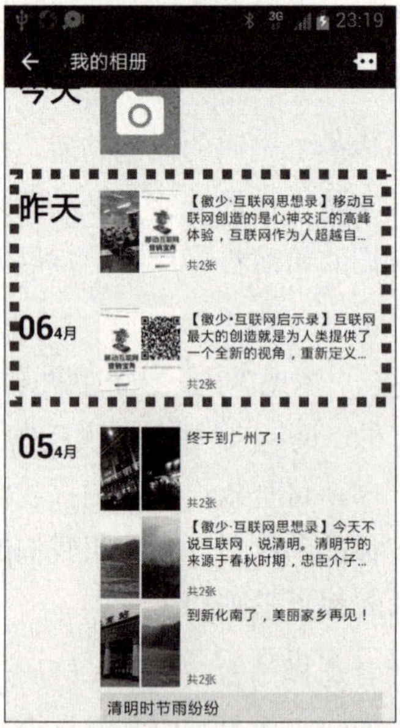

图7-26 满足潜在客户需要的内容

第三，价值。这是对人、内容以及理念的综合评价，是确定你值不值得他“交”的关键。

7.2.6 添加微信好友的其他方法

1. 添加附近的人

通过“附近的人”添加微信好友，我相信这种方法很多人都知道，虽然这种办法有点古板，而且并不是每一个人都是你的潜在客户，效果也不怎么样，但这确实不失为添加微信好友的方法之一（如图 7-27 所示）。

图 7-27　通过微信寻找附近的人

2．摇一摇

除了搜索附近的人之外，我们还可以使用微信摇一摇添加好友，这种方法虽然效率不怎么样，但如果你有时间还是可以摇一下的，个人觉得还是蛮有趣的（如图 7-28 所示）。

图 7-28　通过微信摇一摇添加好友

3．微信漂流瓶

跟微信摇一摇一样，这招效率也挺低的，反正我基本上不用，但偶尔也玩一玩，纯属好奇，也添加不了多少好友（如图 7-29 所示）。

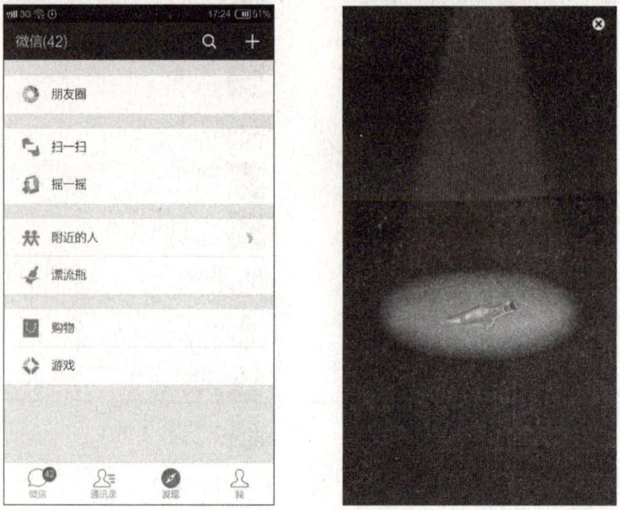

图 7-29　通过微信漂流瓶寻找远方的人

4．雷达添加好友

要在公共场所使用才可能有效，可以在出去玩的时候试一试（如图 7-30 所示）。

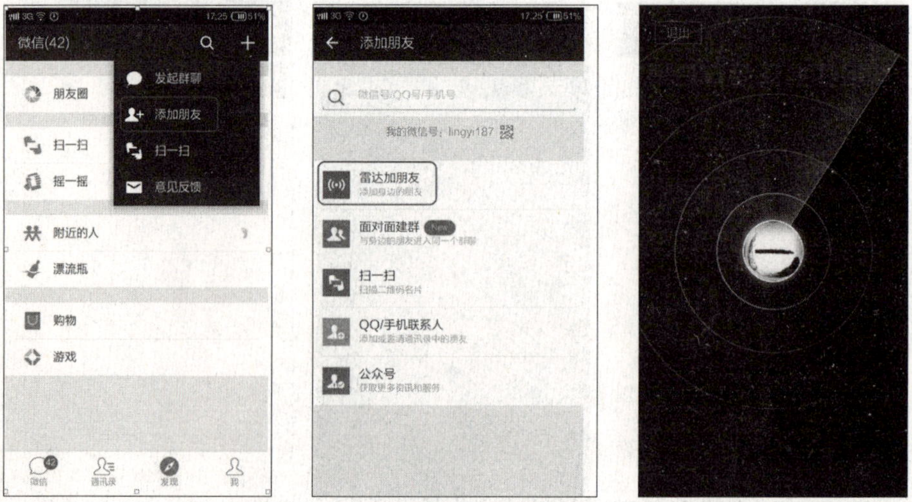

图 7-30　通过微信雷达添加好友

当然关于微信添加好友的方式有很多，但不同的营销人对微信加友有不同的理解，为此，我自己也总结了一下微信添加好友最为常见的 46 种方法，将其称之为“微商引流 46 式”。

附：微商引流 46 式

第 1 种：SEO 法

引流的方法就是把微信二维码放到图片上面，再用 SEO（搜索引擎优化）的手段把图片排到百度图片的搜索页面里去。当然，有很多人不懂 SEO 优化。那么，如何把你做的带二维码的图片排到百度图片的搜索结果的首页中去呢？

方法 1：把你做的图片上传到你的百度相册中去，然后把图片用你要推广的关键词命名，在打标签的时候使用相关的关键词即可，因为百度相册作为百度旗下的产品，在搜索排名的时候具有非常大的优势，基本会排在最前面。

方法 2：在二维码下面写上：“看更多图片请扫描”，然后去加 QQ 群，到 QQ 群里面去发这样的图片。

方法 3：如果你是做淘宝女装的，把你的女装图片加个二维码，然后到美丽说或蘑菇街这样的网站，或者是女性论坛里面去转发。

第 2 种：公众号引流

“公众号”的真正价值客户就像鱼群，你要想把产品销售出去，就必须拥有自己的“鱼塘”——它相当于你的“客户数据库”。数据库里的客户越多，销售就越容易。所以，公众号真正的用途，就是充当了“客户数据库”。根据我的测算，一个公众号的关注会员，相当于 100 元人民币，所以，一旦你捕获了 10 万个精准“会员”。那么，你一年将至少赚 1 000 万元——无论你销售什么产品，绝大多数行业都有类似的规律。记住，客户名单就是你的存款，公众号就是你的小金库。

第 3 种：同行互推

同行间互推。假如他是卖另一个品牌的化妆品（譬如海洋之水），他在他的朋友圈里推我的水素面膜，我在我的朋友圈里推他的海洋之水。

第 4 种：找人加

你去百度上找做保险的人、卖房子的人、租房子的人（就是类似销售的那些人），也可以把他们当作自己的客户，因为他们也是消费者。每天找到几百个人，然后导入到你的手机里。在你的手机微信中会显示出你所添加的这些人，因为他在网上发信息就是为了让别人找到他们，他们会把你当成客户从而加你为好友。

第 5 种：线下添加

如果你自己有店铺那就更好办了，你要想办法让来到你店里的客户留下联系方式，你可以采用送礼物的方式或者办会员卡的方式，只要能够留下客户的联系方式就行，然后加他们的微信，过几天这些客户就是不买你的衣服也会买你的化妆品。

第 6 种：宣传册

大家可以印一些宣传的单子，在上面印上自己的微信号。也可以和当地的快递商量一下，在他们送货和收货时帮你发一下，实在不行的话也可以送他一些不是太贵的产品，和他们搞好关系，让他们帮你发一些宣传单。

第 7 种：游戏添加人

利用腾讯系列的手机游戏来寻找附近的人，丢纸条加好友。适合的游戏包括"天天酷跑"、"天天爱消除"、"节奏大师"等，其余游戏大家可以自行测试。加好友的方法很简单，下载以上游戏到手机里安装好，你先用自己的个人微信号登录，然后点击附近的人，就可以看到附近的其他玩家了。

第 8 种：QQ 群友添加

利用 QQ 新推出的提醒功能。选择一个群，再单击右下角的"+"号，就能看到一个提醒功能。单击创建提醒，就能产生一个 QQ 右下角弹窗信息的提示，即使有些群友是用手机上的，也能看到。除了在群里面创建提醒，还可以一对一地给好友创建提醒。我们在群里创建提醒时，可以写上一句"我是群里的好友，欢迎大家加我微信号……"，这样，让别人主动加你微信号的目的就达到了。

第 9 种：网站推广

去各大网站（如 58 同城、赶集网、安居客、招聘网站等），给这些经纪人留言说我想租房子、买房子等信息，但是留言时千万不要留你的手机号，否则你会被他们的电话烦死。你可以留微信号，说我上班不方便接电话，有好的房源可以把图片发在微信上，这样的话每天有三四百人加你应该没问题。

第 10 种：产品二维码广告

你也可以自己印一些你的微信二维码的不干胶，在你的产品上贴上你的二维码，没准哪个客户在需要的时候随便扫一扫就顺其自然地成为你的客户了。

第 11 种：论坛推广

在手机上可以下载一个妈妈圈软件，电脑版的也有，去一个人气最旺的论坛打广告。一定要在妈妈圈人气最高的时候发这个贴，在这个时间段一定要把你的贴顶到几百条以上，这样，就会有更多的人看到。但是你发的这条信息要具有吸引力，比如可以做活动说顶到 100 条的时候免费赠送价值多少钱的面膜，或者是顶到 200 条的时候送什么礼物。如果有咨询你的人一定要先加微信号然后再回复。

第 12 种：QQ 群营销

利用 QQ 群，你在同一妈妈群里加入你的 QQ 号，不要只加一个 QQ 号，最好是 2～4 个。这样进去以后你这 4 个 QQ 号就可以在里面相互说话，讲解一些关于护肤的知识及相关内容，你用这几个 QQ 号争取把整个群的气氛都搞起来。气氛活跃起来以后，用一个 QQ 号留下微信号后就果断退出，让群里的美女都去加你。

第 13 种：借用名人

大家都知道名人的威力是最大的，有的时候他们帮你推荐一下，可能比你忙碌一个月的效果还要好。所以我们要想办法让这些名人帮我们宣传。

第 14 种：利用媒体

大家都知道通过各大媒体帮我们宣传的话，效果是非常好的。我之前在其他网站上发表了几篇文章给我带来了 1 000 多个高质量的粉丝。当然这些文章都是比较高质量的文章，很多朋友看见我的文章写得不错，自然就会加我的微信关注我了。这些粉丝的质量是最高的，他们是仰慕你而来的。

所以大家不妨也写一点文章去其他网站发布，发布要选择好的平台，反正你去人多的地方肯定没有错。并且在文章的多个地方加上你的微信号，避免人家转载之后改成自己的，如果你把微信号加在文章里面的话，一般是很少有人会转载的。

第 15 种：利用诱惑

比如我们可以找一些好的资源，发布到一些网站上。然后写上"××软件，不知道大家是否需要，如果需要的可以加我微信"，再加上几张软件的截图发布出去。或者先分享一部分出来，需要更多时可以加你的微信。其实这些资源在网上应该不难找到，你可以根据你的行业去找一些有用的软件。

第 16 种：查找 QQ 好友添加法

你在查找 QQ 好友的时候，在查找功能里面可以设置性别及地区，设置好了以后就可以直接加好友，成为 QQ 好友后再导入到你的微信中。

第 17 种：微信群添加

你自己创建几个微信群，然后把微信群里的二维码放到 QQ 群里去，就是说只要你把二维码放到群里就会有很多人进来。如果你有 4 个群，每个群有 500 个人的话，一共就可以拥有 2 000 个人。你也可以跟别人换群，换完群之后再加群里的人，不出几天你的好友就会达到 5 000 人，但是采用这种方法能够保证数量却不能够保证质量，对于质量不高的人群你需要多多沟通交流。如果不愿意自己建群，也可以去百度上搜索微信群然后再扫描进去。

第 18 种：无中生有

采用无中生有的方法可分为两种方式：第一种就是买一些自动搜索到电话号码的软件；第二种不花钱的操作就是建立一个 Excel 表，大家都知道每个手机号码前面的几位数字在某一个地区是相同的，以我老家湖南娄底为例，我们的手机号前三位一般是以 130、137、139、159、182、189 等数字开头的，而娄底的区号是 0738，所以中间的四位数的号码很多都是"7383"这四个数，那么我在操作 Excel 的时候，就可以把电话号码的前七位数设置成相同的，如"1897383××××"，后面的四位数我们就从 0 到 9 依次去排列，然后用表格复制粘贴，这样一次性就可以生成几万个号码了。

第 19 种：借花献佛

把你朋友的 QQ 好友或者是你亲戚的 QQ 好友，转移到自己的微信上，就是用你朋友的 QQ 号绑定你的微信号，他们的好友就都会成为你的好友，同理你也可以在朋友或者亲戚的手机上登录你的微信号，也会把他们手机上的好友转入到你这里来。

第 20 种：QQ 群微信推广法

使用十个 QQ 号，一定要用太阳号，每个 QQ 号每天不停地去加群，一个 QQ 号一天能加 20 个群。有人要问了“应该加什么类型的群呢？”我们可以加全国各地的妈妈类的、孕妇类的、美容护肤类的、减肥瘦身类的、丰胸美白类的 QQ 群。总之，只要是女性关注的群你都要加进去，加进去的目的不是为了发广告，举个例子，比如我加的是妈妈群，那么我可以发给各位姐妹今天关注的一个微信公众号，里面有篇文章写的是《宝宝健康饮食你不得不学的秘密》。把你的公众号植入到群里，大家也就得到了真实的内容分享。

第 21 种：微赞助

微赞助一直都是微商的一个选择。这里要注意两种类型。

第一种微活动是类型众筹的一个模型。比如你要做一个项目或者卖一个产品，为了更好、更快地招到分销商，这个时候你就可以玩众筹了。当然要注意技巧，不要引起反感。

第二种微活动适合面比较广泛。比如柴公子的男神选秀活动、田田的女神活动、火龙果类的女神活动，都取得了不错的成绩和效果。

第 22 种：微信招聘

有不少企业通过微信招聘，当然这里面也包括引流。具体的事宜，你懂的，所以我不想说得太多。

第 23 种：软文推广法

写文章，或者引用好文章，在里面巧妙地加入自己的微信号和二维码，然后发布到自己的微信公众平台和各大与产品相关的论坛和贴吧中。文章标题的关键是一定要达到消费者主动转发的效果。

第 24 种：博客网站推广法

软文要有发表的地方。一个是发到论坛中，一个是发到博客里。发到博客里的好处是这些第三方博客权重高，容易被百度收录，排名靠前。

第 25 种：视频推广法

去百度视频里找到一段资料下载下来，然后利用软件把自己的微信号、QQ 号植入到视频的屏幕下方，再设置不同的关键词标题去各大视频网站上传这些带有微信号的视频，一个关键字就是一个标题上传一个视频。这样区分开你就有 1 000 个关键词，就要上传 1 000 个视频，当用户搜索你设置的某个关键词的时候你的视频排名就会靠前，别人就会看到你的微信号从而关注你。

第 26 种：微信推荐推广法

去找一些自媒体营销账号，他们都有免费推荐，每天在朋友圈大量推荐卖货的号，可以利用资源互换的方式让他免费帮你推广一次，同时你也要帮别人推广。

第 27 种：公众号互推法

找一些和你有相同目标客户群体的微信公众号，粉丝数目相当的可以形成互推。

第 28 种：图片打水印推广法

通过微博、百度图片等方式把你打好水印的图片传播出去。

第 29 种：交换友情互推法

找一些高质量的账号，长期形成友情互推。在你发布文章后可以在底部推荐他，他也一样会在所发布的文章底部带上你的微信号。

第 30 种：推广同盟

单打独斗出不了英雄好汉，一个人的精力、时间和聪明才智毕竟有限，因此，你要懂得借用外力。几个做微信营销的可以联合在一起，达成宣传共识。在宣传自己平台的时候，顺便也捎带上别的平台。用同样的劳动，得到更多的收获。

第 31 种：微信群推广法

主动找别人互换群，每天坚持与别人互换 10 个群，久而久之你就有了一个庞大的群营销数据资源。

第 32 种：鼓励访客宣传微信推广法

至于如何鼓励访客进行口碑宣传，则要根据网站内容，灵活安排。一般新奇有趣、互动性强的内容效果较好。比如测试类、评比类、节日祝福类、搞怪类等内容容易被强烈传播。可以考虑用自己的公众号发掘这方面的素材。

第 33 种：名片网站推广法

在名片、产品包装、官网等一切自己能掌控的资源上，印上二维码。

第 34 种：电子邮件落款里加入微信号推广法

在电子邮箱中设置一下。在以后写信时就会自动加上，自己也就省了不少事。

第 35 种：活动推广法

举行各种线下活动，各种聚会等，各位微商要多搞些微活动，当然要注意添加有趣、好玩、实惠的内容。

第 36 种：随时随地搜索“附近”的人

利用吃饭、坐车的碎片时间，单击“发现”→“附近的人”按钮加微信好友。逛商场、旅游或者是去吃饭都可以打开微信，搜索附近的人；去人流大的地方加附近的人，效果也很不错，特别是类似于大市场这样的地方。

第 37 种：摇一摇

利用碎片时间，单击“发现”→“摇一摇”按钮加陌生人为微信好友；每当有吃饭聚会等集体活动时，号召大家一起玩“摇一摇”的游戏。

第 38 种：创意病毒传播法

高质量、有创意地带着印有你微信号或二维码的图片或软文发给你的好友帮忙助推他的微信圈求关注。

第 39 种：漂流瓶

利用碎片时间组织一些回复性强的软文扔漂流瓶。

第 40 种：签到处推广

在百度贴吧、邮件、论坛、网站等签名处、发帖的结尾处附上你的微信号或二维码。

第 41 种：软文推广法

注册一个公众平台，发一些高质量、转发性强的软文，结尾处附上你的微信号或二维码，进行助推。

第 42 种：微信达人法

微信达人认证，俗称“加 V”。加 V 方法一方面可以自己通过 PS（Photoshop）、可牛、美图秀秀等进行批量处理，可以一次性加几百个。每一位年轻的个体都对新鲜事物比较感兴趣，加 V 也不能盲目地加。要选择好精准人群来加，头像时尚的年轻男女是我们优先选择的加 V 对象。要把加 V 方法发挥到极致化，可以采用以下几种方法：

（1）选择好帅哥美女，加好 V 之后，发送一段话，让他们在自己的朋友圈内转发，然后和对方聊天交流，例如，刚才细看了下你的头像，是个美女（帅哥）啊，我觉得如果你参加我们最美顾客评选的话肯定能选上，奖项是……。诱惑大一点，这样谈资就来了。或者夸他皮肤好，问他用的是什么护肤品，只要是来加 V 的，就尽量把他往护肤保养的话题上聊，侧面地推出我们的产品。

（2）人脉资源比较广的人群，帮其加好 V 之后，要求他拉你到他的微信群，通常人脉资源好的人群手头都会有很多微信群。当你进入他们的群之后，你就设法让自己成为群里的红人，这个时候整个群的人都会来加你，模式都可以复制。有利的一面：精准客户与代理比较多；弊端：比较费时。

第 43 种：定向红包“贿赂”法

通过你的朋友圈发一条微信：想要进红包群的可以加×××。当群建好之后就可以拉人了，选择你的微信中平时不大联系或者是做其他产品的微商进群，然后在群里发布公告，群内人数达 100 人后开始发红包。

这个时候已经在群里的朋友就会拉他们的好友进群了。当群人数满 100 人之后，就可以继续发公告：只要是我的好友，转发我的名片截图给我，就可以得到定向红包。这个时候群里不是好友的人就可能来加你，而且还会帮你在他们的朋友圈里转发名片，这样就会有源源不断的人来加你了。

第 44 种：微信朋友圈好友推荐法

在微信朋友圈推荐好友。例如，推荐好友×××，可以把自己写的牛一点，然后让朋友转发，如果是优质的朋友帮你转发，这个好友数量也会源源不断地增加。记住，加完 V 之后给那个找你加 V 的人发条微信：终于办好了，赶快换个头像，看看效果吧！记得帮忙发下朋友圈。如果您帮我发朋友圈可以用下面这个信息：谢谢哦，微信转发一条，终于认证成功了，感谢×××帮忙加 V，你们看我的加 V 头像是不是很漂亮啊，多么高大上啊，如需通过微信加 V 的朋友，可以加微信××××××，免费的哦！

第 45 种：软件模式推广法

打开微信，单击“设置”→“隐私”，打开“可通过手机号搜索到我”、“向我推荐 QQ 好友”，单击通讯录，清空里面所有待添加联系人（如内容过多，重新安装微信），如果没有，单击添加上传查看通讯录好友。

第一步，下载 QQ 同步助手；

第二步，用自己的 QQ 号码登录 QQ 同步助手；

第三部，选择通讯录整理，清空本地通讯录；

第四部，单击“附近选择”→“下载这个文件附件”→“使用其他应用打开附件”→“选择 QQ 同步新数据”。

第 46 种：微信互推

微信互推是添加粉丝的最快方法，以大号带小号，以奇号带偶号。粉丝数达到上千人以后，组队互推——这是最强的涨粉丝的技巧。

7.3 个人微商玩法

微信的产品经理张小龙希望把微信做成一个沟通工具，而不愿意让微信成为营销人的阵地。了解这点很重要，这意味着我们不能太过于直接地在微信上面做营销，而是委婉一点，频率低一点，最好是配合话题去做营销，我将其称之为“软营销”。

要记住，消费者是非常反感硬性广告的，所以当你在朋友圈经常赤裸裸的发产品广告的时候，消费者不但不会心动，反而会对你产生厌恶，甚至直接将你“屏蔽”。把广告植入到内容里面，结局就不一样了。所谓的内容就是文章、话题、活动等。就像在动物园里看耍猴，一开始只有一两个人在逗猴子玩，后面走过来的人会停下脚步看这一两个人逗猴子玩，再后面停下脚步的人越来越多，一层一层地人群围上来。最外层的人，并不知道最初围观的人群只是在看那一两个人逗猴子，他们只是看到有人在围观，也就跟着围上来了。这叫作“集体无意识”。俗称病毒式传播或洗脑。

个人玩微营销很难，但也很容易。关键要看是否懂得借势。借势，就是借力打力，也是动物的本性。无论是人还是动物都喜欢依附强大的个体，当自己弱的时候，借助强者的力量，可以让你省时省力。

营销+借势，这绝对是高招。

7.3.1 塑造“高大上”的形象

有心理学家统计过，消费者对一个产品（或人）的印象，有 70%来自于第一印象。因此个人微商要想有一定的品牌形象，首先需要考虑的就是你的微店在消费者心目中的第一印象，那么应该如何塑造好记、好看和形象好的微商形象呢？

1. 账号、域名好记

在微信营销中，账号、域名是非常关键的。现在很多企业在设立域名的时候，喜欢用一些如“-”之类的符号，这样看上去好像比较大气、好看，但实际上并不方便用户记忆，更不方便用户去搜索和输入。因此，在给自己的微信公众号取名的时候，一定要本着对目标用户群出发，不但要好记，还要便于传播。

比如在给我的一个做自动门的客户做微信公众平台的时候，在微信号的设置中，该企业没有运用下画线，也没有其他的符号掺杂其中，只是用了“西科自动门”的英文名“COKO”，这样不但可以方便用户输入，也很容易让用户一眼就记住。与此同时，其头像更是简约，就是“西科”的卡通形象代言人，这也非常符合西科本身的定位，简约而时尚（如图 7-31 所示）。

对于微信公众平台账号的设置，大致有以下几个共同点可供企业参考：第一，便于记忆，让用户看一眼就能记住；第二，迎合目标人群，如果针对的是年轻人，可以时尚大气一点，如果针对的是年龄比较大的人群或者是企业雇主，简约大气就是一种不错的选择；第三，账号不是越短越好，但肯定也不能太长；第四，尽量不用符号。

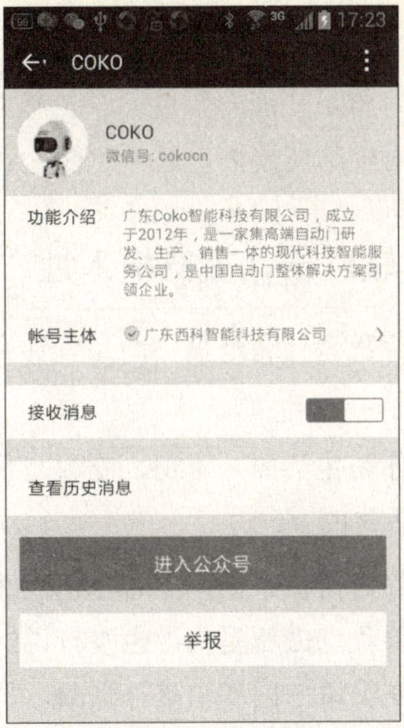

图 7-31　COKO（西科自动门）微信名称与形象

2. 打造有个性的二维码

有人认为：只要做好微信营销的内在运营就可以了，不必在乎外在的形象。其实，持有这种观点的人恰恰犯了一个最基本的错误，这个错误就如同有人认为只要将产品做好了，包装就不重要一样。事实告诉我们：消费者在购买产品的时候，60%的人会选择第一眼看中的产品，可见外在的包装对于营销来说是多么的重要。因此，对于微信营销来说，其外在包装除了微信账号之外，最多出现在受众眼前的恐怕就是微信二维码了。

一个好看、个性的二维码能够迅速得到众多粉丝的青睐，尤其是在线下推广方面，一定要力求让自己企业的二维码漂亮、有个性，能诱使粉丝拿出手机去扫一扫。当然，在进行二维码的设置过程中，还要将企业的 LOGO、标志、名称在二维码上体现出来。

7.3.2　攒人品，软营销

这句心法是有逻辑性的，必须是先攒人品，后做软营销。

攒人品也就是“养号”，养号是最重要的前提，大约需要 1～3 个月的时间。养号的目的就是不要暴露自己是做营销的，一旦在朋友圈中暴露，可能会瞬间死得很惨。除非你现在已经有了一定量的粉丝，而且互动良好，证明你人品过关，就可以不用花太多时间在前期的养号上面了。

我们先理解一下养号，养号就是让朋友知道你、熟悉你、喜欢你。正确使用个人微信是以沟通为主，提供有价值的内容给朋友们，这样才能达到养号的目的。

7.3.3 杜绝硬广告、软广告，贯穿植入性广告

硬广告就是所谓的说明书。我有什么产品，产品有什么功效，需要就来找我买，这就属于硬广告。

软广告没有固定的形式，你秀生活照，逛街、吃饭、看电视，随意什么时候发张图片带一句就 OK 了，这是比较生活化的。

植入性广告比较厉害。我们常常在电影里面看见植入性广告。比如某女主角拿着一瓶奶茶送给了男主角，并没有告诉我们去哪里买，也没有说奶茶是什么味道的，但是久而久之，我们在逛超市的时候突然在脑海中闪现出这一画面，于是我们也想尝尝好不好喝，这就是植入性广告的魅力。举个简单的例子，现在《我是歌手》非常火，晚上发条微信到朋友圈："看《我是歌手》看的我好想砸电视，把我喜欢的选手都淘汰了！有没有同感？你们最支持谁？"然后手机定位修改成你的产品，发布出来，其效果可想而知。

7.3.4 多互动

微商营销更多的是"圈子"营销。因此，首先我们要在朋友圈跟"朋友"混个脸熟，尤其是那些微信朋友多的人，往往会疏忽甚至忘记一些人，这个时候需要多跟他们互动，以增强个人情感。主要包括两种方式：

1. 点赞、评论勤快点

现在很多人不喜欢微商，为什么？无休止地刷广告，跟僵尸一样没有感情。而且发广告不是说不可以，而是要稍微软一点。你为别人点赞、评论，证明你不是个只会刷广告的僵尸，有些人真的会因为多你一个赞或者是一条评论而留你在通讯录，虚荣心谁都有。

2. 偶尔办抽奖

卖产品偶尔也要回馈一下顾客，何况大商场还搞促销、办抽奖吸引顾客呢。可以办个点赞抽奖、评论抽奖、转发抽奖等活动，你的产品曝光度提高了，好友参与度提高了，你的朋友圈也就热闹起来了，还能趁机引来一些精准客户。

7.3.5　塑造“朋友+专家”的形象

每个人都相信自己的朋友，尤其是当自己的朋友在某个方面具有优势的时候，我们在有需求的时候就会去咨询这些朋友。如我有一个朋友是摄影师，每次当我想要购买摄影设备的时候，我总是希望他能给我一些建议。这种现象就是“专家信任”现象。

因此，要想让个人做好微商，那就必须明确一个主题：塑造自己的专家形象。而专家的形象塑造其实很简单，说得多了，研究多了，自然别人就相信了，你的威力也就大大增强了。

7.4　做好内容营销

7.4.1　内容的制作

无论是在互联网营销过程中，还是在微信的运营过程中，要想让更多的目标人群喜欢你的平台，对你的平台不离不弃，很重要的一点就是把平台内容运营好，只有将内容更好地传递给我们的受众，才能够吸引地更多的粉丝。你的粉丝对你“不离不弃”，才能在内容中将我们的产品、品牌、核心价值传递出去。在这里，我跟大家分享一下内容营销的十个基本步骤：

1．专攻特定人群

为什么我要提到专攻特定人群呢？其实这很简单，我们在进行产品营销、品牌推广的过程中，都必须进行“定位”，即确定我们的目标客户是谁，他们最关注什么，他们是怎么关注的等一些因素。很显然，企业进行微信营销的实质也是针对一部分人群（指目标客户人群）展开的，所以我们必须清楚地了解我们的微信内容针对的是哪一部分人群，这个人群最在乎的是什么。至于其他人群，我们没必要过分关注，就像一句广告语：给女人看的广告，男人不看没关系；给老人看的广告，年轻人不看没关系。

微信营销也是这样，但另一方面，任何一件商品的受众可以是非常广的（比如化妆品同样可以卖给男人），但是绝大多数企业的资源和受众了解程度都是不一样的。所以我们在进行微信内容营销的时候，一定要在开始时就圈定你的重点客户群，或许你的产品可以卖给 A、B、C 类人群，但是真正最适合的却是 D 类人群。因此对于 A、B、C、D 4 类人群来讲，你要真正去挖掘或确定的是 D 类人群，而不是分散给 4 类人群，因为核心受众的销售价值最大。

如我现在正在服务的一个叫“凤经纬”的佛珠配件企业，我们在进行微信营销的过程中，有很多人群可供选择，这些人群的关注点是不一样的，如有些人会关注佛教文化、有些人会关注佛饰品的时尚、有些人会关注佛珠材质、有些人会关注佛珠的收藏价值，等等。而“凤经纬”佛珠配件从一开始定位时，针对的就是广大佛珠批发商和零售店，这部分人群最在乎的是佛珠的材质方面，所以我们在进行微信内容营销的时候，都是从佛珠材质方面入手的（如图 7-32 所示）。

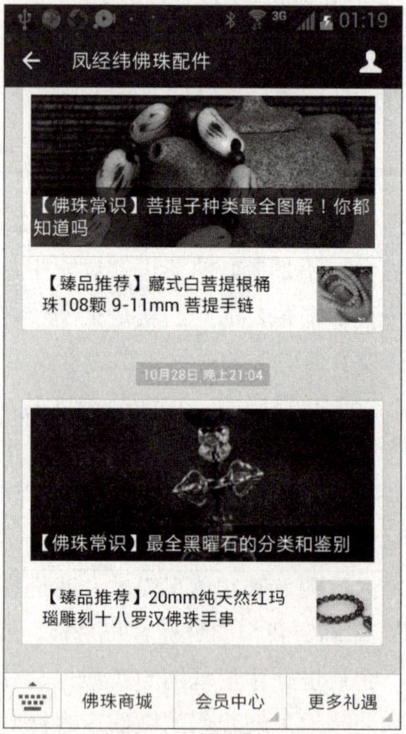

图 7-32　凤经纬微信公众平台

第二点，尽可能缩小投入范围。就像刚才讲到的，同样的推广工作，资金和人力是有限的。当你确定了 D 类人群之后，你就要根据 D 类人群的特征去部署你的推广策略。比如 D 类人群是老年人，不会用搜索引擎，也不会打字，他们可能只是通过看电视购物节目打电话订购。那时候你就知道老年人多数用的是这种信息获取渠道，你要缩小除此之外的渠道投入，从而尽力投入到这个渠道商中去，这样你的推广力度和精准性会更好。

第三点，知道他们的购物路径。不同人的购物路径会发生一些变化，总体来讲他们在某些路径上获取信息、处理信息、反馈信息的方式不同。比如说对于那些不知道你的品牌的人，可以通过你投入的广告了解到你，知道你的品牌代表的是哪一类东西；如果产品或是服务符合他当时的需求，就可能会产生相应的兴趣；有兴趣了就会产生动力去比价，看看你的口碑好不好，最后成为一个销售机会。这是我们传统的购物行为路径，所以你在进行微信内容营销的时候，一定要知道 A、B、C、D 4 类人群在不同路径的特征有什么区别，你一定要知道他们的原始需求是什么，痛点是什么，到底最在乎的是什么。

2. 使用专业的编辑人群

如果你从事过微信内容营销，你一定会在工作中发现，你身边编写内容的小伙伴很多都不是专业的，他们可能还负责一些其他的事情，当要更新内容时，大家轮流更新。可想而知这样的内容营销是填鸭式的，不可能给企业提升效益。所以如果企业需要真正开展内容营销必须要使用专业的编辑人员。即便没有职业的编辑人员，对于内容营销的编辑者来说，必须具备以下一些特质：

（1）一流的协作和编辑能力

因为编辑互联网内容不像写小说，一个人编辑就好，而是需要一个团队在做产品时进行各个方面的信息汇总。因此企业在做微信营销的过程中，一定要注意编辑人员的编辑能力，所有优秀的微信平台，其编辑人员的文章也是写得很有水准的。在我的脑海中，一直认为文字是一个非常有魅力的东西，同样的故事，不同人因为写作手法的不同，其精彩程度也是不一样的。因此我们的编辑必须具有一定的写作功底，当然如果企业在资金比较充裕的情况下，可以将专业的事情交给专业的人来做，请一个职业编辑也是一种不错的方式。

（2）社会化媒体参与能力

除了协作能力和编辑能力之外，编辑人员还必须是一个社会化媒体的参与者。我在给企业进行运作和管理的过程中，经常会发现一个好的编辑不会是一个不爱玩或是不喜欢社交的人，尤其是在互联网时代，我们的编辑人员不能再像以前那样伏案写作，更多的是要多参与社交，因为时代变化很快，只有处于社交潮流中的编辑者才能赶上潮流，才会知道虚拟世界的样子和活法，才会让自己写作出来的内容不至于生硬、无趣。所以对于企业来说，如果你想聘请一个专业的编辑人员时，不妨加他的社交账号看看究竟。

（3）数据分析能力

更高级别的编辑除了包括上面所提到的素质之外，还是一个数据分析控。对于从事内容营销的编辑者来说，并不是写出内容就完事的，应该对写出的文字效果进行分析，毕竟大炮轰苍蝇的事情不能干，所以专业的编辑人员需要有自我纠正和提升的思想。因此对于更高级的编辑人员来说，他们必须清楚地知道他所写内容的传播度、回应度甚至是转化率等。如果一个编辑人员能从这些数据的角度去看待自己的作品，那么他绝对是一个非常不错的编辑人员，而且是一个非常优秀的营销人员，至少他懂得如何对内容进行定位，而定位的源头是对数据的解读。

3. 寻找全体效应的媒介

如果你做到以上两步，那么我要恭喜你，你已经很有能力了，但俗话说“好酒也怕巷子深”，文章也是一样，好的内容并不代表能更好地传播，这个道理很简单，没有人知道你，没有人宣传你，你的文章即便写得再好也是没有用的。所以在进行微信内容营销的时候，还需要注意吆喝。你需要在进行内容营销之前去寻找你的吆喝源。对于吆喝源的选择，我有两个方面的建议：

（1）权威媒介

不可否认，世界上所有的人都有追求“权威”的意向，大家每天会接触不同的媒体来获取知识，包括电视、报纸、杂志、互联网平台或自媒体平台，但是这些媒体都有一个显著的特点，那就是它们都是某个行业的权威。

相信品牌的力量，对于从事内容营销的人来说，如果没有一些权威的媒体来助你，那么你的内容很难在一定意义上做到风生水起，其效果也会大打折扣。

（2）意见领袖

寻找意见领袖是将内容的效果进行“裂变”的另外一种方式，同样的话语通过不同的人群说出来，其效果是不一样的，尤其是在这个“粉丝经济”时代，如果你能找到所属行业的意见领袖，并跟他一起合作的话，那你的内容营销效果会比一般人的效果好几十倍、几百倍甚至是上万倍。

4. 制造点睛之作

“画龙点睛”的故事应该很多人都听过，对于文章来说，其“点睛”之笔就在于每一篇文章的内容形式都应该有一定的销售价值（或是品牌上的价值），有一定从事内容营销经验的人都知道，内容本来就是模拟与客户的对话，拉近与他们之间的心理行为的一种方式。那么，如何让你的文章“点睛”呢？

（1）好看

好看和能看是两个概念，对于互联网内容营销来说，除了让客户搜索到你的内容之外，还需要通过内容来发挥他的营销价值。

（2）价值

显示你的价值，你要传递的东西或许很多，但有一点不能忽略，那就是你的产品（或公司）的价值是什么，因为绝大多数企业所从事的行业都不是垄断的，竞争力也非常强，很多竞争对手在卖同质产品，有着相似的价格及雷同的渠道，所以此时你取胜的关键就是你能否在进行内容营销的过程中，将你的价值清楚地展现出来。

（3）体现品牌精神

我是一个互联网的研究者，也是一个参与了很多企业互联网运作的资深顾问，同时还是一个通过互联网来进行创业的人。作为一个每天跟品牌打交道的人，我深深地体会到每一个品牌都是有自己的风格的，每个品牌都是有自己的个性的，所以如果你是一个很有个性的公司，有着自己的作风，那么就应该在内容里突显出来。

毕竟，在这个时代，做中庸做土鳖的品牌是得不到年轻人的喜好的，更不会让那些每天与互联网接触的人买账。

（4）了解客户的痛处

俗话说得好，说一百句自己的好，还不如说一句客户的烦恼。将心比心，我们在选择产品、购买产品的时候，都是以自己的需求和欲望出发的。同样，作为读者来说，我们并不是去接受所有的信息，更多的是从我们内心的需求出发。如作为一个电商从业人员，因为职业和爱好的关系，我自然会对电商行业的信息有所关注，而对其他方面的信息可能关注的热度会少一点，并不是因为其他方面的信息内容写得不好，而是因为我的需求点不在那里。

因此，我们在写作的时候，必须要懂得你的客户需要什么，然后提供客户需要的内容，只有这样才能得到客户的信赖。要想做到这一点，就必须从客户的角度出发写作内容，贴切地去关注他们比自己唱独角戏要好很多。

5. 转化入口要一呼即应

在进行内容营销的过程中，每一篇优质内容都需要有一个让用户行动的入口，这包括一键加为好友、微信扫一扫、直接购买、了解更多、收藏转发等，很多人对这些入口并不是太重视，但事实告诉我们，这些入口的存在非常重要。因为大家都明白，当机立断的转化率才是最好的，时间是一杯忘情水，客户走开了再回来就不是那么简单了，因此每一个行动都预示着用户对内容的好感，因此需要有行动按钮来承接这个用户行为。

所以我们在进行微信营销的时候，先得理解一下内容发布的渠道有哪些，然后尽可能将每个渠道都自我打量一下，看是否可以设置一些入口或者功能。

6. 多渠道推广你的内容

微信营销跟传统的网络营销一样，在完成内容之后，接下来也同样要经历推广部分，如前面已经说到的通过第三方媒介的重要性。当然随着微信功能的不断完善，其传播渠道也变得更加多样化。另一方面传播渠道的多样化使得信息变得更加碎片化，通过一个渠道很难获得理想的成功，尤其是对于小企业来说基本上不太可能，面对这种情况，唯一的办法就是“多点开花”，全身心地投入到各个渠道的传播中去，包括行业 KOL（关键意见领袖）、合作伙伴的市场同步推广、短期活动植入、付费频道插播、社会化媒体活动等。

7. 培养内容营销习惯

自从事互联网营销以来，我一直都认为互联网营销并不是一蹴而就的事情，要想获得成功最基本的原则就是要持之以恒，这样的道理在内容营销中一样重要，很多时候我都坚定不移地认为要想让内容营销起到效果，那就离不开两个字——坚持。是的，在前面我们已经将内容营销的步骤阐述得很清楚了，但这并不能代表你的公司拥有了内容营销基因。因为对于很多公司来说，他们的确可以按照这样的工作流程做一段时间，然而更多的人可能是一时兴起，过一段时间就没办法继续进行下去。

然而，内容营销的效果是“量变引起质变”的一个过程，需要我们坚持，习惯每天持之以恒地去执行我们的方案。从某种意义上来说，我认为内容营销并不是一个短期的策略，而是一个中长期的策略，只有坚持不懈才能真正步入这个领域，如果你只是 1～2 次的兴起做做，或者是随便玩玩试试水的话，那么你是没办法成功的。如罗振宇的《罗辑思维》之所以能做得如此成功，除了他所讲的内容很优质生动以外，还有一点就是他坚持每天早上 7 点之前将内容发送出来，这才是真正在做内容营销。

8. 找到最适合自己的制作方法

如果你严格按照上面的 7 个步骤实际操作的话，那么你一定会发现最适合自己的做法是什么。想要作出效果的方法有很多，如有些人觉得出书可以提高自己的知名度、有些人觉得拍视频可以展示营销的乐趣、有些人觉得演讲能体现个人魅力，等等。没关系，只要你的内容能被受众接受，不管它的形式是什么，这些方法都是对的，但是一定要找到一种最适合自己的方式方法。如我本人每天都有写作的习惯，觉得出书是一种不错的方法，于是我就坚持下来了。

9. 追踪衡量内容效果

这是做内容营销的最后一条，也是我个人认为最为重要的一条，对于效果评估，懂得网络营销或者是懂得营销的人都明白其中的重要性。我们将在本章节的后面作重点介绍，在这里我就不作过多的阐述了。

7.4.2 内容的发布

通过前面的介绍，我们已经阐述了如何进行内容创作。在实际操作过程中，很多人对内容创作非常重视，对增加粉丝数量也密切关注，当然这些行为都是必需的。除此之外，我们在进行内容营销的时候，也不要忽视内容发布的方法，这就犹如进行广告媒体投放一样，广告创意很重要，选择媒体平台同样重要，与此同时选择广告投放的时间段也是非常重要的。甚至可以说，如果你在进行微信营销的过程中，不重视内容发布的方法，很有可能你所做的一切将事倍功半，这也就是为什么目前很多中小企业在进行微信内容营销的时候一直做不起来的根本原因之一。

在进行微信内容营销的过程中，对于内容的发布方式，我做过多次测试，个人总结了一些经验，当然如果你按照你的方式已经做得很成功了，那么你大可不必用我的方式；如果你目前从事微信营销，做了好几个月还没有起色，那就要注意了，说不定下面这些建议会给你带来不一样的视角。

1. 什么时间发朋友圈比较好

很多人发朋友圈有时候在十几分钟内就能发五六条；有时很长一段时间一条都不发；另外也有一些人一天到晚不停地发。很显然这两种情况都是不对的。前面我们已经将微信内容发送比作广告媒体投放时间设置，那么我们就需要通过了解我们的客户作息时间来安排发布时间，一般生活在都市里的人的作息时间都是非常有规律的：早上 7:30～8:30，这段时间对于都市里的人来说，都在上班的路途中，这个时间段绝大多数人都会利用坐车的这些“碎片”时间来看手机，所以可以抓住这个机会发一条信息到朋友圈，但值得注意的是，这个时候最好不要发广告，而是要发一些心情、笑话、励志或有“营养”价值的内容（如罗振宇的《罗辑思维》就是每天早上 7 点左右发送一条“营养丰富”的内容），没有人愿意一大早就起来看广告。中午 12:30～13:00，这段时间大家基本上已经吃完午饭了，还没有午睡，也是很多人在玩手机的时候，这个时候可以选择性地发一条产品信息，需要注意的是，这个产品信息不能硬去推广，必须要学会利用“隐藏”的方式引导客户思维。下午 17:30～18:00，大家都在下班的路上，这时可以发一条在打包货品或者发完货的心情之类的信息。晚上 20:00～22:00 的时间就要好好利用起来了，这时候可以发一些有关产品的相关知识（如美容知识、佛教文化常识等）、顾客用过的反馈以及自己的生活照，等等。

2. 每天发多少条比较好

大家都知道微信进行发布的时候，每天发布的内容条数太多不好，发布的内容条数太少也不好，那么到底每天发多少条才适宜呢？这没有一个明确的数字答案，但我们可以参考前面所讲的时间段来发布信息，个人经验认为发布 5～6 条为佳，最多不要超过 10 条。

除此之外，需要注意的是发送每一条微信都是有讲究、有想法、有目的的，因此我们在发送微信的时候，必须要想好每天发什么内容，而不是盲目地复制、粘贴或者转发。大家可以多去关注一些幽默、励志或者是与你行业相关的公众号，从中取材后再结合自己的思路进行改变，变成自己的东西再发布出去，这种“伪原创”的内容创作方式不失为一种行之有效的方法。

3. 发什么内容比较好

最后，微信营销不宜做得太杂。尤其是对于那些刚开始做微信营销的人来说，个人建议在进行产品推广的时候，不要将所有的产品都推出去，因为前期你需要的是让客户记住你，这很关键，所以在前期你哪怕真的有很多产品，但只要挑选一款出来作为主推，其他的顺代着推荐一下即可，等到你的朋友圈形成了一定的市场，有了很好的口碑之后，那么再将所有产品推出去就没什么问题了。

那么该如何选择你需要的主打产品呢？

- 应该随季节而变化，不同季节推出不同的产品。
- 清晰地理解你的微信用户群的需求方向，多考虑一下他们的生活方式或者工作方式是什么？他们需要什么产品？他们最在乎的是什么？如果你朋友圈里有很多妈妈级别的人的话，她们想要什么样的产品，相信不用我说，大家也都知道是什么了。
- 根据性别来选择，这一点就不用说了，大家在进行微信营销的时候自然明白。
- 与自己的营销目标相符合，根据自己的销售目标来确定以什么产品作为自己的主打销售产品。

最后，我再次叮嘱大家需要注意的是：你千万不要把你的微信号变成一个只是卖货的商业号，它依然是你的生活号，还是你与朋友沟通联系的工具，所以每天不要只想着如何发布产品销售信息，还需要时不时地发布一些你的生活动态，找一些正能量的文字和图片分享给你的朋友，如一部好看的电影，一首好听的歌，一篇有味道的文章等。总之，一定要把你的微信平台打造成一个别人每天都会看，而且不会反感的平台，而不是别人一看到你的微信就不想关注，觉得你就是一个“卖货”的人。

第 8 章

微沟通

在人类的交流过程中，有一个最为基本的交流就是“社会交往”，这或许是前几年社交互联网平台火爆的原因。2008 年 SNS 社交媒体持续火爆，2009 年微博迅猛崛起，但到了 2011 年，在智能手机时代掀起的热潮下，微信成为最主流的社交媒体。其根本原因或许就是“熟人社交”的重要性远远大于“生人社交”，或者说“强联系”永远大于“弱联系”。

因此，相比于接近大众传媒的“生人文化”微博，其黏性很难超过小众交流的“熟人文化”微信。不管是大众还是小众，不管是熟人文化还是生人文化，不管是微博还是微信，对于我们的微店营销来说，都需要把这两类人群组织起来，用“微博”来组织普通粉丝、普通用户，用“微信”来黏住“忠诚粉丝”、“忠诚用户”。从而把企业品牌深植到不同客户的心目中去，这就是“沟通”的目的，这也是我们在本章中重点介绍的“微沟通”。

对于圈子时代的“微沟通”，我总结了一下，成功的微沟通需要注意 3 个方面：互动、价值、情感。我们可以将成功的微沟通总结成以下公式：

成功的微沟通=互动+价值+情感

下面，我们将重点围绕“互动”、“价值”、“情感”这 3 个元素，详细地阐述“微沟通”的相关知识。

8.1 互动是微沟通的基础

“互动性”是沟通的第一前提，没有互动的沟通，根本算不上沟通，最多只能叫“传达”。所以，很多企业的微信公众号被经营成了“企业内刊”，只会单向发送信息，而忽视了互动性。这样的公众号其生命力并不强。

下面，我们通过一个案例来了解“互动”的重要性，有一个非常知名的自媒体人晏涛，他会在每一篇文章的后面附带一个文章目录（如图 8-1 所示），并对文章目录进行编号。如果你对某一篇文章感兴趣（如 05 号文章），只需要在其微信公众平台上输入“05”，其微信公众平台会自动将该篇文章发送给你（如图 8-2 所示）。

当然，这是最为简单的一种互动模式——人机互动。除此之外还有一种较为高级的互动模式，叫人人互动。这种互动模式最大的特点就是实现了“互动”到“传播”过程的转行。我们依然举一个案例进行阐述。

有一个微信公众号叫“人性解码器”，我在第一次玩的时候就觉得非常有创意，觉得他极具病毒传播性，下面就让我们看一下它是如何设置的。

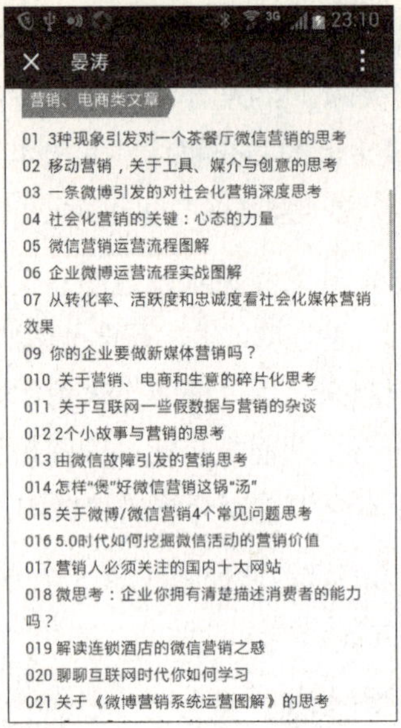

图 8-1 晏涛自媒体文章后的目录

图 8-2 互动后的文章信息

关注该公众平台，它会提示网友说：输入“名字+人性”（或“生日+流年”），只需要 1 秒钟，你就能直接了解到对方的人性需求。我输入了“刘徽+人性”这个组合词（如图 8-3 所示），于是就出现了如图 8-4 所示的信息。

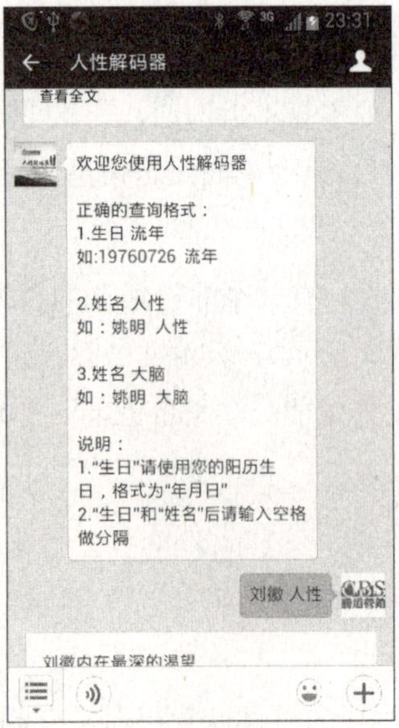

图 8-3 输入互动词

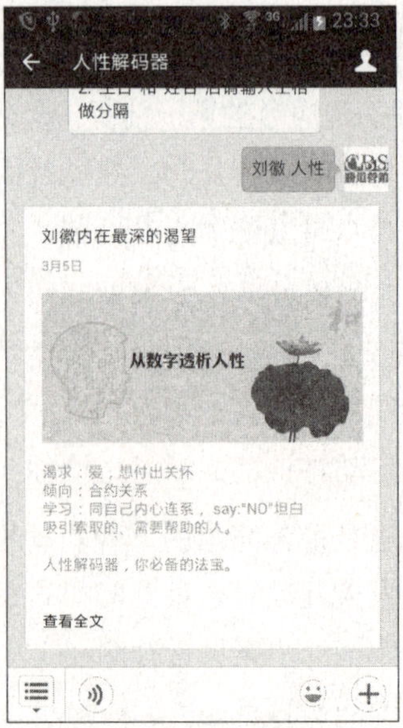

图 8-4 系统反馈信息

我先不说其内容说得对不对，单从传播的角度来看，“人性解码器”这个公众号比之前的晏涛公众号更具有传播力，因为它“解析”的是个性化的“人名”信息，所以，像我这样的玩家就会经常把自己的名字（或自己朋友的名字）输入进去，拿朋友来取乐，并且还会将“取乐式”的分析结果发到“朋友圈”里，让更多的朋友开心一下。

这样，“人性解码器”的信息实现了“从朋友圈中来”又到“朋友圈中去”的整个自动自发式传播。目前我身边很多朋友都在玩“人性解码器”。

通过上述案例，我们可以总结出从“互动”到“传播”的形成机理，包括 3 个方面的因素：

- 有吸引力的话题。
- 人机互动。
- 人人互动。

要想形成人与人之间的快速传播，在设计“公众号”的“传播机制”时，一定要像设计“在线游戏”一样，同时考虑到上面的 3 个要素。

1. 有吸引力的话题

有吸引力的话题是指你要求网友来互动所需要的主题。如果你是卖童装的，可以考虑的互动主题是“输入你家宝宝名字，预测出宝宝的天才领域”，或者“输入宝宝年龄，提示宝宝成长发育注意事项”。

你所涉及的主题，必须是网友非常关心，而且在其他渠道不容易得到的信息，这样才能快速吸引网友关注你的公众号，并鼓励形成互动黏性。

2. 人机互动

“人机互动”是指你一定要简化互动的流程，千万不要太复杂，应该让每个网友都容易理解，容易输入。

3. 人人互动

你所“预测”或“解析”的内容，不能涉及太多的网友“隐私”，这样网友才容易分享。如果你所“分析”的内容，就是“朋友之间”的信息，那就棒了，因为这样的信息，网友最乐于分享。也就自然而然地促进了你的“信息转发”与“粉丝增长”。

8.2 情感可以黏住人心

微店营销说白了就是“圈子营销”，因此在营销过程中，我们需要像朋友相处一样，每天所有交流的信息，很多都与情感为主。

可以肯定的是，每个人都不喜欢冷冰冰的机器，都喜欢有血有肉、有喜有悲的人，所以，设计“沟通”内容的时候，一定要把“情感隐私”考虑进去，这样对于加深双方的互信、提升客户忠诚度极为重要。

这也就是为什么朋友圈的文章、“心灵鸡汤”类的文章数量最多的缘故。

情感营销就是通过情感这个媒介，拉近与微友之间的关系，从而实现销售产品的目的。任何销售的产生，都不是无缘无故的，消费者购买任何产品都是为了解决某方面问题和满足某种需求，我们以自媒体名人鬼脚七的公众平台为例。

对于鬼脚七这个人，我相信玩电商的人应该都知道他，可以说是互联网里大名鼎鼎的人物，而且现在他玩自媒体也做得很好，至少我每天都要关注一下他的微信自媒体平台，一方面是因为他的文章内容有“质量”，另一方面，他的自媒体平台之所以能够如此获得人心，还在于其平台更注重情感。

在鬼脚七的公众平台上，他设置了文章内容、招聘、相亲、部落 4 个栏目（如图 8-5 所示）。其中文章内容是平台“质量”的根本，而后面的 3 个栏目都是以“情感”来俘获人心的。

招聘：针对电商企业和电商从业者，通过这个栏目（如图 8-6 所示）一方面能帮电商企业解决人才需求，另一方面对于电商从业者来说，也可以选择合适的电商企业。

相亲：帮助单身电商人员解决个人情感问题（如图 8-7 所示），要知道在每年过年的时候，中国有将近 2 亿人在为相亲忙碌，像《非诚勿扰》这样的相亲栏目能火 5 年是有原因的。

部落：以“鬼脚七”个人为核心，打造粉丝部落，在这个部落里面，所有的粉丝都可以畅所欲言，向鬼脚七请教生活、情感、营销等方面的信息。也可以相互讨论、分享和评价（如图 8-8 所示），这个平台可以说是一个鬼脚七与粉丝之间、粉丝与粉丝之间的情感互动纽带。

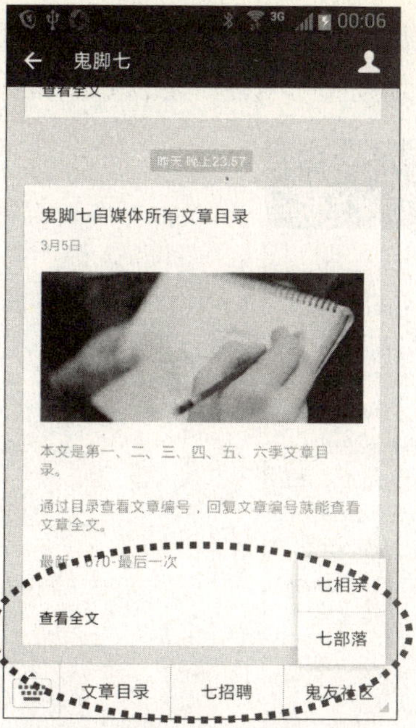

图 8-5 鬼脚七公众平台

图 8-6 鬼脚七公众平台“招聘”栏目

图 8-7 鬼脚七公众平台“相亲”栏目

图 8-8 鬼脚七公众平台“部落”栏目

与此同时，鬼脚七公众平台的文章内容也不仅仅涉及互联网，时不时地还会出现招聘、相亲、情感回答等方面的文章，如图 8-9 所示为一篇鬼脚七回答粉丝的文章。

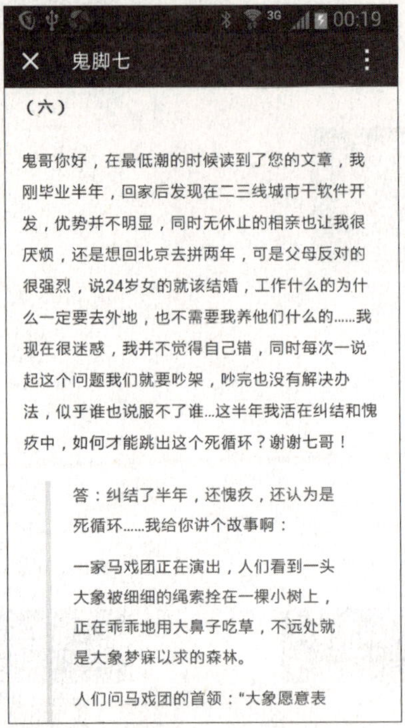

图 8-9　鬼脚七公众平台文章节选

很显然，我们发现鬼脚七微信公众平台不仅仅是传播互联网知识的垂直平台，更多的像是一个生活小百科平台。在这个平台里，粉丝们能找到自己感兴趣的话题并进行互动，而不是一味地只是具有营销味道。能做到这一点，很显然鬼脚七已经成功地掌握了人类社交心理机制，成为了微信营销高手。

对于人类社交心理需求，我把它分为 3 个层次：

- 身的需求，朋友信息——最低层级的社交需求，也是最核心的社交需求，是粉丝选择你的根本，如鬼脚七公众平台中的营销类文章信息。
- 心的需求，感情交流——中间层级的社交需求，想得到爱、关怀、关注的需求，如鬼脚七公众平台中的各个情感互动环节。
- 灵的需求，精神激励——高层级的社交需求、精神追求与信仰追求，如鬼脚七个人的成就和心得，以及他在粉丝心目中的地位就属于灵的需求。

“身”的需求让别人了解你的现状，“心”的需求让你打动别人的内心，“灵”的需求激发朋友对你的理解以及公司品牌的信任。因此，一旦你组织起这些信息，那么很快你的粉丝朋友就会相信你、了解你，变成你的亲密战友，成为你的推销员，新的粉丝会源源不断地加入，并且只要他们有需求，首先就会找到你，这就是“圈子营销”形成的关键过程。

8.3 价值是品牌形象的核心

“互动”是“微沟通”引发兴趣的基础，“情感”是信赖感的关键，而“价值”是打造拍拍形象的核心。

“互动”好比是一座桥，“情感”是送货的车，而“价值”就是车上的“货物”。如果桥很结实，车很好开，结果“货”有问题，那么，整个系统就是错的。

所以，“价值”是核心，只有持续提供有价值的咨询，才能让你的公司形象真真正正地在客户心目中建立起来，并最终形成购买。

而“价值”又源于客户的需求，因此，了解“价值”之前，还要了解人的基本需求。

关于人类的基本需求，美国著名的社会心理学专家马斯洛于 1943 年《人类动机的理论》一书中，提出了享誉世界的“人类需求五层次理论”，也就是后面我们常说的“马斯诺需求理论”（如图 8-10 所示）。

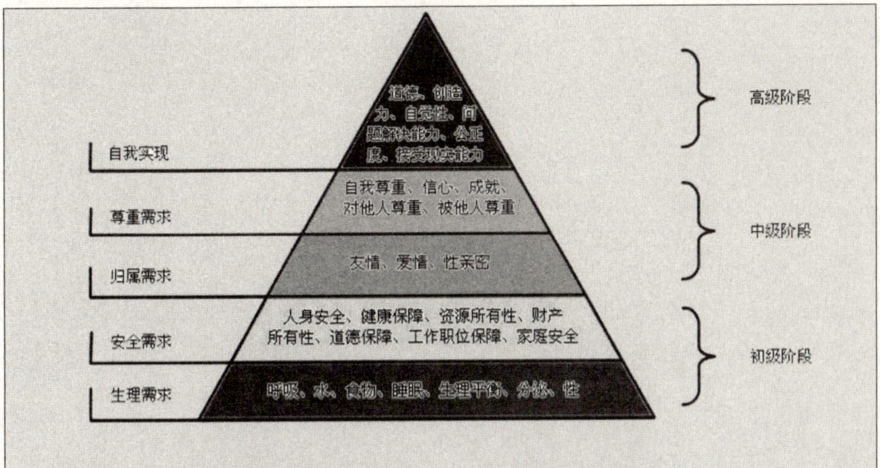

马斯洛需求层次理论（Maslow's hierarchy of needs）

图 8-10 马斯洛需求理论模型

- 生理需求，是个人生存的基本需求，如吃、喝、住等。
- 安全需求，包括心理上的和物质上的安全保障，如预防危险事故、职业保障等。
- 社交需求，人是社会的一员，需要友谊和群体的归宿感，人机交往需要彼此同情、互助和赞许。
- 尊重需求，包括要求受别人的尊重和自己具有内在的自尊心。
- 自我实现需求，指通过自己的努力，实现自己对生活的期望，从而对生活、工作真正感到有意义。

产品是为了满足消费者的需求而存在的，平台同样如此，而“微沟通”中最后一个环节“价值”的沟通，主要体现在商家通过微信平台与消费者沟通的过程中，满足了消费者哪几个方面的需求，这显然是很关键的。

至于“微沟通”中的价值如何体现，这方面与产品的价值塑造有异曲同工之妙，我就不做过多的阐述了。

第 9 章

微促销

当我们通过“微引流”的方式获得海量客户，让很多精准客户加为微信好友或者微博粉丝，并通过“微沟通”的模式建立起深刻的信赖感之后，接下来，我们就需要借力“微促销”，通过微博、微信、QQ、公众号等社交平台发布信息，完成最后的成交。所以，在本章中，我们将重点讲解快速促销成交的知识与技巧。

9.1 微促销心法

销售这个话题我们已经讨论了几十年甚至上百年。关于销售，每个人对它都有一些见解，之所以叫“心法”，就是因为每个人感悟的程度不一样，包括我自己，也是在不断地感悟。我总结了以下 3 点：

1. 不要销售产品，而要销售思维模式

以卖房子为例，最重要的不是房子本身，而是人们对这所房子的思维决定了其购买行为。人的行为受情感驱动，而情感是受思维影响的。人的行动链为“思维—情感—行动”，所以说思维是最重要的。

再比如你在卖一个实实在在的东西，此时你会考虑“什么样的东西是好的，什么样的东西是不好的”、“什么样的东西值钱，什么样的东西不值钱”、“人们使用了这个产品，能够达到什么样的理想状态”、“使用这个产品需要注意什么”，等等，这些都是思维模式。

所以我们一定要牢记：我们卖的不是产品，而是一种梦想的变化和结果。因为梦想是未来的事情，所以它现在只是一种思维模式。你如何去影响这种思维模式，就决定了客户会如何采取行动。

这一点非常重要，这相当于塑造了一个人的思维定势和思维标准。如果我们具备某种程度的思维能力，就能够影响某种行为。所以说，作为一名营销人，就需要研究客户行为背后的思维模式，然后把这种模式运用到自己的营销上。

例如，怎样创造稀缺性和急迫感？这需要技巧。但关键是，为什么客户会这么认为？为什么客户会觉得这个东西有价值，那个东西没有价值呢？这些认识不是与生俱来的，而是后天受到别人影响的结果。

再如，我们在外面碰见两个人，你觉得“这个人值得信任，另外一个人不值得信任”。假如我们在马路上碰到一个穿警服的人，他说“先不要过马路，请等一等”，我们很可能

就会等；但如果是一个穿乞丐服的人跟你说这句话，你可能就不会理他。这也是一种思维模式。

所以，人们怎么选择产品，选择什么样的产品，这都是由思维模式决定的。很多人在给客户看产品之前，都喜欢给客户讲道理。但是，如果这些道理之间没有任何逻辑关系，那就没有用，因为你很难改变客户的思维模式。改变客户的思维模式是需要一些技巧的，如果你的方式比较生硬、比较直接，就会遇到阻力。这需要你完全站在客户的角度帮助他理清思路。

其实，无论在哪一个行业，我们都没有固定的思维模式。假如，你现在要搬到某个城市去居住，面临着找房子、找幼儿园等问题。但是“什么样的幼儿园是好的”，你并不知道。如果这时候有人在这方面给你一个“思维模式”，就能收到很好的效果。

从营销上讲，这是一种最重要的武器——进入某一个时辰，然后改变这个时辰的思维模式。如果改变了思维模式，也就改变了价值判断，改变了购买倾向。更重要的是，产品会过时，但是思维模式不会过时，思维模式的更新周期更长。

需要注意的是，思维模式是很容易差异化的，但是产品就比较难了。所以在微店产品销售的时候，你不是销售产品，而是销售思维模式。另外，你需要思考的是，如何去影响客户的思维模式，让其明白购买你的产品或服务是唯一合理的选择。如果做到了这一点，实现销售就非常容易了。

2．微店不是对客户进行销售，只是自我销售

我们作出某种判断的时候，往往是因为我们就是这么想的，也就是这么说的，不要对客户进行“高压销售”，逼着客户作决定。曾经有一个做外语培训课程销售的女孩，不知道通过什么途径联系到了我的一个朋友，拼命向他销售产品，没答应就在我的朋友面前痛哭，最后没办法我的朋友只好请她吃饭哄她开心……但你想一下以后我的朋友还会见她吗？还会去那个外语培训班吗？很显然不会！

虽然我很佩服这个女孩子的策略和勇气，但我还是得说，真正的销售是改变客户的思维模式，并且要让客户作出某种行为完全是基于自己思考的结果。也就是说，不要对客户进行“高压销售”，而是想办法让他“自我销售”，你的一切营销行为都是围绕帮助客户作出“我要购买”这个决定的。

➘ 案例分析：世界渴望被领导

美国有一个著名的心理学家叫艾瑞克森，他是一个天才，他对大脑思想有很多独特的见解。在很小的时候，他就开始观察人，对人性有深刻的理解。艾瑞克森小时候住在乡下，每次下大雪的时候，他总是第一个起床，因为他要走很远的路去上课。从他家到学校是一条直路，但是他经常不直着走，而是斜着走，并且故意走很多弯路。因为他起得很早，所以是第一个留下脚印的人，结果他发现，后面的人几乎都是踩着他的脚印走，尽管大家都知道那是一条弯路。

这个现象让艾瑞克森深受启发。原来大多数人都不习惯独立思考，这个世界渴望得到“领导”，也就是说，人们渴望别人替自己作出决定。销售也是这样，销售的目的就是抓住客户的注意力，不要让客户注意不相关的东西，而是要让他的注意力始终停留在你的产品上。然后，购买环节就会自然而然地呈现或形成。当你掌握了这种思维，销售就会变得非常简单。

需要注意的是，如果你要与客户打造一种长久、持续不断、重复购买的关系，你就不能使用会让客户产生“痛苦余味”的销售手段，这很难让客户成为你的“忠实粉丝”。所以，你要思考的问题是“如何购买客户的思维，让客户实现自我销售”，而不是像那个做外语培训销售的女孩那样拼命地“高压销售”，因为这样即便是成功了，也会让客户感觉不舒服。

3. 一切营销问题的答案，都在目标客户的头脑里

前面已经说了这么多，其实总结一下就是一句话：一切商业活动都要围绕“人”展开。你的营销设计之所以有效果，是因为顺应了客户大脑的思维定势，只要研究客户的思维定势，你的营销问题就会迎刃而解。所以，各位微商朋友和企业家朋友们，当你们碰到任何营销挑战时，千万不要关起门来自己琢磨，你一定要去思考对方的大脑是怎么工作的，这样才能找到答案。

比如说，怎么让客户产生信任感？怎么让客户认为有利？怎么抓住客户的注意力？这些问题的答案不在你的身上，而是在客户大脑的思维习惯上。所以，走进客户的世界，就是走进客户的大脑。

其实人的能动性是由三种因素组成的：思维、情感、行为。我们往往太想去控制别人的行为，却不知行为是情感的产物。为什么人们会产生某种情感？为什么有的夫妻一气之下就会说出很蠢的话？这都是思维运作的结果。

人的行为不是独立的，人的情感也往往会受到自己思维的影响。当我们的大脑想到某

种画面时，我们往往就会产生某种情感。所以说，思维是一切之源，要想研究客户，就要研究他的思维模式。

9.2 微店销售业绩倍增的方法

面对你的生意，也许你曾经想过很多种办法来提升公司的业务量，这是公司营销人员、管理人员、销售人员每天不得不去面对的问题，不得不去思考的问题。也许你每天面对销售业绩不佳以及来自上层领导的压力时就已经头大了，这么多营销方案，不知道选择哪一个，也不知道从哪里开始。其实增加生意的方式很简单，有 3 种方法可供参考：

- 增加客户数目。
- 增加每一客户单笔生意的平均交易量。
- 增加客户的回头交易量。

只要专注于这 3 个方面，并且在这 3 个方面付出实践和努力，那么提升你的业绩就容易得多。我们举一个例子来进行说明。

假如你有 1 000 名客户，平均每人每次交易量的金额是 300 元，一年进行 2 次交易行为，那么你的年营销业绩就是 1 000×300×2=600 000 元；如果通过你的努力使你的每一项业绩都提升 10%，那么你的年销售业绩是（1 000×110%）×（300×110%）×（2×110%）= 798 600 元，业绩增长了 198 600 元，增长率为 33.1%。以此类推，如果将每一项业绩都提升 25%，那么你的年销售业绩是（1 000×125%）×（300×125%）×（2×125%）= 1 171 875 元，业绩增长了 571 875 元，几乎是原来的 2 倍；如果我们将每一项业绩都提升 33%，那么你的年销售业绩将是（1 000×133%）×（300×133%）×（2×133%）= 1 411 582.2 元，年销售业绩提升了 1.35 倍（如表 9-1 所示）。

表 9-1 销售收入表

	客户数目	单次平均交易金额（元）	客户回头次数	年销售额（元）	增长利润（元）	增长比例
基数	1 000	300	2	600 000		
提升 10%	1 100	330	2.2	798 600	198 600	33.1%
提升 25%	1 250	375	2.5	1 171 875	571 875	95.3%
提升 33%	1 330	399	2.66	1 411 582.2	811 582.2	135.3%

看到这个结果，我相信你一定很惊讶，原来使用这种简单的公式，就能轻而易举地增加收入，只要将这 3 个生意量的因素通过简单的营销手段，就可以增加两倍，甚至更多倍。因此，我们可以得出一个关于销售量的公式：

销售额=购买人数×平均单笔销售金额×购买频率

9.2.1 增加客户数

走在大街小巷的每一个人都是你的顾客，因为他们需要工作、需要生活、需要衣食住行。但不是每个人都会成为你的顾客，他可能一辈子都用不到你的产品，即使他成为你的顾客，也不一定总是你的顾客，因为你的竞争对手太多。所以，对于你来说，要想使你的微店赚钱，首先就是增加客户数目，主要可以采用以下几种方法。

1. 提高微店浏览量

关于提高微店的浏览量这属于微店推广方面的内容，我们已经在前面的文章中重点介绍了，在这里就不做过多阐述。

2. 提高微店转化率

提高微店转化率是每个电商都在研究的问题，对于这一方面，很多人都有一些自己的观点和想法，我也只是简单地介绍一下自己的观点。提供网站的转化率可以从以下几个方面入手。

（1）产品描述

产品描述是决定转化率的关键因素，描述中除包括商品性能的详细介绍之外，我还建议电商要加上我们的售后服务、发货流程、注意事项等一切买家都想知道的信息，这些我们都要想到，并且都要放入。说到这里，也许会有商家质疑：我写的买家必读买家通常都不看。是的，很大一部分人不会看，但是也有另外一部分人会看，想看的人自然会看，因此我们所写的这些并不是要每一个买家都看，只是在某个买家想了解某个细节问题的时候，不要让他发现你的描述中没有提到他想知道的东西，如果是这样，那么这个客户可能就会被你“赶走”了。

那么如何进行产品描述呢？我在这里罗列了一些产品最基本的描述总结。

① 商品展示类。商品展示是产品描述中的一部分，主要是展示商品的各个方面，进而打动消费者。商品展示的要求有以下一些内容。

色彩。产品的色彩要丰富多彩，但要与网站的整体色彩相搭配，不要出现花里胡哨的东西，越简单越好。

细节。对产品一定要进行细节方面的放大描写，因为很多消费者特别在乎产品细节问题。

优点。优点是产品区分竞争对手的关键点，也是促使消费者购买产品的理由。

卖点。产品好不好卖，网站转化率高不高，在很大程度上是由产品的卖点决定的，这是产品定位的关键点。

包装。包装这部分是为满足消费者购物体验和减少消费者顾虑所做的细节部分，包装的好坏直接决定了产品的品牌、档次。

搭配。电商除了有单独的产品描写、细节描述之外，还需要搭配，如搭配模特，搭配其他环境等，让消费者身临其境。

效果。对于很多产品来说，我们卖的不是产品，而是产品的效果，因此在描述中，对产品效果更要重点介绍。

② 实力展示类。实力展示是消费者为什么选择到你的店铺进行购买的关键点，实力展示可以从以下几个方面入手。

品牌。相信品牌的力量，品牌是消费者相信你、选择你、喜欢你、忠诚于你的关键因素。

信誉。信誉是客户对你的服务的评价，也是客户选择你的一个原因。

资质。资质是反映企业实力的另一个方面，是企业实力、产品质量的有力证据。

销量。销量除了反映产品的销售情况外，也能从某些方面反映出店铺的实力，销量大的店铺自然实力更强。

生产。如果把所有的生产细节和流程都展示给客户，就能让客户更加详细地了解你。

仓储。仓储细节图是对产品的附属描述，专业化的仓储流程让消费者更能相信店铺的实力。

③ 吸引购买类。吸引购买是指电商通过各种手段、各种方式促使消费者进行购买，给客户一个购买的理由，进而提高产品的转化率。电商对吸引购买类的做法可以从以下几个方面入手。

卖点打动。消费者购买产品，绝大部分是因为产品的某个卖点吸引了消费者，让消费者有占有它的欲望。

情感打动。无论多么理性的人也有感性的时候，尤其是当人在购物的时候，往往会因为感性冲动而产生购买，情感打动就是从这方面入手。

买家评价。绝大多数人在购买产品的时候，都会留意两个部分：一个是买家评价；另一个是该产品的销售量。如果买家评价很好，产品很热销的话，那么这样的产品就最能吸引人。

热销盛况。已经在前面说过，越是销量大的产品，客户就越会减少内心的顾虑，就越容易去购买这款产品。

④ 交易说明类。交易说明是产品描述过程中的附属信息，主要是阐释交易过程中的一些关键点。主要包括以下内容：

购买。在产品描述过程中，我们要说明购买该产品的相关流程，虽然并不是每个人都会看，但对那些有需要的人还是愿意浏览注意的。

付款。付款是消费者在购买之后比较在意的一个环节，电商在允许的情况下，可以设置多种付款方式，让客户选择自己喜欢的付款方式。

收货。收货问题也是客户比较在乎的问题，电商在产品描述的过程中，可以将收货的相关信息详细地加以说明。

验货。消费者因为方便、便宜而选择网购，但同时因为怕产品质量问题而不敢网购，所以在产品描述过程中还要包括验货步骤。

退换货。退换货是电商产品在运营过程中不可避免的一个问题，退换货的事情是肯定会发生的，只是概率高低不同而已。

保修。对于某些产品而言（如电子类产品），保修是客户在乎的产品附属价值的一部分。

⑤ 促销类说明。对于电商来说，估计每天都在想着如何去做促销活动，因为促销能极大地提高客户的购买动机，让网站的转化率得到提升。促销类说明包括：

热销商品。将热销商品罗列出来，通过关联营销的方式，使得自己的畅销产品尽快地销售出去。

搭配商品。搭配商品这种模式基本上所有的电商网站都会涉及这部分内容，其目的就是通过搭配销售，让客户购买更多的产品。

促销活动。是指商家通过各种理由做相关的促销。

优惠方式。满足客户占便宜心理的优惠方式有很多，比如购物券、会员卡、现金券、积分兑换等。

当然了。对于产品而言，最好的描述还是产品本身。只有生产质量、货源质量过硬，产品货真价实，才能更多地留住客户。

（2）价格优势明显

我已经多次说过，消费者对价格是最为敏感的，因此如果你店铺的产品在价格上具有明显的优势，那么转化率自然会很高，价格优势可以通过与实体店比较、与其他卖家比较、是否会降价三方面来显示。

商家进行价格优惠就能让更多的客户购买你的产品，进而提高产品的转化率，但是价格优势这一方式也不能太过于依赖，经常进行促销降价的话，反而阻碍了买家进行购买，因为买家害怕今天购买，明天就降价了。因此对于产品降价的活动，一定要有计划。对于价格优势管理，可以从以下几个方面入手：

① 公布实体价（如图 9-1 所示）。大家都知道一般网购的产品比实体店的产品要便宜一些，但是大家不知道网购产品到底能便宜多少，这个时候，电商可以通过与实体价进行比较，让客户清楚地知道网站价格的优越性。

图 9-1　公布实体价

② 差异化定价。差异化定价是产品定价中最为常用的一种方式，主要根据产品的款式不同、销售渠道不同而进行的差异化定价。如洗衣粉，根据产品包装大小而进行差异化定价，如拍拍小店中设置的批发价、会员价、阶梯价、微店价等都属于差异化定价。

差异化定价最常用于搭配产品销售中，如前段时间我去配一副眼镜，单独一副镜框需要 90 元，单独的镜片需要 85 元，如果一起配的话，则只需要 130 元（节省 45 元）。其实电商中很多产品都是通过这种差异化定价来进行搭配销售的。

③ 优惠券。既然前面已经说了，如果经常进行降价促销的话，很容易让消费者不敢购买，而要解决这种办法的最好方式就是利用现金券、购物券等低价券的方式，这样产品没有降价但起到了降价的作用。

（3）微店值得信赖

微店信赖是消费者选择你的网店进行购物的关键因素，也是提供你微店产品转化率的关键因素，那么对于网站信赖应该从哪些方面来入手呢？

① 个人形象口碑。这是最能证明网站实力的一个关键点，消费者因为相信你而相信你的微店，相信你微店的产品。

② 微店的定位。微店定位是搜索目标客户的关键因素，也是目标客户是否相信你的一个关键因素。

③ 微店的品牌价值。很显然，网站的品牌价值对客户是否信任你有很大的帮助，对微店的转化率也很有帮助。

④ 店铺的实力。店铺是否值得信赖还可以通过店铺的实力来进行证明，比如企业颁发的授权证书、工商执照、品牌注册证等。

⑤ 微店的专业性。实体店我们可以通过店铺的装修、所处的地理位置、办公面积的大小来权衡这个企业的实力，对于微店而言，更多的是通过店铺的装修专业性来体现网站的信任。

⑥ 产品专业性描述。在前面已经说过，产品是否专业与描述，对网站的转化率有很大的影响。

⑦ 不断更新产品成功销售的客户清单。这个细节是为了消除客户疑虑的一个细节，对网站转化率有一定的帮助。

⑧ 视频介绍。无论是企业视频，还是产品视频，都对树立产品的信誉度、培养客户的忠诚度有很大的帮助。

（4）微店的魅力

微店魅力对网站引导客户进行购买有很大的帮助，那么怎样才能体现店铺的魅力呢？

① 打造产品魅力。产品是网站的细分，网站有没有魅力由产品本身决定，因此网站的魅力首先是打造产品的魅力，产品的魅力可以从产品的定位、产品的包装、产品的描述，以及产品的品质等方面入手，让买家无法抵制购买欲望。

② 店铺的魅力。店铺的魅力主要体现在店铺的装修方面，包括店铺的风格、店铺的框架结构等。总而言之，要做到以下几点：第一，让整个店面给人以清新舒适的感觉；第二，网站的专业性打造；第三，网站能方便产品下单。

③ 店主的魅力。关于这一点，我想不需要我进行过多的介绍，大家也知道该怎么做了。我们可以去看看那些大的电商主，像阿里巴巴的马云、京东商城的刘强东、腾讯的马化腾都是非常有魅力的人。

（5）服务质量

服务质量是影响网站转化率的因素之一，我们要将他们打造成专业形象，包括统一服务用语、对产品的了解、工作态度、工作方式等方面，关于这一部分，我们在第 3 章有详细的介绍。

9.2.2　增加平均交易值

假如你是一位职业钓鱼者的话，你的目的不是休闲、娱乐，而应该是看篮子里有多少条鱼，有多少条大鱼，这是最重要的。所有的电商都希望客户单次购买的价格越高越好，那么我们如何增加每一笔单独客户成交的销售额呢？

单笔销售额=价格×销量

根据这个公式，提供单笔销售额可以从提高价格和销量两个方面入手。

1. 如何提高产品价格

在企业的管理过程中，很多人都注重成本，因为成本是企业本身“掏”出去的钱，所以会心痛，而往往会忽略了产品价格方面的因素。但事实上，在企业的净利润中，价格和成本一样重要，因为它和成本一样，都是提升企业净利润的“武器”之一。定价是非常重要的，甚至可以说，企业所做的任何活动都是为了使产品获得一个更好的价格优势。

价格代表着消费者的损失，意味着消费者为了获取他们所喜欢的产品（或服务）而必须支付的金钱的数量。从产品单笔销售额来说，肯定是价格越高越好，那么我们如何提高产品的价格呢？

（1）从消费者眼中看价格

价格是指消费者为获得喜欢的产品而不得不掏出的金钱数量。更直接一点，就是消费者为获得产品而必须支付的成本。消费者对产品价格有几个最基本的感觉认识：

① 消费者对价格是非常敏感的，尤其是对一些他们熟悉的产品，价格的每一次微小变动都能引起消费者的关注，都能影响到产品的销量。如在 1983 年 1 月 13 日，美国 WEST 香烟价格下降 30%，短短四个月使得 WEST 香烟的销量从 7 200 万美元飙升到 120 亿美元，市场占有率从 0.6%上升到 10%。

②“高价=高质、低价=低质”，在消费者的消费观中，基本上认同“高价=高质、低价=低质”这一道理，消费者会认为 1 000 块钱的产品一定比 100 块钱的产品质量好，“一分价钱一分货”的观念在消费者脑海中有一定的影响。

③ 消费者不是喜欢买便宜，而是喜欢占便宜。人们的生活水平提高了，收入水平也提高了，消费者在消费的过程中，并不是以价格为唯一衡量购买产品的标准，他们在消费的过程中，不会偏向于价格低的产品，而是偏向于符合自己心里价格的产品。但有一点是肯定的，消费者喜欢占便宜，对于自己购买的产品如果在促销打折的情况下进行购买，消费者会觉得获得很大的满足。

④“高贵=尊贵”，这个世界人人都提倡平等，每个人都希望得到尊重，而获得尊重的最好方法就是让自己的身份高贵起来。对于“高贵”，我形象地将它拆分为“地位高”、“使用的产品贵”。所以对于以实现自我尊重为需求的目标客户来说，卖给他们高价产品会更好，这就是为什么奢侈品如此畅销的原因。

⑤ 对于某些行业，消费者会出现追高不追低的情况。因为价格是消费者获得产品而支付的金钱数额，这个过程包括两个方面：一方面是获得产品；另一方面是失去金钱。这就意味着消费者在购买的过程中有两个方面：一方面是因为获得产品而获得机会；另一方面是因为失去金钱而有风险。

消费者在消费过程中都有两怕：一怕有风险；二怕失去机会。而这两者之间的关键都是由价格所决定的，因此对于某些产品来说，并不是价格越低越好，反而是越高越好。如房地产行业，如果房地产的市场行情不好，大家都知道下个月的房价会比这个月的房价要低，明年的房价会比今年的房价要低，那么房子不但不会卖出去，反而没有人愿意购买，因为消费者怕在买房之后出现财务风险（原本 100 万元的房子到明年只值 90 万元了）；相反，如果房价行情很好，房价一天比一天高、一个月比一个月高、一年比一年高，在这种情况下，消费者就会迅速购买房子，因为他们怕失去机会。

（2）从企业的角度分析价格

① 价格并不是越高越好，也不是越低越好。对于企业来说价格高就意味着利润高，价格低就意味着利润低，企业都想追求高价，但对市场而言，价格变化直接影响到销量变化（这个变化的比例称之为价格弹性），价格高就意味着市场销售量会缩小，价格低就意味着市场销售量会增大。而企业的总销售额是与这两者有着密切关系的：

总销售额=价格×销量

通过这个公式，从企业赢利的角度来说（抛开市场策略），并不是产品价格越低越好，当产品的价格低于成本价的话，就意味着卖得越多，企业亏得越多；当然也不是价格越高就越好。

抛开市场因素，从总的销售额来说，要想获得最大的销售额，可能是价格中的某一个点（最优价格点）或者某一个区域（最优价格区）。

② 价格问题绝不是简简单单的产品价格的问题，而是产品优劣势的反映，是消费者眼中产品的价值，是产品在竞争力和销售力方面的体现。因此企业在定价的过程中，对价格的因素衡量绝不是简单的产品定价，需要从产品战略、目标客户、竞争性、产品差异化 4 个方面入手（如图 9-2 所示）。

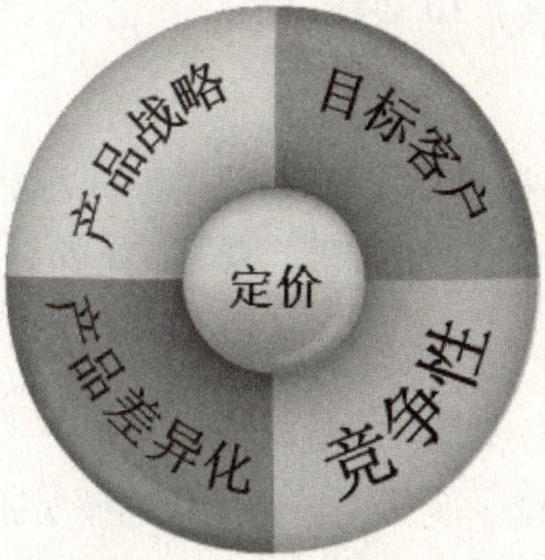

图 9-2 产品定价策略

产品战略。产品战略不一样，定价方式也就不一样。如以获得市场份额，提高市场占有率为产品战略目标的定价，其定价就会相对比较低，而以获得单个产品利润为目标的产品，其定价就会比较高。

目标客户。价格不一样自然意味着产品的目标客户不一样，很显然，价值 10 000 块钱的衣服的购买者和价值 100 块钱的衣服的购买者绝不会是同一类人。

竞争性不一样。不同的定价决定了产品在市场同行业中竞争性的强弱，一般情况下，定价高的产品市场竞争性就弱，定价低的产品市场竞争性就强。

产品差异化。价格不一样其目标客户就不一样，不同的目标客户对产品的诉求点也不一样，如 10 000 块钱的衣服的购买者对价格不会太敏感，更多的是在乎产品的价值和品质；而对于 100 块钱的衣服的购买者最在乎的就是产品的价格。

（3）从市场因素看定价

很显然产品的定价离不开市场因素，绝大部分的产品定价都是根据市场因素进行的，在定价的过程中，我们必须要参考竞争对手的定价情况，了解市场的竞争激烈程度等。对于这一方面，我有一些个人的看法。

① 薄利不一定多销

薄利多销是市场上的一个最为常见的反映，但多销肯定不是因为薄利，薄利也不一定多销，原因很简单，薄利是从企业的角度来考虑的，其公式为“利润=价格–成本”。但多销则是反映目标客户群对产品的接受程度，这与目标客户的需求欲望、产品的价值、产品的价格等因素有关，与产品利润的薄弱是没有关系的。

事实证明，没有一个消费者会在购买产品的时候去考虑企业是否薄利，即使消费者知道买这个产品的时候，商家只赚了 10 块钱，消费者也不会予以同情而自愿将价格提升。

② 价格与价值

消费者购买的不是产品的成本，而是产品的价值。产品的价值是指产品给消费者带来怎么样的好处，产品的价值包括产品的品质、服务、品牌等方面，是产品所有因素的总和。

③ 价格与竞争

企业在产品定价方面的策略，其目的就是为了获得更多的竞争优势，但根据“贝勃规律”，即手上握一个 100 克砝码时，加重 10 克，我们感觉很明显；而当手上握着 1 000 克砝码加重 10 克时，也许我们很难感觉出来，必须加更大的量才能感觉到差别。因此在产品定价的过程中，一定要根据产品的因素、竞争对手的因素等进行“被认识”、“被感知”的定价。

④ 市场战略因素

很明显，产品定价离不开市场因素的影响。对于一般企业来说，新产品进入市场的定价策略有 4 种：随行就市、价值策略、经济策略和市场策略（如图 9-3 所示）。

随行就市策略。是指在价值相同的情况下，提供相同的价格。很显然，这是一种模仿行为，除非这样的企业非常有实力，能迅速占据市场，否则这种策略会因为过慢进入而打不开市场，最终走向失败。

经济策略。是指在价值相同的情况下，提供比竞争对手更低的价格，因为竞争对手已经销售产品有一段时间，并且在市场上占据了一定的比例，所以对于新进入的企业来说，在价值相同的情况下，只能通过低价策略来抢夺市场。

价值策略。是指在价格相同的情况下，提供比竞争对手价值更高的产品。

市场策略。是指提供比竞争对手更高的价值，而销售价格比竞争对手更低的产品，这样的产品定价，的确能让产品在短时间内迅速抢占竞争对手的市场，拥有一定的市场比例，但长久下去也是不可取的，因为这样的定价会让企业“损失”很多应该得到的利润。

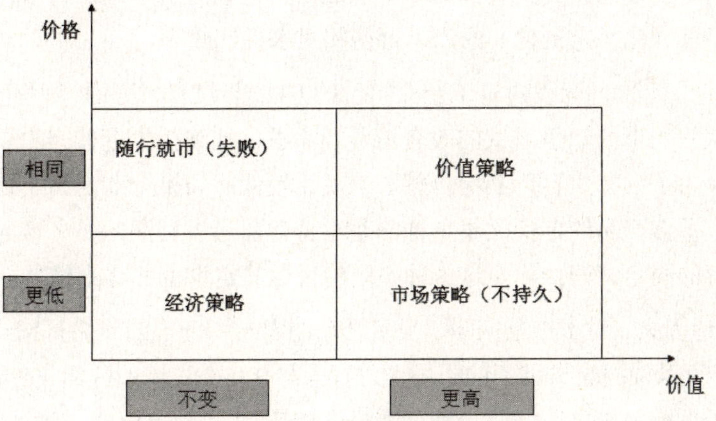

图 9-3　产品竞争策略

（4）影响产品定价的因素

产品既然是作为一种商品在市场上销售，那么它就会受到自身或商业环境的一系列影响，对于产品定价的影响因素，主要包括以下几个方面：

① 需求。消费者的需求和欲望是决定产品定价的一个非常重要的因素，产品的价格与产品的需求量成反比关系，即产品的价格越高，产品的需求量就越低。而决定产品需求量

的因素主要涉及消费者的需求欲望、消费者的支付能力、潜在替代者的价格以及目标市场是已经满足的还是潜在市场等方面。

市场需求决定了一个产品的最高价格。

② 成本。成本是决定产品定价的另外一个方面，绝大多数产品在定价的过程中都要考虑到产品的成本问题，至少要做到产品的定价不能低于产品的成本，产品的成本包括 4 个方面：生产成本、销售成本、固定成本、变动成本。

产品成本决定了一个产品的最低价格。

③ 竞争状况。竞争状况是对产品进行定价的另外一个因素，也是产品为什么不能选择最优定价区的原因，因为定价决定了产品的市场策略和市场行情，决定了产品在市场上的市场份额等。目前市场上的竞争情况可以分为自由竞争市场、垄断竞争市场、不完全竞争市场及完全垄断市场 4 种情况。

市场竞争决定了产品价格在哪一个区域位置。

④ 产品的特性。产品本身的特性也决定了产品的定价。比如生活必需品和非必需品，它们在价格上就有明显的差异；快消品和工业品的价格也有所不同；标准化的产品价格相对来说比较低，差异化（定制化）的产品价格相对来说比较高。

⑤ 定价目标。定价目标也决定了企业定价的方法以及对价格的控制程度。如当企业产量过剩，面临激烈的市场竞争或试图改变消费者需求，把维持生存作为主要目标的时候，产品的定价就是为了维持生存，其定价相对来说比较低；如果企业是为了让产品在市场上占有率最大化，那么产品的定价又不一样，是维持目前最大利润、长久最大利润，还是为实现每一年都有的固定利润目标，这 3 种不同的目标其定价也各有不同。

⑥ 分销渠道因素。对于产品来说，很多产品制定一物一价的策略是错误的，因为在产品定价的时候，可以根据渠道因素的不同而进行差异化定价。比如啤酒，在小卖铺可能是 3 块钱一瓶，到了饭馆是 5 块钱一瓶，到了酒吧可能是 20 块钱一瓶，这就是因为渠道不同，价格不同。

⑦ 消费者的心理因素。价格不同，产品的目标客户人群也不一样，他们对价格的敏感程度也不一样，每一个消费者当他看到一个产品的时候，他内心都会有一个大概的价格接受程度。

⑧ 通货膨胀。通货膨胀是影响价格的一个宏观条件，对于企业来说，企业每年的利润、增长率都要根据当年的通货膨胀进行衡量。

⑨ 政府干预。对于一些涉及民生和国际贸易的产品，政府会对产品的价格进行控制，他们会对产品进行最低限价，如通过关税等手段让进口产品价格提高，避免国外企业对本国企业造成冲击；而对于一些民生类产品，则采取最高限制，以保障民生。

（5）产品定价的基本方法

对于产品的定价，在现实中，很多企业家和老板都喜欢自己决定，他们往往会根据自己的经验来进行定价，这显然是不科学的，也是不合理的。那么应该如何定价呢？

① 成本加成定价法。成本加成定价法是指在总成本的基础上，加上一定的利润，来确定产品的价格，其基本公式是：价格=单位产品加成成本 ×（1+成本加成率），其中单位产品成本=总成本/总产量，成本加成率=（总利润额/总成本）×100%。

② 保本定价法。保本定价法又称为损益平衡定价法，它是指按照生产某种产品的总收入与总支出维持平衡的原则而制定产品价格的方法。其基本计算公式是：保本价格=（总固定成本+单位变动成本×保本产量）/保本产量，其中保本产量=总固定成本/（保本价格–单位变动成本）。

③ 目标利润定价法。目标利润定价法也称为边际成本定价法，其所确定的价格表达式为：价格=边际成本+边际贡献。其中边际成本是每增加或减少单一产品产量所产生的成本变化量；边际贡献是每增加或减少单一产品销售量所带来的收益。

④ 随行就市定价法。其定价原则与价格和目标市场上同类产品的平均价格一样。

⑤ 主动竞争定价法。它是根据本企业的情况与竞争对手产品的差异来确定价格。

⑥ 密封投标定价。这种方式主要用于投标交易中，是指企业与众多同行竞争者组成一个卖方集团，对同一个买主的公开招标进行竞价投标，密封报价，买方从诸多卖方报价中选择一个质量可靠、价格合理的投标者签订合同。

⑦ 倒推定价法。这种定价方法主要是根据市场的需求，分析顾客可接受的价格，或参考目标市场上同类产品的价格，减去中间环节的中间商利润、关税、运费等费用项目，倒推出产品的出厂价格。

⑧ 认识价值定价法。这种定价方法首先是通过缜密的市场调查，了解消费者对本企业产品与其他品牌产品的比较评价，获得消费者对本企业产品的“价值定位”，最后用市场上同类产品的通行价格，乘以本产品的“价值定位系数”，就可以得到本企业产品的合理定价。

⑨ 差别定价法。这种定价是根据顾客的差别、产品形式差别、形象差别、渠道差别、时间差别等因素进行定价。

（6）如何提高产品的价格

一个产品价格是否合理由消费者本身决定，消费者觉得合理就合理，消费者觉得不合理就不合理。而消费者觉得产品定价是否合理，则与以下一些因素有关，因此，要想提高产品的价格，就必须从以下几个方面入手：

① 价值定价。我可以大胆地说，消费者购买的绝不是产品的成本，而是产品的价值，也就是购买产品能给消费者带来什么样的好处，因此产品定价与产品的成本无关，与产品的价值有关。产品的价值包括产品的品质、服务和品牌等各个方面，也就是产品的总和。如户外广告，在广州天河城最繁华的大街上的户外广告的成本（主要包括电费、LED 显示屏购买费、安装费等）可能十万元都不到，但它一年的广告费要超过 100 万元，这个定价很显然不是按成本定价，而是按价值定价，更多的是参考了所在区域的人流量以及影响力。

② 差异化定价策略。企业在定价的时候，往往会因为市场因素去参考竞争对手的定价，因为如果是同类型的产品，你定价太高可能在市场运作过程中会出现很大的难题，这也是为什么很多产品不能轻易提供定价的原因。因此，要想提高产品的定价，就必须找出与主要竞争对手不一样的优势，找出超越竞争对手价值的所在点。如人参，小的人参比较便宜，大一点的人参贵一些，而最大的人参最贵，如果是野生人参那就更贵了。

③ 消费者分析定价。这种定价是欧美等很多国家用来进行产品定价的一个最常用的方法，也是目前认为最合理的一种方法。其最基本的定价原则就是将消费者所在乎的产品的所有因素都罗列出来，对其进行不同“价值价格化”，最后产品的定价就是各个因素价值的总和。我们以汽车为例，为了更好地解释这种定价方法，先以汽车作假设，消费者最在乎的因素有 5 个：品牌、发动机、耗油率、环保、价格（如表 9-2 所示）。

表 9-2 消费者最在乎的汽车因素

品 牌	X	Y	Z
发动机功率	150W	200W	250W
耗油率	12L/100km	14L/100km	16L/100km
环保	低于	满足	高于
价格	50 万元	60 万元	70 万元

那如何来衡量某一因素价值的价格呢？我们以衡量发动机这一因素为例，先假设该汽车的其他条件不变，只有两个因素有变化，其中一台汽车的发动机功率为 150W，另外一台汽车的发动机功率为 200W，其中对 150W 的发动机的汽车定价为 50 万元，200W 的发动机的汽车定价为 70 万元，这个时候要求一群消费者作选择，如果在这种情况下，绝大部

分人会选择 150W 发动机的汽车（如表 9-3 所示）；我们将发动机为 200W 的汽车的价格进行下调，当调为 60 万元的时候，消费者会选择 200W 发动机的汽车（如表 9-4 所示）。那么我们基本上可以确定，如果发动机的价值是每 50W 在 10 万元～20 万元之间，那么发动机功率为 150W 的汽车的定价在 30 万元～60 万元之间，当然我们还可以进一步细分到更小的区域。

表 9-3 选择 150W 发动机的汽车

品 牌	X	X
发动机功率	150W	200W
价格	50 万元（选）	70 万元

表 9-4 选择 200W 发动机的汽车

品 牌	X	Y
发动机功率	150W	200W
价格	50 万元	60 万元（选）

按照同样的调查，我们可以将产品的其他因素进行细分，得出产品的品牌价值是多少，产品的环保价值是多少，产品的耗油率价值是多少等。最后某个产品的定价就可以通过将这些因素的价值相加得到。

消费者分析定价不仅能将产品进行合理的定价，而且也能反映出产品各个因素在消费者需求中的重要程度，方便我们作出相对应的营销决策。我们还是以汽车为例，假如发动机功率为 50W 的汽车价值为 10 万元～20 万元，而环保型汽车的价值为 2 万元～3 万元，我们就可以作出判断，消费者对发动机的因素更在乎，而对环保因素并不是太在乎，所以产品在营销过程中，应该突出发动机的因素，而不是环保的因素。

④ 高开低走策略。对于一些有差异性的产品，很多企业出于竞争对手或市场因素的考虑，在最初定价时不敢定高，其实这是一种错误的定价方法，最好的定价可以进行高开低走策略，“高价”是为了确定产品的价值，是为消费者提供一个参考值，而“低走”是满足消费者占便宜的心理。

对于产品来说，要使价格从高降低很容易，只要通过打折、促销等方式就可以做到了，但要让价格从低升高，估计消费者就很难接受了。举个例子，前段时间，我家附近开了一家烤鱼店，因为刚开业，烤鱼一律 30 元，结果附近很多居民都去吃，我也变成了那里的常客，大概过了半个月，我请客吃饭的时候，发现收费变成 58 元了，而且鱼也没以前那么大了，菜的分量也少了，顿时心里很不愉快，相信跟我有同样感受的人还有很多。

⑤ 规模化定价。规模化定价是提供产品单次销售价格最为常用的一种方法，很多行业都采取这种定价策略，如微店中有一个促销工具叫阶梯定价，当达到某一数量时，微店给你一个批发价格；当达到另一个数量时，微店将给你另一个批发价。

2. 如何提高单次产品销量

如何提高单次产品销量，对于绝大多数电商来说，要想在产品上做文章，估计有点困难，尤其是第三方电商平台，因为他们所提供的产品绝大多数都是相同的。若想提高单次产品的销量，主要有以下一些方法：

（1）产品相关品类扩充

对于电商而言，提高产品的销量与产品的种类扩充有关，如我们在销售手机的时候，是不是考虑提供一些其他的扩充产品，如内存卡、充电器、备用手机电池、手机壳、手机贴膜等，将产品进行配套销售，这都是提高产品单次销量的一个重要因素。

（2）提高相关优惠级别

现在绝大多数的电商进行优惠活动都是有门槛的，如“满 88 元包邮”、“满 1 000 元减 100”、“买 4 送 1”等促销活动，这样的话，通过提高优惠门槛来“迫使”顾客不得不提高单次购买的金额，提高产品的销量。

（3）关联营销

消费者的欲望是无穷的，只要你为消费者提供对他们非常有价值的产品，他们就往往会消费超额，最好的办法就是关联营销。美国人在超市里常将婴儿的纸尿裤和香烟放在一起，很多人往往会因为要购买婴儿纸尿裤，“顺便”买了香烟；或者买香烟的时候，“顺便”买了纸尿裤。

（4）促销活动

促销活动是指企业为了销售某种/某类商品或服务而进行的有主题性的、有折扣、降价、试用、赠送等优惠手段的营销活动。

（5）捆绑销售

捆绑销售意味着你将为另一种免费的产品或服务添加一个现存的批发渠道，当我去买一件上衣时，售货员给配上了裤子、袜子、鞋、领带，等等。理所当然，他应该提供整套服务。他使我的生活变得方便，在购买时提供了很好的折扣。我们实现了双方互赢（当然，他也可以送给我用于修指甲、洗桑拿、形象咨询、理发等服务的礼品券）。

9.2.3　增加回购频率

客户回购率是增加销量的第三个因素。让客户更频繁地购买是每个电商的追求，那么怎样才能做到让客户购买更为频繁呢？

1．保持客户沟通

事实证明，和客户交流的越充分，你的产品和你的商店在消费者脑海中就记忆得越深刻，你的生意也就越繁荣昌盛。如果你不经常向客户介绍你的业务、你的产品和你自己，那么这将是一个极大的错误，客户很容易就会把你忘记，而你的竞争对手就会把他们争取过去。因此要想让客户更频繁地购买你的产品，首先就应该经常和客户联系，不断地向客户说明你的存在。

对于销售人员来说，可以每周、每月、每季度、每年依靠你的产品或服务所具有的活力，采用最佳的沟通策略和客户交流技巧，做好沟通，通常可以采用以下技巧：

第一步，销售时和客户进行沟通，并在他们的脑海中建立尽可能经常或需要使用你们产品或服务的益处的概念，让客户深信你们为他们推荐的产品是最佳的，并且知道为什么是最佳的。

第二步，跟进客户。有关数据显示，对于销售人员来说，80%以上的买卖都是在第 4～12 次联系沟通之后成交的，能在第 1～3 次成交的不到 10%，另外有 10%的成交是在第 12 次以上的沟通之后。由此可见，大多数买卖都是在多次联系沟通之后成交的，所以在与客户进行第一次沟通之后，就要对客户进行跟进。如发一封感谢信，或者是发一个活动邀请都是很不错的办法。

2．利用宣传报道

宣传报道比广告宣传要好得多。宣传报道不仅能更有效地赢得顾客，而且可以提高你的信誉。宣传报道的行销策略是所有行销技巧中效果最好而又最经济的方法之一。对于微店来说，最常见、最有效的宣传报道就是通过微信、微博、QQ 空间、QQ 聊天工具进行软性广告或硬性广告的宣传报道。如我在经营“佛之缘”佛珠的时候，就会不断地在微信、微博、QQ 空间等平台发布一些佛珠的照片信息。

3．提高客户忠诚度

客户忠诚度是客户是否能够持续购买你的产品的最基本的原因，对于这个因素，我们可以从品牌的忠诚度来进行衡量。电商企业要想提高客户的忠诚度，可以从以下几个方面入手：

（1）签到促销

在前面的文章中我们已经说到，微店有一个促销活动叫“签到”，通过这个活动只要消费者在规定的时间内，每天来到微店店铺进行签到，那么达到一定的签到次数之后，微店将对消费者进行一定的奖励。

（2）独特卖点营销

独特卖点营销也叫 USP（Unique Selling Proposition 的简称）。作为行销人员，要找到你的优点是什么。你要如何在激烈的市场竞争中成为大赢家。独特的卖点是你的事业生命线，你必须先找出这个独特卖点，然后将这个优势糅合到你的行销活动中去，包括公司的宣传手册、销售函或广告等。

9.3 别让销售最后毁在产品的详情页上

产品详情页面之于电商，犹如陈列之于门店。说简单也简单，说复杂，开设一门课程也讲不完，而且我发现对于绝大多数电商运营人员来说，他们将更多的精力和预算都用在竞争激烈的引流、拉新上，但他们没有发现他们的产品的转化率一直在可怜的1%上下徘徊。所以我在“微促销”这一章节的最后，郑重地告诉大家：你在做好促销之后，记得将产品详情页面做好，效果将事半功倍。

1．商品标题不是随便取的

综观全网电商，详情页基本包括 3 大板块：商品介绍、用户评价、商家承诺或服务。一般情况下，占据最大篇幅的商品介绍，是详情页的绝对主角，需要精心包装设计。这种包装设计，需要从商品的文字标题开始。目前常见的商品标题可分为两类：关键词抓取式与卖点摘要式。

（1）关键词抓取式标题

平台电商流量主要来自于搜索，商家参考搜索热门关键词制定的文字标题，不一定能准确描述商品情况或卖点，但要最大限度地争取被搜到的权重和排名。

比如某品牌在天猫旗舰店的商品文字标题：控油止痒去屑洗发水洗发露洗头膏套装（品

牌名）。只看这个文字标题，你除了知道品牌名、大概的产品功能外，甚至搞不清它到底是洗发水、洗发露，还是洗头膏，这个所谓的套装又到底有些什么产品。

当你单击进去就会发现，甚至连标题中“控油止痒去屑”的功能都是虚的，所谓“虚”就是产品真正的功能卖点可以继续细分，比如是主打强健毛囊而不是泛泛的止痒去屑。

之所以这么起标题，只是因为“控油止痒去屑”是最为热门的洗发产品功能关键词，而后面模糊的产品形态名，是为了将更多的搜索流量引进来。

他们的逻辑是：无论消费者搜洗发水、洗发露，还是搜洗头膏，都能看到这款产品，他们的产品也就有机会成为消费者的备选，但问题也随之而来。当一个店铺的商品标题都是按照引流原则取的，标题对商品的描述就会不准确，商品的名称呈现高度同质化。消费者在主站搜索“去屑洗发水”，单击进入某个店铺，产生初步购买意向，希望进一步逛逛店铺，对比挑选最符合自己需求的产品或顺便再购买一些其他商品时，会产生无所适从的感觉——当这些高度同质化的图片和文字被并排列在一起时，就像在跟消费者玩“鬼打墙”，很多消费者在选择困难时会干脆放弃而离店。

所以，哪怕是在平台模式下，也要依靠商品标题“紧贴”热门搜索词（如图 9-4 所示），商家也应在店铺内做好对比项设计，当用户被吸引进店之后，能在对比项的推动下快速决策下单。

（2）卖点摘要式标题

卖点摘要式标题就像是一篇文章的导语，看完这个标题，你就知道里面的详情页大概会有些什么内容。这种标题在以“会场式”展现产品的电商页面上非常有吸引力，因为产品的卖点已经写得非常清晰，文字介绍直接戳中消费者需求点，更不用说配上精美的焦点图片所产生的杀伤力了。

图 9-4 依靠商品标题“紧贴”热门搜索词

比如洋河天猫旗舰店新年期间的主推商品：42 度海之蓝 375 毫升，198 元/2 瓶，顺丰包邮。送长辈，送朋友，更绵柔，更健康。这个标题简洁有力，对抢占酒水年节市场是个有力的武器。

首先，产品本身有吸引力，“海之蓝”是中国民酒单品销量之王，2014 年双十一这款单品销售量突破 7 万瓶，助洋河夺得天猫酒业冠军。

其次，突出“绵柔”卖点，与众多高度同质化的竞争品区别开。更重要的是，这个组合击中、唤醒了用户年节酒水需求的核心——送人！提醒用户又到了该与长辈、朋友沟通感情、把酒言欢的节庆时刻了。而且顺丰快递包邮，方便你直接把酒送到长辈、朋友家中。

当然，如果从吸引流量的角度看，卖点摘要式标题就比较弱。当用户无目的地搜索品类名时，可能就搜不到卖点如此具体的产品，所以卖点摘要式标题更适合那些带有导购功能的平台，用户会定期地在这里像逛街一样随意浏览新产品，流量的来源不是搜索式的分发，而是定时的推荐浏览。

2. 最简单也最困难的商品介绍

说完文字标题，商品介绍才算刚刚开了个头。商品应该怎么介绍，这是个最简单也最困难的问题。以写文章为例，有人写成了日记流水账，有人写成了诗歌，还有人写成了引人入胜的小说。

（1）比阅读体验更重要的是转化率

研究表明，如果用户在某商品页面看了 5 分钟仍未下单，其下单的几率就会显著降低。如果停留 5 分钟之久，说明这件商品是用户感兴趣并且有需求的，离下单只差一点推动力了。所以一个好的商品介绍不仅要将产品的功能和品牌的内涵介绍清楚，更重要的是能够打动用户，给他下单的理由和冲动。

时限，就是一个非常好的推动力，这也是特卖模式在电商界大行其道的重要原因。“本档唯一”、“限时特卖”、倒数计时的醒目标识，这些都会在用户意识的深层推动他尽快下单，因为与“会得到什么”相比，人们对“失去”更为敏感，无论是失去这件商品还是失去购买它的机会。

即使非特卖模式的电商，也可以通过限时活动打造限时特卖概念，这种方式效果很好。不过需要提醒的是，别将限时概念玩成一些店铺常年“清仓甩卖最后三天”的低劣手段，在电商环境中，就有人直接将“本日五折”常年放在焦点图上，这种简单粗暴的做法也很让人惆怅。

在电商圈，比价一直是个硬道理，“击穿底价”屡见不鲜，但看得多了，用户早已没了当初的激动。要知道，真正打动用户的并不是低价本身，而是低价带来的“占便宜”感。

（2）怎么体现“占便宜”

在商品价格已经确定的情况下（如果有会员折扣，用户在单击进入详情页面后已经显示了折后价），商品详情页面中有一个工具的作用是经常被很多电商所低估和忽视的，那就是“优惠组合”，即当前页面商品和其他店铺商品组合购买时提供的优惠价格。

大部分电商都没有利用好这个工具，不仅价格优惠有限，商品组合的逻辑也有很大问题——你怎么能在一款500毫升洗发水的详情页面中，推荐它与另外两款500毫升洗发水的组合呢？合理的逻辑应该是推荐它与沐浴露、牙膏等家庭日用品的捆绑销售吧！

实际上，通过“优惠组合”这个工具，电商可以实现类似“买一赠一”、“第二件半价”等有力的对比项（这比每个组合单做一个商品链接更好，否则大量同质化商品在店铺页面显示中再次增加了用户的选择难度），通过组合节省差价清晰地向用户传达“占便宜”的感觉，促使他们尽快下单。

也就是说，一个简明的组合差价很有必要。目前不少电商平台的“优惠组合”工具只显示单品价和组合价，唯独不将组合后的优惠差价清楚地标识出来，简直是要逼死数学“白痴”啊！

在说服用户的有效技巧中，还有一个技巧是“如果你现在购买，我们再多赠送你……”，这在电视购物中被运用得淋漓尽致，主持人会层层递进，不断给你折扣的惊喜，最后还要送你价值不菲的赠品。如果不是新闻曝光了多少起电视购物骗局，你一定也忍不住要打电话抢购了吧！

同样是包含赠品，介绍或告知赠品的时机很关键，最好把赠品放在详情页面的最后。这样当用户按顺序浏览时，就会被商品卖点所打动，正在考虑是否购买时，正好看到“还有赠品”这个惊喜，会有力地推动他立刻决定下单。

也许你会问，谁那么傻会把赠品放在主商品之前介绍？笔者随机浏览了几家电商，其中，还真就碰到了在一开始就先用几张图介绍赠品的，使人怀疑自己是不是点错了商品链接。

（3）商品场景化

对于服装，模特不仅要展示穿上的效果，还要勾勒出一个理想的场景，比如主打韩风快时尚的韩都衣舍，就邀请韩国模特穿上他们的衣服在韩国街拍。

对于家用电器，就要展示它在家庭生活中的作用，比如搅拌机，早上可以给孩子打果汁做早餐，晚上可以给父母打芝麻核桃粉，全家聚在一起吃火锅，它还能打虾肉做虾滑。

再比如香水，你同样可以把它场景化，比如电梯间与男神偶遇时因香味而获得的目光，会在办公室引来同性的嫉妒，还有喷上这款香水仿佛置身于普罗旺斯薰衣草庄园的憧憬……这些诱人的“场景”就是用户购买欲望的真正源头。

（4）用户评价背书设置

真实可见的用户评价、口碑是电商相比传统门店进步的一个体现。但有时物极必反，大量低价值的评价，对新顾客的购买决策已经不再起到积极的作用，而是起到了反作用。

这个现象在淘宝平台尤为常见，一个商品可能累积了上千条评论，新用户在浏览完商品介绍时感觉不错，想要再通过评价进行确认时，前几页的“不错”、“还可以”、粗糙的自拍秀、真人秀，都将前面对商品的美好遐想击得粉碎。注水的用户评价不再是商品的加分项目，而是减分的“地雷”——没有因此减分，已是万幸。

为此，已经有很多电商平台干脆将用户评价栏目砍掉。当然这也跟它的定位有关，这家平台做的是奢侈品，用户在进入这个平台之前已经做好了关于商品的功课，她们是这个领域的专家、意见领袖，无须通过用户评价来了解商品，帮助决策。

而对那些仍需要用户评价为商品背书的平台怎么办呢？乐蜂网的做法很值得借鉴。它在商品介绍的最后以“好评百分比”、“大家都这么说”的方式，对整体用户评价做了一个简明的画像，让新用户一目了然地知道商品口碑的关键词是“舒服”还是“刺激”，百分之多少的人对它给予好评。同时在另分页面显示所有评价，解决了真实性和准确性的问题。

最后，关于商家的承诺与服务，这是用户关注度非常低的板块，但是由于法律风险的原因，必须大段详述，所以另分页面显示是较好的做法。

在这个板块中，部分电商设置的“咨询与回复”栏目就显得非常尴尬。因为客服的回复过于机械，常常答非所问，问题重复率也很高。

比如，用户留言问“为什么商品 A 与商品 B 功能差不多，价格却差一倍？”客服在公开回答的情况下无法有针对性地推荐任何一款商品，只能回答一个似是而非的理由。这对提问者来说，没有多大价值；对新用户来说，疑问同样存在（所以同类问题就会一再出现）。

对于没有客服在线服务功能的电商平台，咨询与回复作为用户服务有其存在的意义，但其实没有必要公布在对应商品的详情页面上，既没有有用的信息，又让页面显得烦琐，完全可以作为封闭问答，让用户仅可以在自己的账户中查看。

小小一个详情页面，谈起来其实奥妙无穷，本文仅拣了几个点，就已经刹不住车了。但愿电商同行们今后在制作详情页面时再谨慎一点，让我无槽可吐！

从吸引流量的角度看，卖点摘要式标题非常弱，但它更适合那些带有导购功能的平台，用户会定期在这里像逛街一样随意浏览新产品，流量的来源不是搜索式的分发，而是定时的推荐浏览。

附：拍拍小店宝贝详情页面思路和设计流程

很多新手美工认为做描述页面，就是简单地摆放几张产品图，然后加一些参数表，最后放个 5 星好评就行了。其实做详情页面说简单也简单，说难也难，难就难在能否卖出去。为了提升销量，打造一张优秀的详情页面，需要用 60%的时间去调查构思，确定方向，然后再用 40%的时间去设计优化。

1．宝贝详情页面的作用

宝贝详情页面是提高转化率的入口，激发顾客的消费欲望，树立顾客对店铺的信任感，打消顾客的消费疑虑，促使顾客下单。优化宝贝详情对转化率有提升的作用，但是起决定性作用的还是产品本身。

2．设计详情页面要遵循的前提

宝贝详情页面要与宝贝主图、宝贝标题相契合，宝贝详情页面必须真实地介绍出宝贝的属性。假如标题或者主图里写的是韩版女装，但是详情页面却是欧美风格，顾客一看不是自己想要的肯定会马上关闭页面。

3．设计前的市场调查

设计宝贝详情页面之前要充分进行市场调查、同行业调查，规避同款。同时也要做好消费者调查，分析消费者人群的消费能力、消费喜好，以及顾客购买时所在意的问题等。

（1）如何进行调查？

答：通过淘宝指数（shu.taobao.com）可以清楚地查到消费者的一切喜好以及消费能力、地域等很多数据，学会利用这些数据对优化详情页面很有帮助。另外还可以通过“生 E 经”等付费软件进行分析。

（2）如何了解消费者最在意的问题？

答：可以去宝贝评价里面找，在买家评价里面可以挖出很多有价值的东西，了解买家的需求，购买后遇到的问题，等等。

4．调查结果及产品分析

根据市场调查结果以及自己的产品进行系统的分析总结，罗列出消费者所在意的问题，同行的优缺点，以及自身产品的定位，挖掘自身与众不同的卖点。

5．关于宝贝定位

根据店铺宝贝以及市场调查确定本店的消费群体。

举个例子：外出旅游住宾馆，有的小旅馆100元一夜卖的就是价格，卫生、服务等条件因素都没有保障，定位于低端顾客；有的连锁酒店200元一夜卖的是性价比，定位于中端顾客；有的大酒店400元一夜卖的就是服务；还有的主题宾馆卖的是个性，等等。

6．关于挖掘宝贝卖点

针对消费群体挖掘出本店的宝贝卖点。

➘ 典型案例：薄键盘膜

一家卖键盘膜的店铺发现在购物评价里中差评很多，大多是在抱怨键盘膜太薄，如果是别的掌柜在下次进货时可能就会进厚一点的货，而这家掌柜则直接把描述里的卖点改为史上最薄的键盘膜！结果出乎意料！评分直线上升，评价里都是关于键盘膜真的好薄之类的评语！直接引导并改变了消费者的心理期望，达到非常好的效果。

关于宝贝卖点的范围非常广泛！比如：卖价格、卖款式、卖文化、卖感觉、卖服务、卖特色、卖品质、卖人气，那么，你卖的是什么呢？

7．开始准备设计元素

根据消费者分析以及自身产品卖点的提炼，根据宝贝风格的定位，开始准备所用的设计素材、详情页面所用的文案，并确定宝贝详情的用色、字体、排版等。最后还要烘托出符合宝贝特性的氛围。如羽绒服，背景可以采用冬天的冰山效果。

要确立的6大元素包括：配色、字体、文案、构图、排版、氛围。

常见的宝贝描述页面的构成框架如图 9-5 所示。

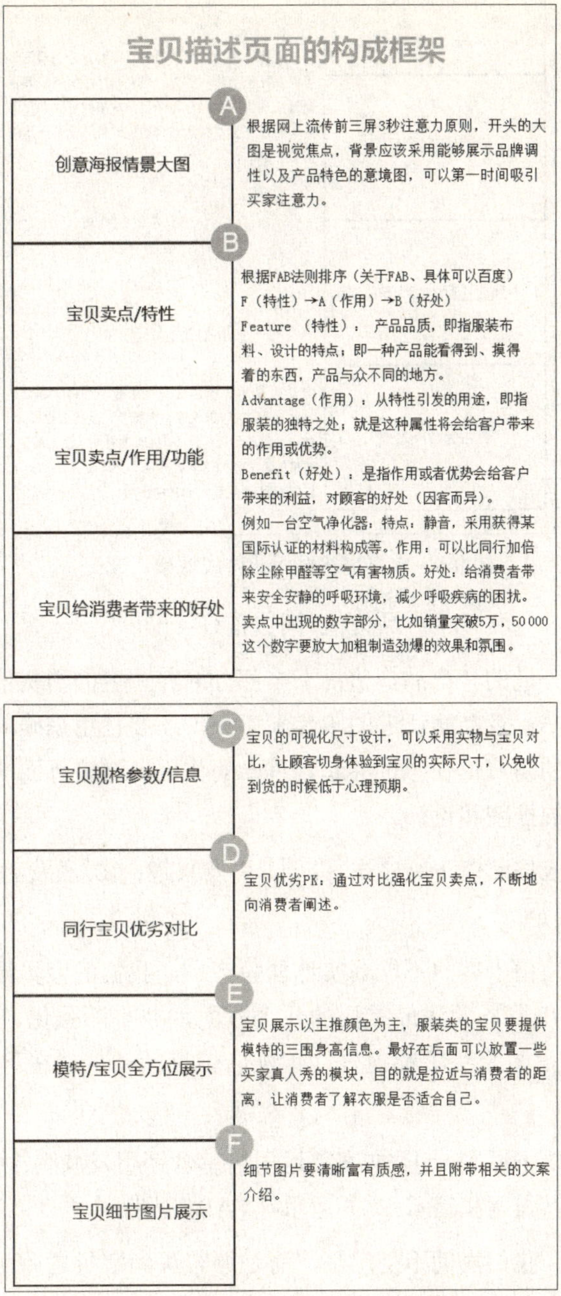

图 9-5　宝贝描述页面的构成框架

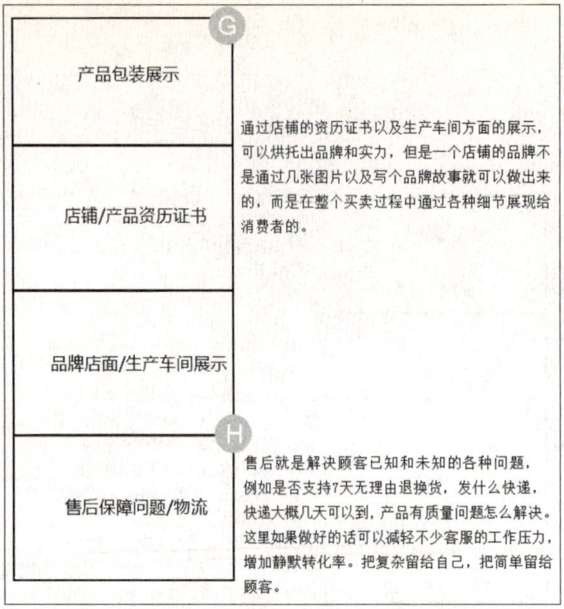

图 9-5　宝贝描述页面的构成框架（续图）

产品价值+消费信任=下单

详情页面上半部分说的是产品价值，下半部分培养顾客的消费信任感。对于消费信任感不仅要通过各种证书以及品牌认证的图片来树立，还要使用正确的颜色、字体和排版结构，这些对赢得顾客的消费信任感也会起到重要的作用。详情页面的每一块组成都有它的价值，都要经过仔细的推敲和设计。

详情页面的描述应按照以下顺序进行：① 引发兴趣；② 激发潜在需求；③ 赢得消费信任；④ 替客户做决定。

特别要注意的是，由于客户不能真实地体验产品，我们的宝贝详情页面就要打消买家顾虑，从客户的角度出发，关注最重要的几个方面，并不断强化，告诉顾客我是做这个的专家，很值得信赖，买家买了都说好，正好店铺有活动，现在下单价格最优，明日即刻涨价。

同时，还要遵循以下原则：① 文案要运用情感营销引发共鸣；② 对于卖点的提炼要简短易记，并反复加以强调和暗示；③ 运用好 FAB 法则。

有需求才有产品，我们卖的不是宝贝，而是顾客买到宝贝之后可以得到什么价值，满足什么需求。要让顾客理性地进来，感性地下单。

第 10 章

微关系

无论是微商，还是微店，从某种意义上来说，他们的销售模式都属于关系型销售模式。我认真地分析了很多伟大的微店（或微商）案例，对于这些案例，他们的伟大之处就在于囊括了4个重要的因素：① 不烧钱却能引来大量粉丝关注；② 产品销售成功率爆棚；③ 产品自我销售，粉丝转介绍，自动造血；④ 化解存量资产，转化为增量社会价值。而微店（或微商）之所以能做到这一点，是因为人们在移动互联网的社区里聚合，形成了社群，而你在微信社群里与朋友交流，传授知识，进而慢慢地改变人们购买商品的习惯，这一切的背后都隐含着两个字——关系。

如图10-1所示是我在研究微商的时候设计出来的一个思维导图。其实无论是传统的销售，还是PC端电商，抑或是微店（或微商），对于商家来说最根本的目的就是成交产品（即销售）。甚至可以说，一切营销的目的都是为了销售。而销售额的高低与目标客户人群数、成交率、客单价、频次4个方面的因素有关。即：

销售额=目标客户人群数×成交率×客单价×频次

所以我们要想提高我们的销售额，就必须提高我们的目标客户人群数、成交率、客单价、频次。而要想提高这些，除了大量的增加微信精准粉丝之外，就是将这些粉丝从“土豆丝”转变为“铁丝”甚至“钢丝”。只有这样，他们才会相信你的产品，提高成交率和客单价；才会忠诚于你的产品，增加购买频次；才能主动向别人介绍传播，实现自动化销售。

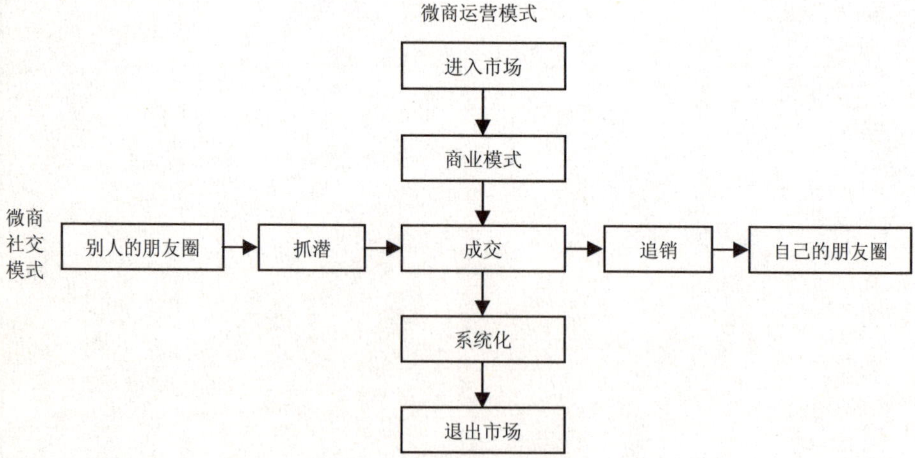

图10-1 微商商业模式图

有关数据调研显示：

（1）发展一个新客户的成本是挽留一个老客户的成本的3～10倍；

（2）客户忠诚度下降 5%，企业利润下降 25%；

（3）向新客户推销产品的成功率是 15%，向老客户推销产品的成功率是 50%；

（4）60%的新客户来自于老客户的推荐；

（5）20%的老客户带来了 80%的利润。

既然对于微店运营来说，其销售很大一部分是建立在关系之上的，而且老客户又是如此重要，那么我们该如何做好关系，将别人的朋友转变为自己的朋友，将普通的朋友转变为自己的“钢丝”呢？在本章中，我将从以下几个方面入手。

10.1 情感营销——以情动人

在微店（包括微商）运营过程中，我们会发现消费者购买商品所看重的已不再是商品本身以及价钱的高低，他们更多是为了获得一种情感上的满足，之所以选择你的产品，是对你和你的产品在心理上的认同。所谓情感营销是从消费者的情感需求出发，唤起或激起消费者的情感需求，诱导消费者产生心灵上的共鸣，寓情感于营销之中。

这是微店（包括微商）与传统商店和网店不一样的地方，不论是商店还是网店，顾客的购买行为更多的是因为刚性需求的推动，消费者找到符合自己需要的产品，反复比较之后才会购买，买完之后才开始接受商家的服务。而到了微店（包括微商）时代，消费者的购买很多都是在获取信息和社交过程中所产生的，是一种被动的需求，是因为社交而被激发出来的需求，或者说是一种被动购物。

我相信很多人都有这样的经历，看到自己非常熟悉的朋友在朋友圈发布了一条信息，说自己有某种纯天然的、原生态的农产品，自己本身是没有这种需求的，但是在社交过程中，看到这条产品信息非常吸引人，更多的是对人的信任，于是就购买了。这样的案例不少见，我自己的“佛之缘”佛珠饰品，就有相当一部分销售来自于朋友的捧场。这些“捧场”很显然不是刚性需求，而是出于朋友之间的相互关照。

微店（包括微商）之所以与众不同，就是他嫁接在社会化媒体平台上，而情感则是社会化媒体平台存在的根本。因此我们可以用一句话简单概括：微店（包括微商）是一种情感上的满足和心理上的认同。

至于如何做到这一点，我们可以从以下几个方面入手。

10.1.1 情感上的满足

情感上的满足很好理解，你的客户虽然和你没有见过面，但是因为他们在你的微信里互动，形成了朋友关系，最终他们购买了你的产品，这满足了人们的社交需求，商品只是社交的一种媒介。当然每个人的内心深处都有爱与被爱的需求，所以要想做好微店，就必须跟微信朋友搞好关系，要想跟微信朋友搞好关系，就必须善于做一些情感营销。

1．亲情牌

亲情、友情、爱情是每个人情感方面的三个重要组成部分。从某种意义上来说，这三个部分都可以拿来作文章，其中，最方便利用的就是亲情。我曾经看到过一个微商案例，某个经营龙虾的微商，她讲的就是爷爷的故事，因为怀念爷爷烧的龙虾而做出来的产品，这个故事很感人，在微信圈里一夜爆红，产品也随之一夜爆红。

2．公益牌

尽管已经过去几年了，但对于很多人来说，应该还记得“海南蕉急”这个营销事件：2011 年 5 月中上旬，因为天气较冷，香蕉上市的时间推迟，再加上催熟香蕉的“乙烯利”对身体有害的新闻得到播出，并被全国各大媒体转载，海南的香蕉收购价格急剧下降，从 4 月份的每斤 3 元左右，跌至每斤 1.3 元，而田间收购价格不到 8 毛钱，行情遇冷。而到了 6 月中旬，海南省经历了一周左右的炎热天气，香蕉大面积成熟上市，但整体上市时间推迟，错过了最佳上市时间，“难卖”问题日趋严重，蕉园的收购价格始终在 0.2 元到 0.4 元之间，蕉农损失非常严重。

在这种情况下，6 月 24 日，新浪微博绿色农业进行时官方微博@海南蕉急开通，开始关注海南香蕉。短短几天内粉丝数量飙升，在此也号召各位新浪微博用户，关注海南香蕉，大家共同出谋划策解决目前的“卖蕉难”问题；7 月 8 日，与淘宝聚划算组织聚蕉行动，组织杭州网友团购海南香蕉，不到 30 分钟，75 吨香蕉团购一空；7 月 15 日，嗨淘网加入聚蕉行动，与新浪微博、淘宝聚划算组织北京、上海、广州、深圳、成都、长沙、武汉、宁波八座城市网友爱心团购海南滞销香蕉。

其实类似于这样的案例，我们经常会在朋友圈内看到。

3．娱乐牌

很多时候我们会发现，在微信里，大家会因为好玩，而去盲目地购买某个东西，如最近两年比较火的众筹就是其中很好的表现，参与众筹的大部分人都忽略了项目本身、风险、投资回报等，他们仅仅是觉得好玩，如果把这个放在线下，我估计没有多少人会参与其中。

10.1.2　心理上的认同

心理上的认同就更容易理解了。从某种意义上来说，消费者之所以通过微店（包括微商）购买你的产品，主要是因为他认同你，而且认同你的产品。在销售中很典型的就是在你成为他的朋友时，你就会发现，你一旦有这方面的需求就会去他那里购买。也就是说，不管是线上还是线下，只要消费者认同你，那么你的生意就好谈了。

所以对于微店（包括微商）来说，在销售产品之前先要销售自己，如果把自己成功地销售出去了，再把产品销售出去就变得容易了。例如，2014 年 7 月 18 日，《罗辑思维》推出了号称“真爱特供”的月饼（如图 10-2 所示），开始在朋友圈上传播。大家都知道月饼市场是一片竞争非常激烈的红海，线下市场到处都是月饼，对于低端货，在批发市场甚至花十几块钱就能买一盒；对于高端精致的月饼产品，每个城市的星级酒店都会推出。论口味，拍拍会推出很多颇具特色的月饼，那么为什么一个做脱口秀的罗振宇能够带着传播思想文化的《罗辑思维》公众平台可以跨界卖月饼呢？其实买过“罗辑思维月饼”的人都知道，产品并没有太大的特色，甚至可以说比较普通，他之所以能这样跨界卖月饼就是因为他抓住了人们的情感，把大家对《罗辑思维》的认同转化为对他推出的产品的认同。

图 10-2　罗辑思维月饼

其实并不是仅有《罗辑思维》在这样做，我们还能找到很多这样的案例，如做精油电商的雕爷跨界餐饮行业做了雕爷牛腩；做小米手机的雷军涉足房地产做小米公寓；大半辈子与烟草打交道的褚时健种橙子，将褚橙卖的火热；联想柳传志种桃；网易丁磊喂猪……他们之所以如此跨界，就是因为他们相信：只要消费者对他认同，就会对他的产品认同。

这一点，在微店上面也同样适用。

10.1.3 学会跟客户“谈恋爱”

我总是将营销、销售跟恋爱进行比较，从某种情况来说，销售真的如同跟客户谈恋爱一样，当然微商也是如此。微引流阶段相当于男女朋友刚认识，微沟通就是谈恋爱相互了解的过程，微促销就是谈恋爱使用的适当方法，而最终的成交就意味着追到了心仪的对象。

我一直都认为谈恋爱是有学问的，同样也认为销售是有学问的，那么我们就看看微商该如何“谈恋爱”。

1. 形成自己独特的魅力

大家都知道追女孩子，光靠追是没有用的，一定要先包装自己，在对方面前充分展现自己的魅力，引起对方的好感，这样才会有下一步的机会。因此微商朋友圈的风格需要自己做调整，什么样的朋友圈就能吸引到什么样的客户。而你每次刷朋友圈都是在对方面前展示自己的机会，一定要想办法先引起对方注意，让对方对你产生好感，至少要有个印象。当然不同的客户（女孩）喜欢的类型也不一样，有的人喜欢有车有房的、有的人喜欢浪漫的、有的人是外貌协会喜欢高帅富的、有的人喜欢有才华的，等等。这就要求你在塑造形象的时候先去调研一下，了解目标客户到底需要什么，然后往这方面发展，喜欢有房有车的，就多晒房子、晒车、晒钱，喜欢有才华的，就尽可能展示自己的才华。

2. 持续互动

当你通过包装，让对方对你产生好感，留下了一个不错的印象之后，这还仅仅只是一个开始，你还需要不断地加深交流，形成互动，让他对你有更多的了解。俗话说看人不能看表面，日久见人心，好感只是别人对你的印象，能不能俘获芳心，你还得展示出更多的魅力。

而且追女孩子不是一蹴而就的，要一步一步地深入了解，她对你越熟悉，对你越认同，那么你成功的几率就越大，就犹如谈恋爱一样，要时不时地一起逛个街、看个电影、吃个饭等，当然这一点在微信中，主要体现在与粉丝的互动上。

3. 建立信任

女孩子只要充分信任你，才会委身于你，只有她相信你不会骗她，会对她好，她才会真正的跟你好。微商与粉丝也是这样，你要想让他心甘情愿地为你的产品掏钱，就必须先让他信任你，至少要让他觉得买了你的产品之后，产品是好的，如果出现什么问题，你是会对他负责的。

10.1.4 塑造客户的归属感

人类自从出现的那一刻开始，就是群居性动物。我们总是希望能找到心灵的归宿，这一点对中国人来说尤其如此，我们讲究根文化，就是指一个宗族、一个姓氏传承下来；我们讲究缘文化，无论是血缘、亲缘、地缘还是同学缘，总之我们希望自己能够得到别人的认可，也希望自己能加入到别人的团队中去。

这一点在微店运营中也显得很重要，要想让你的微信粉丝从普通的"土豆丝"变成"钢丝"，单靠互动、恩惠是不行的，必须要传播思想理念，给他们一个归属感，如小米为它庞大的粉丝弄了一个"米粉"，苹果也有自己的"果粉"俱乐部。

10.2 信任营销——给客户零风险

根据"销售额=目标客户人群数×成交率×客单价×频次"这个公式，我们可以知道，在目标客户人群数固定（如 5 000 好友）的情况下，你要做的是将转化率提高，如果从 1%提高到 2%、3%、5%、8%，甚至 10%，那么你的销售额也会翻 2 倍、3 倍、5 倍、8 倍，甚至 10 倍。而增加转化率最好的方法就是培养信任感。

简单地说，在微信里面，很多人与你素昧平生，从未谋面，仅仅是在微信里看到你的微店，别人就会购买你的产品，凭什么呢？答案很简单，凭的是别人对你的信任。也就是说，如果你没办法解决信任这个问题，那么你就做不了成功的微商，你的微店也就没办法成功。那么该如何建立信任呢？

1. 展示最真实的自己

要想让别人相信你，第一印象非常重要，对于微信来说，如果你的微信信息是真实的，那么别人对你的印象就会很好。我看到很多朋友的微信名字用的都是化名，显示的地址是什么冰岛、不丹等国外的一些地方，头像不是风景就是标志，朋友圈从头到尾刷的都是产品，对于这样的微信，会让人没有安全感，甚至产生反感，将其拉黑。

如下面两个微信号都是笔者本人的微信号，当很多读者看到第一个微信号的图像时，都会以为这不是我个人的微信号，而是一个公司的微信号（如图 10-3 和图 10-4 所示）。这很显然是我误导了他们，使他们产生了错觉，是一种错误的做法。

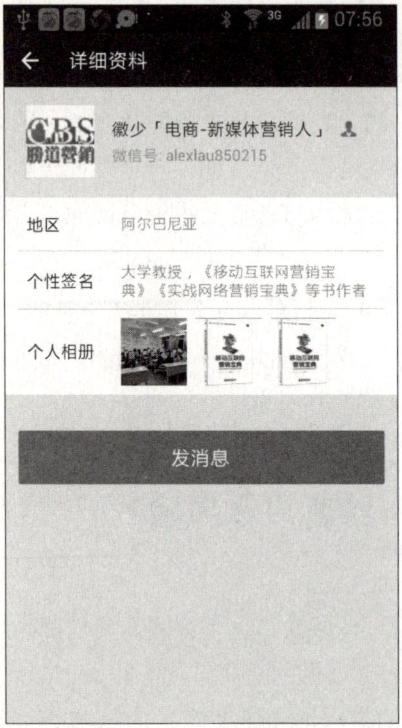

图 10-3　笔者微信号 1

图 10-4　笔者微信号 2

2. 长期培养

要想取得别人的信任并不是一时之功，更多的是要靠长期的培养和经常的互动。这与我们线下交朋友是一样的，各位读者想想看，与我们非常熟悉的好朋友是不是要经常聚会或者是电话交流的朋友。

当然在长期培养的过程中，我们需要展示最真实的生活点滴，如工作、爱好等，展示最真实的自己，我相信没有人愿意跟一个虚假的人交往。除此之外，我们还需要多与人互动，如经常在朋友圈点赞、评论，多在朋友圈发布内容，吸引别人点赞、评论，也可以时不时地跟对方聊上两句，这样就能慢慢地培养彼此间的信任了。

3．百度背书

如果你对一个人、一个产品不了解，第一反应会怎么做呢？如果是淘宝的话，你可能会去看客户评论。那么微商呢？是不是可以去百度上搜索一下。每年都有我的很多学生要毕业找工作，他们每次找到工作的时候，都不知道公司的相关情况，有时也会来向我寻问他们应聘的公司怎么样，其实我也不太了解，我给他们的建议就是让他们去公司实地感悟一下，更多的是在百度上找到他们的相关信息，对这个公司进行了解。

所以，在微店中销售产品，要想获得别人的信任，我们还必须注意互联网的相关信息，尤其是在百度搜索的时候需查看信息是否完善、真实。

4．权威媒体背书

当然，要想更快地建立信任，除了百度以外，我们还可以借助权威媒体，尤其是一些传统媒体，如果他们对你进行采访、报道，那么这样的品牌背书就是非常好的，千万不要低估传统媒体的影响力。

5．第三方论证

我在 2015 年年初的时候开始接手“美益天”面膜（如图 10-5 所示）的运营工作，说实话现在的面膜并不太好做，竞争非常激烈。我之所以接手这个工作，主要是他有以下 3 个方面的原因吸引了我：其一，他的生产方是中国医药集团，是国务院国资委直属管理企业；其二，他请了王丽坤作代言；其三，他们从 3 月份开始在央视和各大媒体投放了大量的广告。

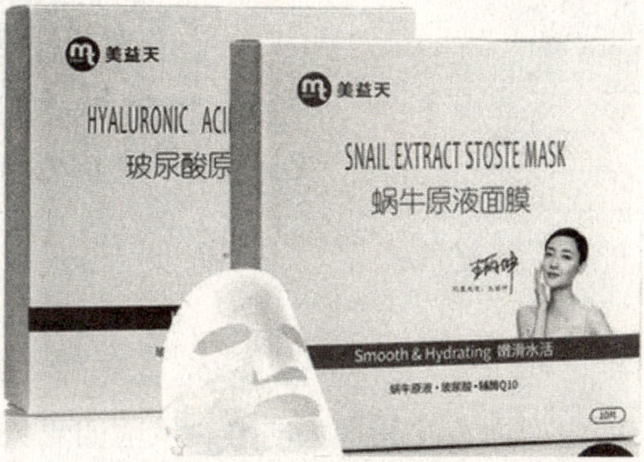

图 10-5　美益天面膜

除了百度大环境和权威媒体之外，第三方论证也是很重要的。对于产品来说，企业实力、产品证书很重要；对于个人来说，实名认证的微博、实名认证的 QQ 空间等第三方论证同样重要。

6. 微信公众平台

微信公众平台是培养信任最好的平台之一，它无疑是一个巨大的鱼塘，可以将你的客户群圈起来。如果你将它运营好，经常推送一些文章、一些观点，那么，他们就会在潜移默化中从陌生的“土豆丝”变成“铁丝”，从“铁丝”变成忠诚于你的“钢丝”。

每个营销人也好，每个公司也好，都应该至少有一个实名论证的微信公众平台，如我就在持续不断地经营着自己的公众平台——徽少（如图 10-6 所示）。我每天都非常认真地打理这个平台，当然这个平台也让更多的人认可我。各位读者，如果大家对我的互联网思想感兴趣的话，可以扫描如图 10-7 所示的二维码，关注我了解详情。

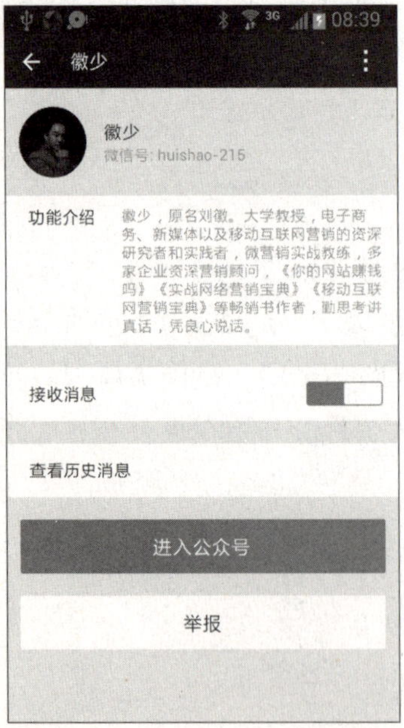

图 10-6　笔者个人微信公众平台

图 10-7　笔者个人微信平台二维码

7. 第三方担保

微店相对于微信朋友圈电商而言，其最大的解决风险的优势就是使用财付通作为第三方担保，这和淘宝一样，通过支付宝担保交易。

8．品牌

微商未来的发展趋势一定是品牌人格化，人格品牌化。建立信任最常见、最有效的办法就是把自己培养成明星，这样一旦你成为品牌，你就会拥有自己强大的影响力和粉丝团，就不会再担心信任问题了。这也是为什么《罗辑思维》能做月饼，雕爷能卖牛腩的根本原因。

除了将人打造成明星之外，我们还可以将产品打造成品牌产品。韩束从 2014 年年底进入微商市场，几个月就销售了上亿元，除了团队的努力之外，更多的是其背后 12 年的发展历史、国货销售第一、一年 5 个亿的广告费用，以及线下 28 000 多家门店的影响力作为自己的品牌背书。

9．海量见证

做电商的人都知道，客户见证是少不了的。尤其是对于微商来说，最值得客户信赖的就是朋友的口碑。目前，微商人使用最多的方法之一就是晒见证，最常见的见证有以下 5 种：

（1）订单见证

将客户的订单（哪怕是快递单），或者是支付付款记录截图，展现出来。

（2）交易过程见证

将客户与你的情景对话和交易过程截图，展现出来。

（3）明星见证

意见领袖是最容易被人采纳的，借助明星也是一种不错的方式，如我做“佛之缘”佛珠的时候，就经常会把王菲、李连杰等明星佩戴佛珠的照片拿出来晒一下。

（4）产品过程见证

其实最能打动客户的还是产品，客户因为看不到产品的生产、销售等过程才会对你产生不信任，如果我们能将产品的所有流程都拿出来见证的话，自然就会相信你。有这方面实力的微店和企业可以将自己的整个过程都展现出来，如产品货源见证、产品与其他产品试验类比见证、权威证书见证、仓库物流过程见证等。如图 10-8 所示，就是我在一个企业做服务的过程中，给企业产品做的产品过程见证，分别从研发、生产、仓储等方面入手。

图 10-8　产品过程见证

（5）客户见证

客户说好才是真的好，客户见证对微店（包括微商）来说非常重要，事实上很多微店（微商）已经在大量使用了。对于客户见证，我个人有两个观点：其一，重要的客户见证不在于数量有多少，而在于客户是否有代表性，是否有质量；其二，客户见证尽量多样化，不要一味地只知道拿着产品拍照，使客户通过视频见证也不错。

10．塑造专家形象

我曾说过一句话：只要你认真研究某个行业三年，那么你就会成为这个行业的专家，一旦你成为这个行业的专家，那么别人就会信任你。所以你要认真地研究该行业，积极地就某些问题发表观点。如果你从事的是摄影器材生意，你就可以多发表一些摄影的技巧知识；如果你从事的是美容行业，那么多发表一些美容护肤的知识就显得很必要；如果你像我一样是从事互联网营销的，那么就可以多发表一些有关互联网和电商的观点。时间长了，你在别人眼中自然就会塑造成专家的形象，别人自然就会对你产生信任。

10.3 自发传播——让微店自动造血

前面说过，如果每个人的微信朋友有 200 个人，这些朋友帮你裂变一次，你将会获得 200×200=40 000 个好友，所以要想使你的粉丝自动生成更多的粉丝，微店要自动造血，就必须让你的平台具有自发传播的功效，所谓自发传播，就是我们需要给他内容，告诉他传播什么。但是，我们不能直接告诉他“请传播这个”，因为他不一定能接受。所以，我们需要对拟发布的信息进行甄选，有选择性地发布某些内容，这样别人才会配合，才会主动帮我们传播。

要想做到这一点，你所传播的内容除了要让对方产生相应的思维、情感和行动之外，还要让对方有欲望去传播我们的东西，所以我们需要控制传播的内容。这样做有 4 个好处：

第一，产品/服务的品质，必须让第一批客户满意，从而让客户发自内心地对产品认可。

第二，确保他们传播的内容对我们的销售是有利的。

第三，这些内容是他们有兴趣去传播的，如果他们没有兴趣，那也没有意义。

第四，要设计传播与分享的“驱动力”，鼓励客户分享信息，从而让客户自发地去分享信息、告知朋友。

其实执行起来很简单。首先，你要确定客户的现状、客户的梦想；然后，你要确定两者之间的差距，也就是你可以贡献的价值有多大；最后，你要说服客户相信你的内容，相信你的内容能够帮助他们实现梦想，这是最关键的。

那么如何才能让你的微店、你的微信内容、产品内容自动转发和分享呢？我们或许可以从“5W1H”中寻找到一点线索，即分别回答“人为什么会在线分享”（Why）、“在线分享者都是那些人”（Who）、“如何更有效的分享”（How）、“在何时在线分享”（When）、“在何地在线分享”（Where）、“在线分享怎样的内容”（What）这 6 个问题。

10.3.1 Why——人为什么会在线分享

根据马斯洛需求层次理论（如图 10-9 所示），每个人自下而上都有对“生理、安全、爱/归属、尊重、自我实现”5 种层次的需求，并且，人们只有对低层次的需求得到满足后，才会追求更高一层级的需求，而“分享”就是人在得到“生理、安全”这两种层次需求的满足后，进而追求其他 3 种更高层次需求时所表现的一种行为。

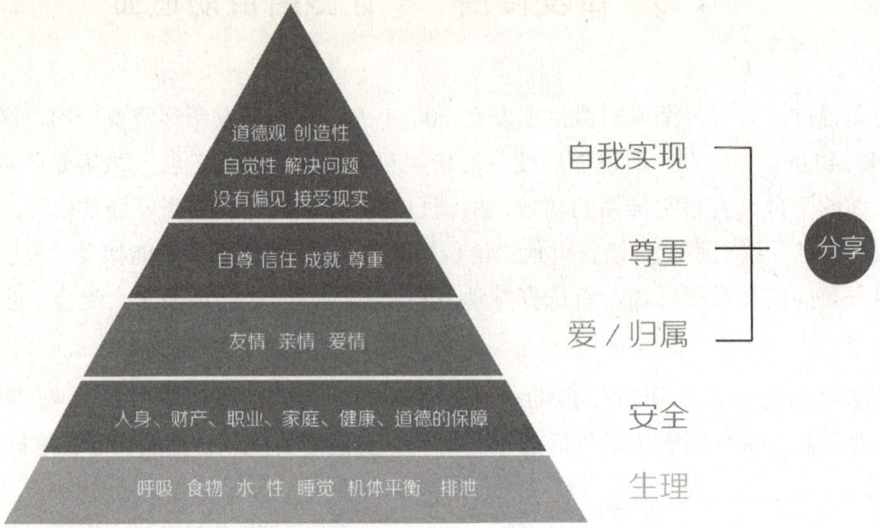

图 10-9　马斯洛需求层次理论

早在互联网和社交媒体还没有出现之前，人们就已经通过面对面的交谈、信件、公众表演等方式去分享，以去获得爱和归属感、获得尊重和实现自我。而在互联网、社交媒体和个人移动终端兴起之后，使得分享无论是从其方式上，还是从广度上都有了质的飞越。人们只需要动动手指，就可以很方便地把自己想要分享的内容，以文字、图片、视频的形式瞬间传遍全球。同时，还能足不出户，以最快的时间了解到相隔千里之外的朋友的分享，这些优势，让在线分享被越来越多的人接受，但究其本源，在线分享依然是为了满足自己更高层次的需求，只是方式不同而已。

再具体一些，还可以将这些高层次的需求分成 5 类（在线分享的 5 种主要动机）。

动机 1：标榜自我

标榜自我的动机（如图 10-10 所示），指分享者期望通过分享，给自己标榜具有某种特质的形象，让别人觉得他是个有趣的、热心的、沉稳的人，并以此为目标，有目的地分享某些类型的信息，比如通过在好友圈里晒自己新买的 iphone 6 的开箱照，标榜自己是个走在时尚科技前沿的人（或土豪）；通过分享自己旅行的照片，标榜自己是个积极生活的人；通过分享自己享受美食的照片，标榜自己是个美食家。

图 10-10　标榜自我

动机 2：拓展/维持关系

拓展/维持关系的动机（如图 10-11 所示），是指分享者有目的地分享内容，以达到维持旧有的关系或拓展新的关系的目的，如通过分享一个有共鸣性的话题（例如对某首歌产生共鸣，对某个地方产生共鸣），并期望有更多的人对此有所关注并发表自己的看法。

图 10-11　拓展/维持关系

动机 3：利他

利他是出于自觉自愿的一种以利他为动机的分享行为（如图 10-12 所示），是通过分享有价值或有趣的信息给其他人，以期望自己的分享能给其他人带来帮助或快乐，我们常看到的一些朋友分享的“生活小窍门”或是“搞笑段子”，常是出于对利他动机的分享。

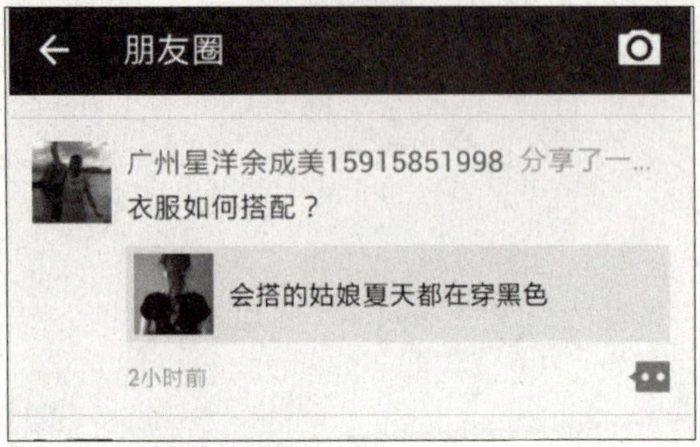

图 10-12 利他

动机 4：呼吁或倡导

呼吁或倡导的动机（如图 10-13 所示），是指分享者通过分享包含自己相应态度（支持或反对）的某种观点、某个事件、某项活动，并呼吁或倡导其他人能跟自己一起对这些观点、事件或活动保持相同的态度或行动，比如常见的某些公益活动的宣传呼吁，某些时下热点事件的评论等。

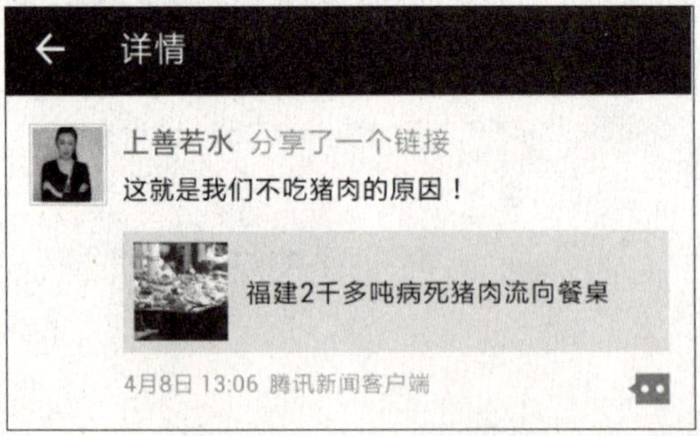

图 10-13 呼吁或倡导

动机 5：自我实现

自我实现是一种对自我行为的意义的肯定。从马斯洛的需求理论来说，人的最高需求是自我价值的实现，因此当一个人完成了一件能让自己觉得自己的潜力得到发挥，或是自己的价值得到体现的事（可能在外人看来只是件小事）时，他在某些方面，感受到了存在感、融入感、成就感或其他感觉，实现了自己对自我价值的实现，具体到分享的内容方面，可能就是一种莫名的满足感（如图 10-14 所示）。

图 10-14 自我实现

总的来说，人们为什么在微信上传播你的内容，无外乎 3 个方面：恩惠、兴趣和理念。

10.3.2 Who——是谁分享你的信息

从上面提到的分享动机，以及分享内容类型上划分，可以将在线分享者划分成以下 6 种类型：

类型 1：利他主义者

利他主义类型的分享者（如图 10-15 所示），他们希望通过分享去帮助其他人，这种人更热心、更乐于帮助人；产生利他行为的原因有很多种，比如一个人在心情愉悦的情况下，或是对一件事情的看法比较积极时，更容易产生利他行为；或者当做错事情时，为了寻求补偿心理和降低压力，也容易产生利他行为；再或者与他人对某件事情的价值观、兴趣相同时，也更容易产生利他行为；研究表明，一个人的利他行为与个体责任感的高低成正比。

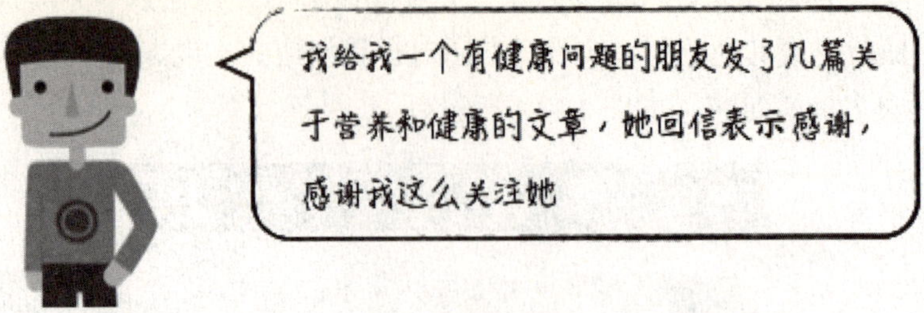

图 10-15　利他主义者

类型 2：专业权威

专业权威类型的分享者（如图 10-16 所示），并不一定真的是某一专业的权威，但他们往往在某一领域具有专业的知识或技能，在分享中，他们希望通过对所属领域内容较为专业的分享向其他人标榜自己的专业形象，国内问答论坛“知乎”的 slogan 是“明白人说新鲜事”，“明白人”就是这类“专业权威”。

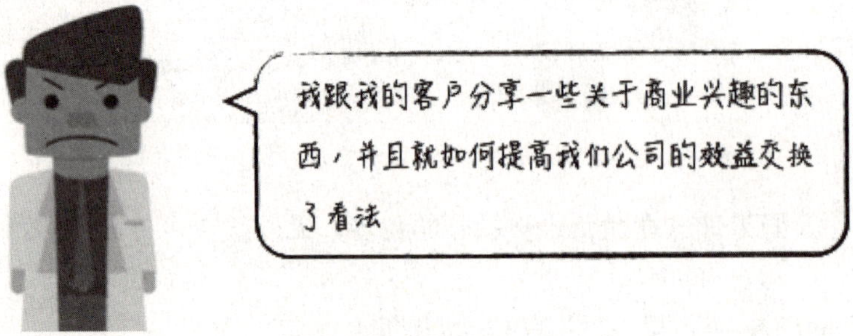

图 10-16　专业权威

类型 3：嬉皮士（hipsters）

在研究中，这一类人被称为 hipsters（如图 10-17 所示），hipsters 在词典中的翻译是“赶时髦的人，潮人，消息灵通的人”。与“专业权威”类似，嬉皮士型的分享者也是根据其分享动机和分享内容类型划分的，不同的是，嬉皮士不在意分享的内容是否是专业知识，他们更多的是关注最新的、流行的、好玩的信息，以此标榜自己年轻、活跃、走在流行前沿的形象。

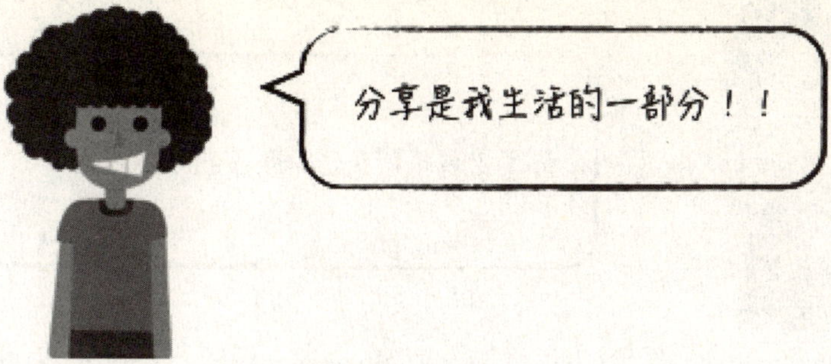

图 10-17　嬉皮士

类型 4：寻求认同者（boomerangs）

boomerangs 在词典中的翻译是“回力镖；自作自受，自食其果”。我觉得这个词应该是取“回力镖”为解释，隐喻那种分享信息是为了得到反馈和认同的人，就像扔出回力镖是为了等到它最后返回手中，因此我将这类人，称作“寻求认同者”（如图 10-18 所示）。这类人分享内容是为了能得到其他人的回应和认同，并根据回应强化自己对某些事的看法或认知；一旦没有收到反馈或是没有得到认同，他们则会觉得没有存在感。

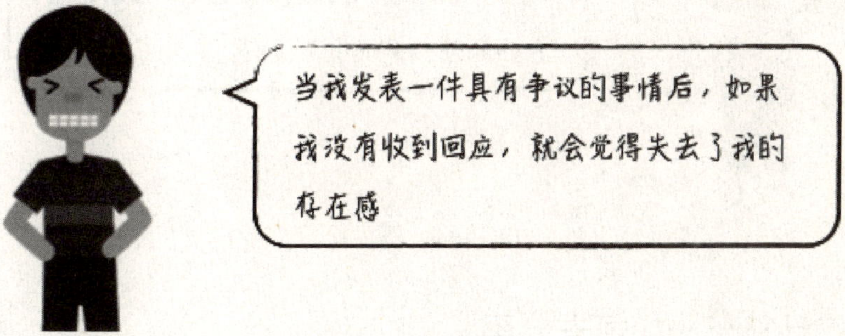

图 10-18　寻求认同者

类型 5：社交者（connector）

社交者（如图 10-19 所示）是指那些以社交为分享目的的人。对于这些人来说，分享只是一种手段，分享的话题同样无足轻重，只要这些话题能够帮助他们与现在的朋友保持联系，或是帮他认识一些新的朋友，那他的分享就是有意义的。

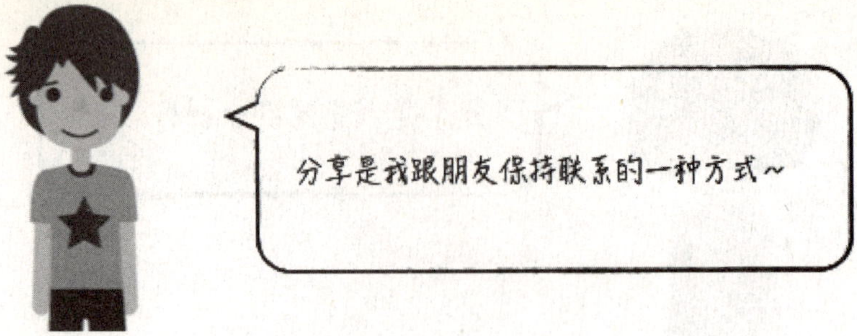

图 10-19　社交者

类型 6：挑选者（selectives）

挑选者（如图 10-20 所示）是根据分享内容的方式和动机划分的一类人群。挑选者是一群完美主义者，他们会花大量的精力去精挑细选要分享的内容（类似“花瓣”中的分享者），并且希望这些内容只分享给那些他们认为与之相关的人，这样的分享才是有意义的。

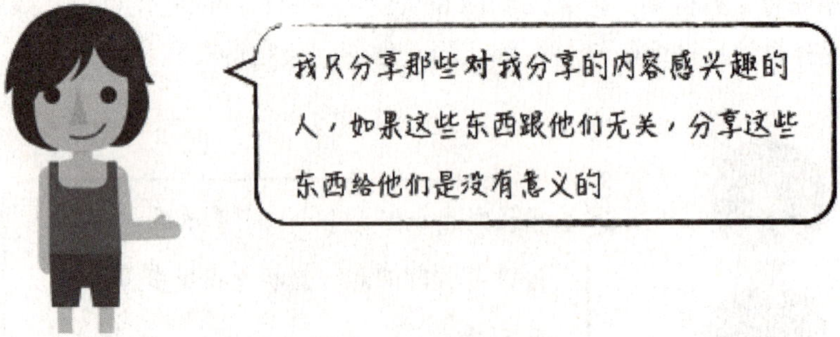

图 10-20　挑选者

10.3.3　How——如何去分享

分享本身不是什么技术活，但如何能让你的分享一呼百应，好评如潮，却是个很讲技巧的工作。研究表明，如何让你的分享得到更多关注、回复和扩散，是有技巧的。

技巧 1：信任是分享的根本

想让你的内容被其他人分享，首先要确保你这条内容是可以被信任的。这种信任的建立，可能包括几种方式，比如内容分享者与你是要好的朋友，你们之间有值得信任的关系，基于这层关系，分享的内容更容易被信任；或者内容分享者是某方面的权威或公知，基于这种专业的形象，分享的内容也容易被信服；除去通过关系，如果分享者分享的内容本身符合或基于受众普适的价值观，这种内容也更容易被理解和信服。

技巧 2：经常让人看到你的消息

知名度与内容被分享的次数成正比，提高自己分享内容的频率，是提高自己知名度和内容被分享几率的比较快捷的方法（如图 10-21 所示）。所以我们每天都必须在微信朋友圈发布自己的信息内容，当然也不能太频繁，因为这样会让人反感。

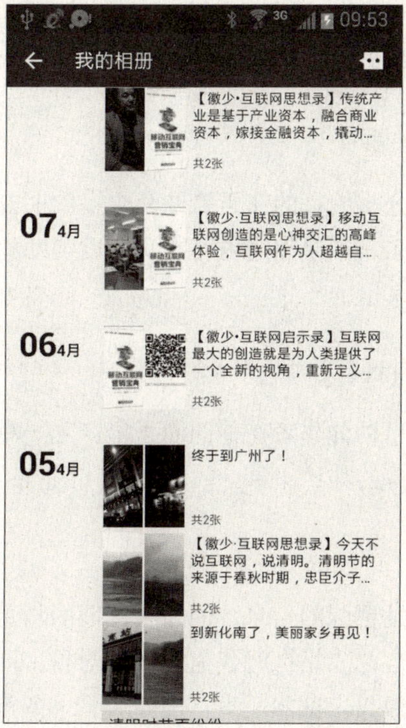

图 10-21 经常让人看到你的消息

技巧 3：激发他们的幽默感

有趣的、幽默的内容总是容易被分享。幽默感会让人有愉悦的心情，而人在心情愉悦的情况下更容易产生“利他”的心理，也就自然而然地会把带来这份愉悦心情的内容，分享给其他人。

技巧 4：激发与用户的共同志向

道不同不相为谋。共同的志向有助于提升其他人的责任感和使命感，激发你的用户对你宣扬的观点的共同志向，有助于激起他们把你的观点传播给更多人的意愿。我们可以联想到宗教。

技巧 5：保持简单

人的认知能力千差万别，你不能指望所有人都能读懂你分享的讳莫如深的专业知识。同样，人的耐心也是极为有限的，你不能指望所有人都能读懂你的长篇大论，所以，尽可能地让别人分享到足够简单的内容，如果可能，一句话就足够了。

技巧 6：帮助他们建立关系

对于社交型的分享者，分享的目的在于能结交更多的朋友，或是通过一些有共同兴趣的话题与之前的朋友保持联系，如果你的内容本身可以帮助他们建立更多的联系，那么他们也会很乐意将你的内容分享出去。

技巧 7：帮助他们树立自我

通过分享这些内容，能帮助分享者在他的圈子里产生一种更博学、更风趣、更活力十足的感觉，帮助他们标榜自我的某种印象。

技巧 8：实效性和惊讶

人们都喜欢去传播实效性更强的信息，因为相比旧的消息，这些信息知道的人更少，吸引力更大，同时也能标榜自己“站在时代前沿”的形象。同样的，一些能给人带来惊讶效果的信息也能带来这样的效果，试想一下，当你看到一条重磅新闻时，你的第一个想法是不是“我应该赶快把它分享给我的朋友”。

技巧 9：帮助用户思考

这些内容可能是一句哲言、也可能是一个故事或是一张怀旧的图片，它能给人提供思考的空间或者联想的线索。

10.3.4 When——什么时候分享，什么时候回复

一天中两个最热门的分享时段是上午 10:00～12:00 和晚上 8:00～10:00（如图 10-22 所示）。

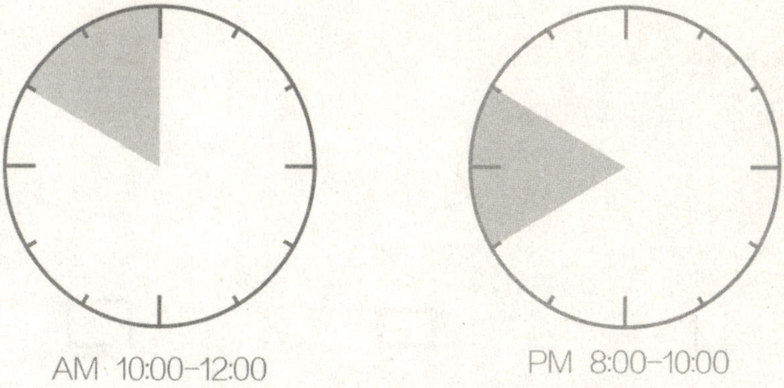

图 10-22 一天中两个最热门的分享时段

每天反馈率最高的时段一般出现在中午 12:00～下午 2:00（如图 10-23 所示）。

图 10-23 每天反馈率最高的时段

上午的分享高峰是在人们完成上午的工作时，在吃饭前，忙里偷闲一下，在网上浏览些自己感兴趣的内容，并分享给自己的朋友，这个分享高峰也使得人们在饭后能够查看很多别人分享的信息，并给予相应的反馈（中午 12:00～下午 2:00 是反馈率最高的时候）。晚上的分享高峰发生在人们下班回家，吃过晚饭后，在睡觉前的空闲时间里上网分享打发时间。

不同终端分享反馈的高峰和低谷也各有不同。手机分享最高峰在晚上 10:00；平板电脑分享最高峰在下午 1:00；台式机和笔记本分享最高峰在晚上 9:00（如图 10-24 所示）。

图 10-24　不同终端分享反馈的高峰和低谷各有不同

每周分享率最高的是在星期三（如图 10-25 所示）。

图 10-25　每周分享率最高的是在星期三

一条分享内容，75%的反馈发生在分享后的一天内，其中反馈的高峰是在分享后的 2 分钟内（如图 10-26 所示）。

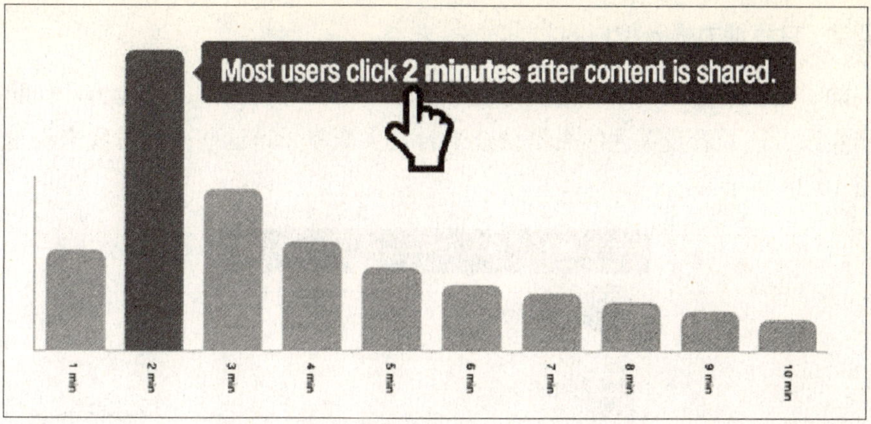

图 10-26 反馈的最高峰是在分享后的 2 分钟内

10.3.5 What——什么样的内容更容易被分享

要想让你的内容更吸引人，并被广大的浏览者分享，就必须适当地对你的题材进行挑选和包装。除此之外，还需要研究你的目标粉丝人群关注什么，对什么感兴趣。要想研究这一点，我们可以根据马斯洛需求理论，分别从身体本质、心理和灵性（自我价值）3 个方面入手。

类型 1：生活常识型内容

每个人都是吃五谷杂粮长大的，在生活中就会有对生活常识进行掌握的需求，因此这样的文章是很容易被广泛传播的（如图 10-27 所示）。

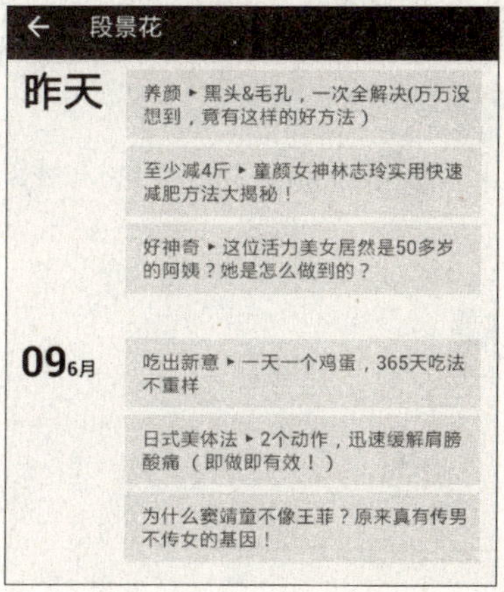

图 10-27 生活常识型内容

类型 2：自我能力提升型内容

我们除了要让生活更健康、更美好之外，还需要提升自己的工作能力。如我是一名互联网营销实践者，看看我关注的微信公众平台，大家就知道这些内容对我来说是多么重要了（如图 10-28 所示）。

图 10-28　自我能力提升型内容

类型 3：情感型内容

如果说前面两种内容是身体本质需求型内容的话，那么情感型内容就属于心理需求方面的内容了（如图 10-29 所示）。每个人都是有情感的，我们会因为自己的喜好去关注和传播某个事情。

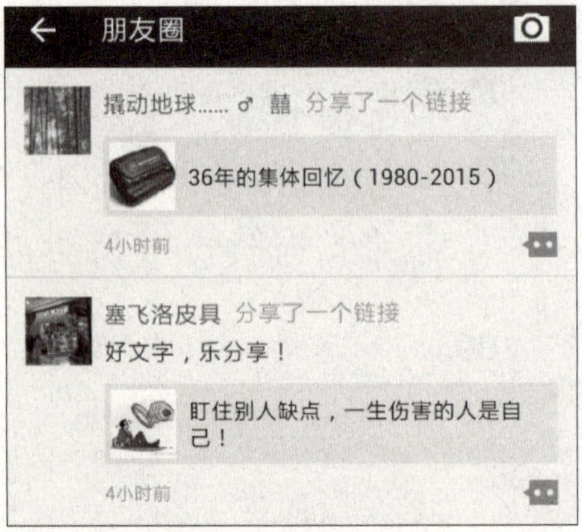

图 10-29　情感型内容

类型 4：时效性内容

新闻传播力的大小很大一方面与时效性有关，这一点在微信自发传播过程中也同样如此，一些时效性强的内容，在微信中更容易被广泛传播。如近日有新闻报道：福建 2 千多吨病死猪肉流向餐桌，一下子就在微信上广泛传开了（如图 10-30 所示）。

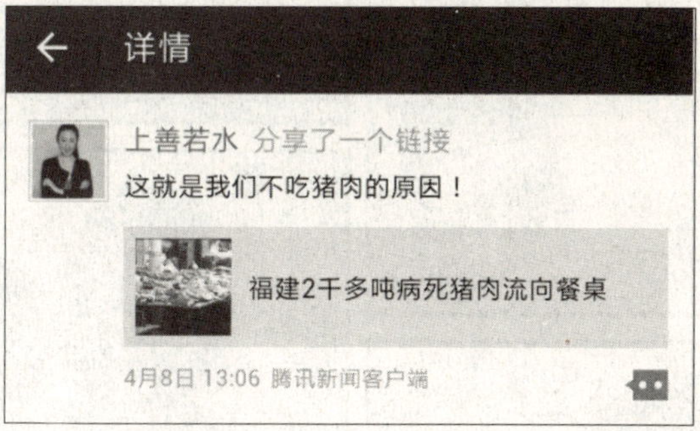

图 10-30　时效性内容

类型 5：幽默型内容

幽默型内容也是能够广泛传播的一种形式，我相信每个人都喜欢看一些幽默的广告，无论是恶搞的视频，还是段子，都非常受微信朋友的喜欢，2015 年年初最火爆的“duang”就是被网民恶搞出来的一个典型例子（如图 10-31 所示）。

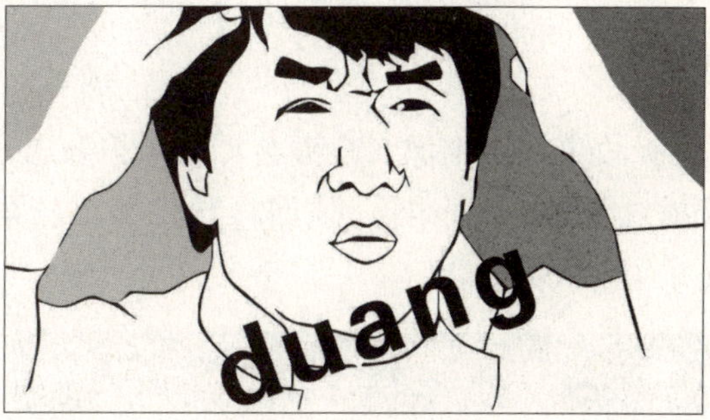

图 10-31　幽默型内容

除此之外，玩条漫也是一种非常不错的选择，所谓条漫就是指一种小漫画，是由四格漫画衍生出的一种新的漫画体裁。是一条横的或竖的且没有限制格子数的漫画，其内容是一个具有故事情节的小漫画。例如，我目前正在服务的一个化妆品品牌 KooBoos，因其自身具备动漫这方面的优质资源，所以每天都会在微信公众平台操作一条幽默条漫，其幽默卡通的风格吸引了大批的粉丝（如图 10-32 所示）。

图 10-32　KooBoos 条漫

类型 6：案例故事型内容

我相信每个人都喜欢听故事，否则像《故事会》这样的杂志也不至于会卖得如此火爆了。其实在微信的传播过程中也是一样，他们喜欢传播一些案例故事型的内容（如图 10-33 所示）。

图 10-33　案例故事型内容

类型 7：研究型内容

人们不一定喜欢研究，但一定很喜欢享受别人研究出来的成果，并且很乐意分享别人的研究成果（如图 10-34 所示）。

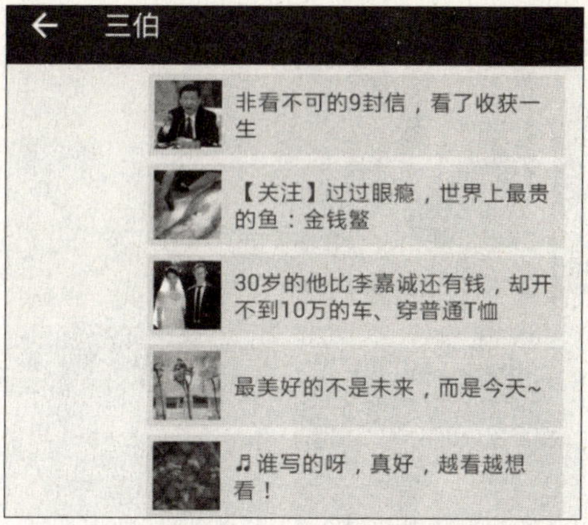

图 10-34　研究型内容

类型 8：自我价值（灵性）型内容

我一直将自我价值实现这一马斯诺的最高需求归纳为灵性的需求，因为它不属于身体和心理方面的需求，而是在考虑人生的价值，人或多或少都有这方面的需求，自然这方面的内容会得到广泛的传播（如图 10-35 所示）。

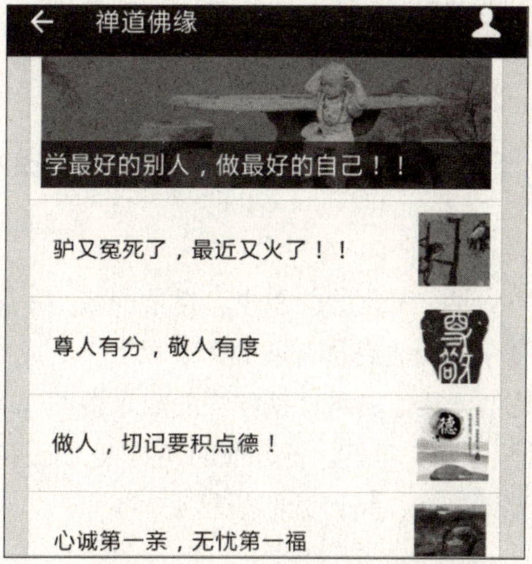

图 10-35　自我价值型内容

10.3.6 Where——在哪里分享

自从有了手机和网络之后，我们可以在任何地方分享信息，地点已经变得不重要了（如图 10-36 所示）。

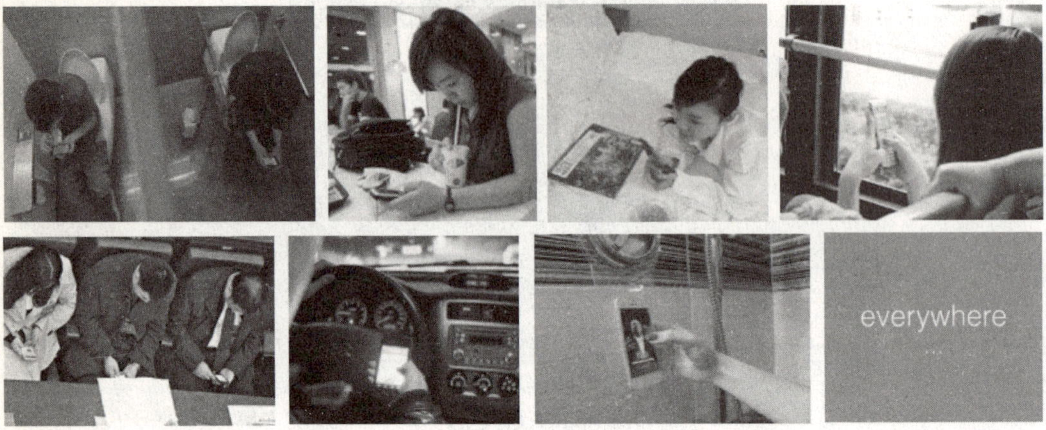

图 10-36 在任何地点都可以分享信息

要想让你的用户自动传播你的信息的方式和方法有很多，一一介绍是不可能的。但我要提醒大家的是，要想让你的微信信息广泛传播，必须坚持 3 个原则：

- 一流的疯狂传播模式靠信仰。
- 二流的疯狂传播模式靠兴趣。
- 三流的疯狂传播模式靠恩惠。

10.4 强关系——激活粉丝

老朋友如果不经常联系的话，彼此的关系也会慢慢变淡，在微信运营过程中同样如此。我们不仅仅要跟他们保持联系，让他们从普通的“土豆丝”变成“铁丝”，更重要的是要加强彼此之间的关系，激活他们，让他们从“铁丝”变成“钢丝”，“钢丝”的威力是无限的。如苹果的“钢丝”用户是谁，是 IT 精英，各行业的精英人士，正是因为他们的带动，才让更多的人对苹果疯狂地喜爱。那么该如何激活粉丝呢？

10.4.1 站在用户的角度，说他们的语言

在复旦大学 2014 年最新报告中，不同年龄的人群在社交网络的行为习惯差异很大：90 后喜欢记录生活、80 后爱社交、70 后则为了学习和资讯。80 后的非主流和小清新，90 后的弹幕和二次元……品牌的受众是多元的，他们有不同的语言和行为方式，跟他们沟通需要懂他们的语言，在他们的语言体系中对话，就像 90 后的一句名言说的：你若端着，我便无感。

其实无论是 70 后、80 后还是 90 后，能打动他们的一定是能让他们感受到相互理解、产生共鸣的内容。激发用户互动的第一点就是要站在他们的角度思考，用他们的方式表达。

10.4.2 根据平台特性制定内容

“内容为王”这四个字，无论是在任何媒体运营过程中都适用，微信更像是一本杂志，内容即产品。对于品牌和消费者而言，微信不是一个即时沟通的渠道，而是以消费者需求为出发点的服务中心，服务和产品做得好了，消费者自然会常来找你，否则你就安静地做一个公众号吧。所以，企业招聘微信运营人员的时候，应该考虑聘用懂得运营的产品经理。

10.4.3 要求用户参与

如果你的用户参与到你的内容和平台的制定中，那么恭喜你，你已经获得了一个优质的“钢丝”，小米的成功很大一部分就是由于无数“米粉”的参与，他们不断地向小米提意见，让小米变得越来越好。当然要想让客户参与进来，可以使用一些小伎俩，比如向用户请教问题时，会让他们感到被尊重，同时也让他们觉得自己富有学问。知乎为什么能火呢，就是因为“请教”与“被请教”是人的刚性需求。

10.4.4 丰富的表现形式

文字、图片、视频、音乐、H5、游戏、信息图、GIF……单一的形式多少会有点无聊，采用多元化的表达方式往往能极大地激发用户的参与积极性，一篇文章，除了用文字表达，也可以用一首歌、一段视频、一张信息图，或者是一个 H5 应用。

10.4.5 持之以恒

想想和你关系最好的朋友，他们是不是会经常约你喝酒、闲谈或者逛街、看电影？不管怎样，这些人大多会经常出现在你的生活中，哪怕只是从别人口中听到的。你的受众也是一样的，能与他们产生经常性联系的品牌，更容易产生情感联系。

总之，要想增强与粉丝的关系，同时又能帮助你销售产品，我们要做到以下 3 点：

- 发现缺点，迅速改进，发现才能进步。
- 发现优点，找到客户真正感兴趣的优点，而不是产品的功能。
- 意想不到的使用方法，可以更好地发现产品的价值。

附：赚钱的微店，是这样做的！

➘ 案例 1：三个爸爸联合拍拍小店，不花一分钱广告费卖出过千台空气净化器

继 2014 年 10 月份在京东众筹创造国内首个千万级众筹纪录之后，知名儿童空气净化器品牌“三个爸爸”在拍拍社交团购平台再创纪录。1 月 19 日，三个爸爸“守护天使”款儿童净化器在拍拍首发，短短 7 天，没有花一分钱广告费，开团数超过 1.3 万个，销售量超过 1 000 台，销售额突破 260 万元，借助微信的社交裂变特征，品牌传播量超过 500 万次，三个爸爸拍拍小店和微信订阅号积累近 10 万粉丝……多项数据成为国内“社交团购”之最，如图 10-37 所示。

图 10-37　三个爸爸空气净化器微店

为何三个爸爸能够在社交电商取得成功呢？这要归功于拍拍小店最新推出的“微商合伙人”模式。1 月 9 日，拍拍小店公开招募 1 万名“微商合伙人”，几分钟之内资格就被一抢而空，接近 10 万名用户报名参加招募。所谓“微商合伙人”，不仅能享受优惠，还能以“社交团购”的形式，直接和品牌砍价，拍拍借此吸引了不少淘宝的优质买家，其中还不乏某些领域的意见领袖。

据介绍，“社交团购”就是用社交关系的流量挑战传统电商的“搜索团购”模式。借助首批 1 万名微商合伙人搭建的平台，拍拍小店可通过社交关系迅速帮助商家进行创新产品的首发和推广，让新产品瞬间拥有 1 万名体验者和 1 万名销售传播者，在帮助新产品树立群众口碑和品牌的同时，微商合伙人可以享受最大幅度的优惠甚至是免费体验产品。

而三个爸爸为什么要和拍拍合作呢？其创始人戴赛鹰表示，主要是看中拍拍小店背后的京东和腾讯资源，“我们其实早就看上了微商这块蓝海，进行了比较之后，发现只有拍拍小店坐拥京东的优质口碑和体验，还能享有腾讯在流量及社交玩法的支持。拍拍拥有两大平台的背书，可以给消费者提供产品品质和售后服务的保障，与以往那些靠着朋友圈卖假货或其他管理混乱的微商平台有明显区别，所以，三个爸爸毅然地成为拍拍社交团购‘第一个吃螃蟹的人’”。

实际上，由于三个爸爸在京东众筹的时间为一个月，而本次与拍拍小店的合作仅有 7 天，拍拍小店利用社交裂变的特性，短时间内迅速为品牌积累了大量的用户口碑、品牌曝光和产品销量，“如果按照 7 天计算，260 万元的销售额已经超过了京东众筹同等天数的数额，更不用说拍拍小店‘拍便宜’给三个爸爸带来的其他价值了，最关键的是，在整个过程中，三个爸爸没有花一分钱广告费。”戴赛鹰说。

此外，三个爸爸不仅依托拍拍的微商合伙人实现了销售冲刺，戴赛鹰还首次探索出了“个人社交团购”模式。无论是微商合伙人还是个人社交众筹，都是通过真实社交关系实现销售，因此对产品的要求必然更高。据悉，三个爸爸此次首发的新款“守护天使”净化器，相比第一代产品“高达卫士”还有所突破。除了能做到出风口 PM2.5 为 0，一小时除甲醛指标达 95%以外，“守护天使”款净化器噪音低、小巧、时尚，可以更好地融入到家庭环境中。

除了所产生的销售业绩，三个爸爸此次的获益还有“潜在势能”的积聚，不仅吸引了 1 万名“粉丝”，并借助社交裂变的力量，呈现几何级增长。来自拍拍小店的数据显示，三个爸爸开团当天就有超过 5 千名用户开团，单日页面点击率超过 140 万次，“5 千位微信好友的参与和分享行为，能够带来 140 万的品牌曝光量，社交电商的裂变能力难以想象。”戴赛鹰坦言连自己都以为数据统计出错了。

在随后的几天中，三个爸爸屡次打破“拍便宜”项目的多个纪录。最终，在短短 7 天内，开团数超过 1.3 万个，销售额突破 260 万元，三个爸爸专属的 H5 页面浏览量超过 500 万次，也就是说利用微信、手机 QQ、微博等多个社交平台，在短短 7 天内，三个爸爸的品牌曝光量超过 500 万次。而由于人与人之间通过社交工具的“口碑传播”，三个爸爸的拍拍小店和微信订阅号更是一下子增加了近 10 万名粉丝。

电商专家王利阳认为，三个爸爸之所以能够在社交电商取得成功，具备几个关键因素：首先拍拍小店是微商正规军，为消费者和品牌提供了双向的信誉保障；其次是产品好，性价比高；第三是拍拍小店经过近半年的运营，开发出多样的社交营销工具，再加上微信二级入口等优质流量，能够迅速为品牌寻找到精准的潜在购买人群，“商家不需要广告费，利用社群关系和用户口碑，就能够迅速引爆微信朋友圈，并为商家快速积累一批忠实用户，这是拍拍小店与传统中心化电商和纯去中心化电商的最大不同。”

戴赛鹰表示，由于净化器单价比较高，很多人通过本次活动关注三个爸爸品牌，希望了解更多产品资讯再来决定下单。因此，社交团购给三个爸爸带来的不仅仅是 260 万元的销售金额，更有价值的是，借助微信朋友圈带来的品牌曝光量和积累的 10 万名粉丝。“有了人，就拥有了可能。这些粉丝都是因为对净化器感兴趣才关注了三个爸爸。只要通过后续沟通达到 5%的转化率，我们的累计销售金额就能超过 1 200 万元，超越之前的销售纪录近在咫尺，这才是社交团购的魅力所在。”戴赛鹰说。

三个爸爸在拍拍小店首发取得佳绩，标志着拍拍小店已经具备了帮助知名品牌和小而美的独立设计品牌利用社群关系和社交平台，快速积累口碑并进行销售的能力。拍拍相关负责人表示，通过微商合伙人与“拍便宜”结合的模式，拍拍将持续以人为中心探索移动社交电商。接下来云南鲜花、宁夏滩羊肉、智能手环、独立设计师蝴蝶卫衣等特产和商品将陆续登录这个平台，而拍拍的目的则是借助这种模式不断扶持优质的原产地品牌和个体创业者利用微信和手机 QQ 平台不断取得社交电商的成功。

➘ 案例 2：印美图微店，6 天销售 100 万元之谜

刚刚上线的微信小店，搭载便利的公众号内的微信支付，聚焦品牌粉丝群体，为基于社会化渠道的初创团队创造了强大的销售渠道。我们刚刚获悉，基于微信公众平台进行照片及声音打印服务的印美图团队，在“微信小店”上线新一代印美图单品后，仅仅 6 天，销售额就突破 100 万元，印美图成为微信小店首个收入破百万的“爆品”。

印美图是紧密结合微信功能的智能终端（如图 10-38 所示），提供即时的照片及声音卡打印服务。消费者只要关注印美图的公众账号，向它发送照片，随后就能直接拿到精美的 LOMO 照片。更有趣的是，它创造的“留声卡”功能，让用户在发送照片的同时，附上语音留言，所打印出来的 LOMO 照片卡附上声音二维码，让照片也能“说话”，成为一段结合图片和当时声音的“记忆”，使照片转送、保存也有了更大的价值。

图 10-38　印美图智能终端设备

这款设备在 2012 年研发成功，第一次在“爱范儿”曝光，获得了多方的关注（见 LOMO 自助印，第一家基于微信公众号的硬件创业项目“出片”了）。作为第一款基于微信公众平台通信的硬件产品，以其娱乐性及便利性，不但让用户为之惊喜，还广受优质品牌、创新厂商的欢迎。目前，其重要的合作伙伴包括微信、海底捞、万科、银泰百货，以及宝马、奥迪等高端消费品牌。在很多消费场所，诸如餐厅、卡拉 OK、咖啡馆，我们都可以看到这款产品，它甚至成为了 TIT 创意园微信办公室导览和迎客的设备。

作为一个以技术团队为班底的初创公司，起初，印美图团队的销售主要依靠外部代理商。公司自己也尝试电商直销，在易迅上首发第二代印美图产品，获得外界更广泛的关注。对于新的销售渠道，团队有着强烈的兴趣。显然，刚刚上线的“微信小店”，为印美图的销售提供了一个全新的、高契合度的渠道。

但是由于微信公众账号在某种程度上的“封闭性”，基于公众账号的电商更大程度上会受限于其粉丝的相关性及活跃度。而基于移动终端的微信支付，此前更多的是小额支付，印美图彩炫 7 800 元的定价（如图 10-39 所示），也是一个很难让人冲动消费的金额——在微信小店上线前，印美图对销量并没有抱很高的期望。然而，上线仅仅 6 天，印美图就在“微信小店”取得百万元的销售额，可以说大大超出了团队的预期。

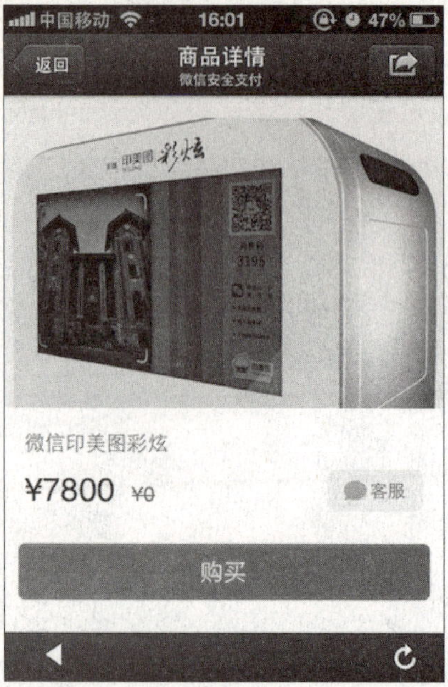

图 10-39 基于移动终端的微信支付

有卖点的产品、自己的粉丝后院，再配上“微信小店”便利的支付和社会化传播，显然是这个“惊喜”的最大理由。

与淘宝等传统电商渠道相比，微信小店的特色在于和移动社交紧密结合。商家除了通过公众号向消费者推送商品外，消费者在朋友圈中主动转发商品，以及媒体当下对微信动态的关注和曝光，最终形成不错的流量转化效果。而从形态上，微信公众号针对性较强，媒体属性也更强，消费者在接触商品的时候，会更加容易考虑品牌、产品的品质，而不单单是比价。

印美图小店在上线后的几天内，粉丝效应突出。微信公众账号对印美图新机型介绍性文章的推送及 LOMO 相片的展示形成了良好的节奏，在朋友圈获得广泛而持续的关注，成为当时的一个小热点，从而抓住了好奇、喜欢尝鲜的潜在用户的眼球；印美图微信小店的销售页面制作精美，通过其各地代理商的推动和粉丝的传播，也在潜在加盟渠道中得到了很强的品牌背书；此外，公众号内便利的即时支付，无疑也给品牌产品的销售起到了极大的推进作用。

所有这些亮点，都基于品牌在社交媒体账号中打造的粉丝效应——一个运营得好的微信公众号或产品品牌。在微信公众号上能够直接面对已经获得良好产品及服务体验的粉丝，双方关系的基点，是更直接的服务，以及更强烈的信任。

作为成功的尝鲜者，印美图分享了使用微信小店的经验：

（1）申请微信小店需要 1～3 天审核时间。

（2）在微信小店后台添加商品链接，商家复制链接后，可填入到自定义菜单中，也可选择作为消息直接发送给用户。

（3）微信小店会自动读取用户之前存储的送货地址，用户也可重新设置收货地址。

（4）建议对微信小店的页面进行更好的设计及定制。

（5）微信小店可以充分利用粉丝效应和社交平台传播。

印美图 CEO 黄昱钊直言：印美图在微信小店上的销售出乎意料。他认为，除了微信小店用户精准以外，“公众号的信用由背后的品牌背书，成交大金额的产品所需要的信任度并不像淘宝一样需要第三方的支付宝来做信用质押。”显然，这也是微信小店这种直接面向消费者和客户的品牌渠道（包括销售及服务）最为独特的优势。

自 2014 年启动以来，印美图团队的发展十分迅速，产品更新换代很快，其研发的代理商和加盟商商户平台，功能上已经完成整合微信支付，并提供商户的自动分成及提现功能；图片娱乐性功能大幅改进，除了“留声卡”，印美图还提供了一系列的娱乐性图片及交互功能，并实现了消费者充值消费。此前，牵制公司发展的供应链问题，也随着产品标准化和模块化的改进得到了彻底解决。

现在，黄昱钊面临的挑战是如何更进一步结合成熟的智能终端产品和云端系统服务，提供更酷的消费者体验，并衍生出新的娱乐形态所带来的商机。结合图片和声音的云端社区，在早期的测试中，已经获得了不少的付费用户，如何在印美图终端的铺设进展中，不断增强社区的黏性，更紧密地结合线上服务和线下体验，与商家及品牌合作，打造出基于粉丝及娱乐智能终端的生态圈，已经是一个全新的课题了。

互联网硬件领域充满挑战，而基于微信平台的创造和创新，对团队而言，本身也是一种全新的探索，初创团队适应新的模式需要思想上的改变和一致的共识。然而，抓住创新的机会，激发创新的想法，形成对新模式洞察力和超强的执行力，是每个互联网硬件公司成长的必经之路。从这个意义上讲，在印美图微信小店 6 天突破 100 万元收入的过程中，对新模式、新渠道的响应及应用，就是他们所学习到的最重要的经验了。

反侵权盗版声明

举报电话：（010）88254396；（010）88258888

传　　真：（010）88254397

E-mail：dbqq@phei.com.cn

通信地址：北京市万寿路173信箱

　　　　　电子工业出版社总编办公室

邮　　编：100036